張秉鐸著

張之洞評傳

中華書局印行

自序

余幼嘗聆父祖輩泛論南皮道德文章，流風軼事。或擊節贊嘆，或相與唏噓，咸謂晚清名臣，以事功學術言，之洞當推第一。家君子於課徒之餘，慨然有爲南皮立傳意。蓋惡年譜之若類書，全集之體系瑣碎也。余生遭亂世，輾轉播遷，流離顚沛，屢仆屢起者再。而其志益堅，其識益廣，不爲小挫而喪阻，不因偶得而稍歡。乃發奮讀書，節操自礪，遠法往聖，近師諸賢，兼習中外，取其精要，以爲經世致用之資，蓋欲以天下興亡自任也。洎入文化學院，從曉峯、漁叔、仲華、景伊諸師遊，質疑問難，博文約禮，其識趣更深且厚矣。時如白駒過隙，自忖睽違庭訓，忽忽幾二十歲，而堂前椿萱洪恩，未嘗一日或報，因以不惴愚陋，踵事家君子未竟之志，以誌其孺慕之思。然爲傳難，爲評傳尤難。蓋欲求廣博，事事周詳，定遭書笥獺祭之譏；欲求簡略，忽其枝葉，當有河漢孤陋之虞，且余才、識、德三者不一與，志大才疏，好高而已也。雖然，博雅君子，必有曲諒之者。

之洞生當滿清末造，處憂患之秋，身任天下之重。內贊大計，外鎮兼圻，厥功之偉，人皆知之。至若籌謀之深遠，措置之艱難，非讀其書，莫由窺其底蘊。然其文集篇帙浩繁，都二百二十八卷，非常人所能爲。芟繁去蕪，存其菁藎，使天下之人，皆識其謀國之忠，爲生民謀命之蹟，此余之初意也。歷來史家論列之洞，多存偏頗之見，以一斑爲全豹，余每以爲不然，乃欲將其事功，公諸國人，以爲持平之論，此余之次一意也。之洞勸學篇之作，倡中體西用之說，破抱殘守缺者之迷津，警務全盤西化者之盲昧，嘗謂中國欲求富強，非講西學不足當其任，然西學之要必以中學爲根本，否則，強者爲禍首，弱者爲人奴矣！蓋皮之不存，毛之無所附也。其旨博大精深，發人猛省，可質諸鬼神，百世以俟聖人也。而論者以斯爲梗阻進步之因，交相攻擊，視如寇仇，直至固有傾頽，藩籬盡覆而後快。是何心哉！是何心哉！流風所及，邪說橫行，亂臣賊子作矣！及今神州陸沉，紅禍滔天，先聖往哲之大經大法，蕩然掃地，無復留餘，之洞之言驗矣！此余著書之又一意也。至是書之次第，首論之洞家世；次論其學術之統緒，學術之淵源，及體用學說之內涵，以破國人之迷妄；次論其功業，示爲國籌謀之苦，奮鬬之狀，欲吾人有所景仰而效法也；次論其教育之興革，作育荐舉人才之貢獻，雖百遭阻撓，終去八股科舉之制，爲國家開不朽之基；終論其詩文，及其對後世之影響，除舊創新，爲武漢革命奠始基，雖非之洞初意，然冥冥中似有應之者也。

之洞幼負盛名，制行遵宋儒，而經史考訂則一守漢儒家法，淹通羣籍，尤慕杜君卿、馬貴與、顧亭林之爲人，每以天下爲己任，思以所學，見諸行事。爲官數十年，家不增一屋，地不多一畝，其清風亮節，廉潔正直，徵諸往聖先賢，未遑多讓也。是篇之撰，歷時幾近一載，與拙荆武進吳氏，處斗室之中，爲余校理草稿，同受暑蒸寒侵之苦，雖徵引不博，識見不廣，而事必有據，不蹈空言，勤苦之狀，亦可知也。然掛一漏萬，疏妄之處，在所難免，惟意在表彰先賢，以爲吾輩取法，其志誠不足嘉，其情殆可憫也。

張秉鐸　序於民國五十七年五月二十七日

張之洞評傳　目錄

第一章　家世及出任疆圻前之言論

第一節　家世與青年時學業之成就

晚清名臣，首推曾國藩，輔以胡林翼、左宗棠。林翼志大才高，思慮密緻，湘軍之屢戰皆捷者，實賴後援充裕，不慮匱乏，罔後顧之憂。故能勇往直前，卒平洪楊之亂。惜其蚤死，於國之大政，甚罕獻替。宗棠則戎馬倥偬，銳意爭戰，功業雖高，終不克稱社稷之臣。洎淮軍崛起，李鴻章後來居上，雖富遠謀，終無大志，參與機要數十年，仍囿於船堅炮利巢臼之中，踵事國藩餘緒，而無國藩之恢宏高遠，蕭規曹隨，枯守矩步，於經國家之大綸大端鮮有規劃。至其老耄，耽於世故，宴安偷惰，更不復有當年之朝氣。張之洞起身詞館，抱先天下憂後天下樂之志，負經天緯地之才，以儒學爲宗，西學爲用之旨，倡爲學說，付諸實際，由小而大，自邇而遠。去固陋，致通達，敎淺薄，務切要，以漸進爲興革之方，懼冒進招速亡之禍，其識見之遠，目光之炬，惟國藩堪與之比。然國藩恐功大招忌，退身太速，可謂爲見機而行者。之洞抱儒者一貫之旨，知其不可爲而爲之心，雖顚沛危殆，風雨飄搖，退百而進一，未見其稍有却顧，是知國藩殆又不若之洞之宏毅也。之洞之學說，發之於六十餘年以前，惜乎國人斯時未能盡喻也！然徵之今世，凡所興作，皆宜行者，凡所議論，皆啓聾振瞶之言，其高瞻遠矚，更非李鴻章輩可與倫比。甲午中日開戰之際，卽云俄人陰豺狡詐，包藏禍心，殆庚子聯軍入京，東北三省，盡入狼口。時至今日，兵連禍結，存亡一線，俄人加諸我者，之洞之言遂驗。是故哲人雖萎，其功卽不見於後世，其學却可傳之久遠，千百年後，論列晚淸賢者，之洞當推第一。

之洞字孝達，號香濤。督粤時取張曲江「無心與物競，鷹隼莫相猜」意，號無競居士，又別號壺公抱冰。生於淸道光十七年（西元一八三七年）八月初三日。先世山西洪洞縣人，明永樂二年，遷山右之民，實畿輔附近之地。始祖名本，自洪洞徙鄚縣，本子名立，立子名端，官南直隸繁昌縣荻港巡檢，自鄚縣徙天津府南皮縣東門之印子頭，是爲東門張氏。端子名淮，正德戊辰進士，官河南按察使，以文章忠義有聲於時。淮七傳至乃曾，官山西孝義縣知縣，徙居畢家塘顏，所居曰孝義堂，是爲之洞高祖，曾祖怡熊，字叶占，浙江山陰縣知縣。兩世爲縣令，皆以廉聞。祖名廷琛，字獻侯，貢生，四庫館謄錄，議敍福建漳浦東場鹽大使，題補古田縣知縣。父鍈，字又甫，號春潭，徙居城南三里雙廟村。少孤，食貧力學，艱苦卓絕，舉嘉慶十八年鄉試，以大挑試令黔中，補安化知縣，署淸平、鎭遠、威寧等州縣事，志行稱最。調貴筑，遷古州同知，署黎平、遵義、安順諸府事。尋擢興義府，娶劉夫人，繼娶蔣夫人，繼娶朱夫人。之洞乃朱夫人所生也。之洞行四，兄弟六人，姐妹八人。其父臨終戒諸子曰：「予家世淸白吏。及予少長，家益貧，自刻苦讀書，厄於凍餒者，數矣！嘗寄京中侍講學士彭公，後無意見予文字，亟賞嘆予，館予，幸舍而私予。予爲食飢驅，走河南北、江河海嶠間者十三年。予懼汝輩藉席餘蔭，不知汝父遭遇之艱難也」！之洞秉承家風，凡所涖止，輒除貪蠹之吏，革腐敗之習，躬親政事，以廉潔自持，蓋有所遵也。

之洞五歲入塾讀書，九歲讀四書五經畢，讀書時用力甚勤，每有疑難，非獲解不輟。篝燈思索，至夜分不息，倦則伏案而睡，既醒復思，必得解乃已。其後服官治文書，往往達旦，自言幼時好夜坐思之故也。之洞受業師可考者，十三歲前有何養源、曾搢之、張蔚齋、貴西垣、黃升三、王可貞、敖慕韓、張肖巖、趙斗山諸人。讀九經畢，學爲詩古文詞。十四歲後有丁誦孫、童雲逵、袁燮堂、洪次庚諸先生，得力於武進丁誦孫最多。丁名嘉葆，道光戊戌年進士，累官至翰林院侍講，又嘗從胡林翼問業焉。繼從昌黎人韓超受業於興義府署。超字寓仲，沈勇慷慨，胡林翼稱爲血性奇男子，後累官貴州巡撫。咸豐二年（西元一八五二年），之洞十六歲，應順天鄉試，中式第一名舉人。胡林翼聞之，與之洞父書云：「得令郎領解之信，與南溪開口而笑者累日」。南溪即韓超也。時林翼方在黃平軍中，之洞謁胡文忠公祠云：「二老當年問口笑，九原今日百身悲，敢云駑鈍能爲役，差幸心源早得師」即指此也。是科主試者尚書滿洲麟魁，蕭山朱尚書鳳標，旌德呂文節公賢基。旌德呂氏家世傳經，文節湛深學術，之洞質疑請益，所學益進。同治二年（西元一八六三年）三月，入都會試，四月初九日榜發，中式第一百四十一名貢士，十四日正大光明殿覆試，列一等第一名，二十一日廷試對策，指陳時政，不襲故常行墨程式，其中有言曰：

臣愚以爲陛下冲齡毓德，固不必原心於杪忽，校理於分寸，所亟者莫如察敬肆，辨邪正。敬肆察則理欲自判，邪正辨，則君子小人自分。勿以順逆爲喜怒，勿以喜怒爲從違。即異日親裁大政，擴而充之，豈能外此。（註一）

並論列歷代興替之要，在人才之舉廢，縱拔十得五，亦獲其半，認得半與十不獲一較之，其善莫大焉。此蓋開其爲政荐才之端也。閱卷大臣皆不悅其論，議置二甲末。寶鋆時以大學士爲閱卷大臣，獨激賞之，以爲奇才，拔置二甲第一。試卷進呈兩宮皇太后，拔置一甲第三。二十四日臚唱賜進士及第。二十八日朝考列一等第二名。五月初八日引見，授職翰林院編修。同治四年四月十八日散館考試列一等第一名。五年四月二十五日翰林大考，以考卷脫一字，列二等第三十二名。六年四月十五日保和殿考試差，六月十二日奉旨充浙江鄉試副考官。之洞自應小考、鄉會試、至殿廷諸試、不携片紙隻字，所刊鄉會試硃卷、殿朝試考卷、不改易一字。由是知之洞才思之敏捷，融會典籍、博聞強識、會通今古，明於治要，下筆如有神助也。之洞生長兵間，乃父嘗轉戰貴州各處，並有賢名，之洞耳濡目染，既長，亦好閱兵家言及掌故經濟之書，慨然有經世之志。嗣後出任疆圻，與諸將論兵事，歷歷如數家珍，而於軍伍之弊端，每有興革，均中竅要，蓋幼時素有所習見也。族兄張之萬出掌河南巡撫，之洞曾入巡撫署爲其草疏言事，疏入，兩宮皇太后嘉嘆。又嘗爲之萬草奏，言某事得失，之萬笑而置之曰：「稾甚佳，留待老弟任封疆入告，未晚也」。是知之洞識巨而才大，於其少時行事中，概可見也。

之洞自少小而至於學，博通今古，矯然不羣。及典試獨佔鰲頭，聲名乃因之雀起。而其科名早著，潔身自愛，每有議論，發人之不敢發，言人之不敢言，於公有一害者必爭，於國有稍損者必去，一時詞流名彥，多翕然從之，如王壬秋輩，在京時常相唱和。嗣後每有論列，侃侃而談，究心時政，以經國定邦爲志，不復措意於考訂之學矣，並與張幼樵、寶竹坡、黃漱蘭輩相契合，敢於評隲政事，人皆目爲清流，清流所針砭當時者，爲李鴻章繼曾國藩之餘續，在其僅計及於政而不計及於教也，更不知所謂教者。故一切用人行政，但論功利而不論氣節，但論才能而不論人品。此清流黨所以憤懣不平，大聲疾呼亟欲改弦更張，以挽回天下之風化也。之洞當時精神學術，卽致力而着重於此。蓋當時濟濟清流，猶似漢之賈長沙董江都一流人物，尙知六經大旨，以維持名教爲己任。後之洞出任封疆，仍盡力於名教之保護，致力於教育，雖倡言變法求新，仍固守其不變之則。故於所著勸學篇中云：「夫不可變者倫紀也，非法制也；聖道也，非器械也；心術也，非工藝也」。之洞認爲教之有無，關乎國家人民之存滅至巨。旣今觀之，其名言儻論，更堪徵信，時下人慾橫流，率獸食人，邪說蠭起，父子夫婦相殘，皆由無教使之然也。

第二節　穆宗駕崩後承統承嗣之疏奏

咸豐因耽於聲色，以英年崩於熱河行宮，遺東西二后。肅順陰結怡親王載垣，鄭親王端華，益專橫。北京王大臣屢請回鑾，帝不從，實阻於此三人也。帝弟恭親王密與二后謀，言皇上冲齡，未能親政，天步方艱，軍國重事，暫請皇太后垂簾聽政，輔以近支王公二人，以繫人心。旣回鑾，乃誅肅順及怡、鄭二親王。東、西二太后旣掌實權，而二人性情又各異。東宮以德勝，西宮長才色，嗣後軍國大政，朝臣疏奏均歸西宮。慶典賞賜，東宮主之。上二太后徽號東宮稱慈安，西宮稱慈禧。慈禧爲幼主同治生母，幼失怙，流寓廣東某富豪家，十七歲始選入宮，善權變，得寵信，富機詐。垂簾後，盡攘慈安之權。同治親政，行大婚，東太后欲婚尙書崇文山之女，西太后欲婚鳳秀之女，兩后命帝自決，帝乃擇東后所擬定者，西后因之不懌，銜恨甚深，大婚之後，不准同房，帝亦不幸慧妃，當獨居乾清宮時，抑鬱無聊，常好微行，暗疾由之而生。西太后權慾之心既重，且包圍獻媚之臣亦多。內有宦寺，外有重臣，如榮祿安德海輩是。帝既病之後，亦不之醫，至同治十三年（西元一八七四年）十二月而告崩殂。

同治帝駕崩之後，慈禧恐大權旁落，又忌帝后生子，乃陰使自盡，一時天下聳然。先是帝后生時，知己有孕，因假言天下初定，恐南方生叛，帝位不宜虛懸，因議立嗣之事。初，西太后密與榮祿謀，並假淮軍李鴻章爲奧援。其實當時大權集於慈禧一身，諸王大臣聽命而已。議立之際，王大臣滿漢臣工二十餘人，多主醇親王之子。其實皆慈禧之定謀也。醇親王爲道光第七子，其妃爲慈禧之妹，蓋慈禧欲令那拉氏永享帝祚，且欲永固其個人之大權，實不欲其他親王所侵犯也。議既定，詔告天下，嗣君稱光緒，爲文宗顯皇帝之子，穆宗毅皇帝之弟，生子嗣穆宗，稱兩宮爲母后。置同治后於度外，而即將誕生之慈禧親孫，更不論矣。同治后自盡以後，天下譁然，中外臣民，上書如雪片。蓋就實情論之，慈禧不但違反中國傳統之常規，且盡破清廷之家法。因此，慈禧雖掌數十年獨裁國政之權，而其內心，却常感忧怵不安，終於其深心，留有一巨大暗影，產生不正常之心理，迷信歉疚，常置其內衷，尤以吳可讀屍諫之後，更復疑神疑鬼，影響以後其實際政治甚巨。嗣後種種荒謬作爲，豈非此事所使然耶！

光緒五年（西元一八七九年）三月，穆宗毅皇帝梓宮奉安山陵，扈從至遵化州，禮成。吏部主事吳可讀以死請豫定大統，仍歸承繼大行皇帝嗣子，兩宮皇太后命王大臣大學士六部九卿，翰詹科道妥議具奏。四月初一日，會議諸臣均以繼統似涉建儲，非家法不敢參議。初十日再會議，之洞已具草，十一日覆奏，又別爲奏上之，請明降懿旨，將來纘成大統者，卽承繼穆宗爲嗣。其疏云：

穆宗毅皇帝立嗣繼嗣卽是繼統。此出於兩宮皇太后之意，合乎天下臣民之心，而爲皇上所深願。乃可讀於所不必慮者而過慮，於所當慮者而未及深慮，穆宗繼嗣之語，屢奉懿旨，人君子孫凡言繼嗣者，卽指纘承大統而言。繼統繼嗣本無區別，……至請用降懿旨，將來大統仍歸穆宗嗣子，意則無以易矣，辭則未盡善也。緣前奉懿旨，皇帝生有皇子，卽承繼穆宗爲嗣，參以該主事之說，是一生而已定爲後之義，卽一生而定大寶之歸，將類建儲，有違家法。……然則深之爲穆宗計，而卽爲宗社計，惟有因承統者，以爲承嗣一法，不能遽定何人承繼，將來纘成大統者，卽承繼穆宗爲嗣，此則本乎聖意，合乎家法。（註二）

時穆宗崩已四年，王室雖不滿於慈禧之擇，天下亦曾側目，然時過境遷，亦因時日增益而淡。且髮匪之患初定，人心思安，慈禧之權勢早成，非因可讀之死，而稍戢其野心也。而事實已成，決無議立之機，之洞之陳言，其意在此，故之洞於是疏中曾謂：「……凡此皆羣經之精言，而實不切於今日之情事。……今者往事已矣，惠陵永閟，帝后同歸，旣無委裘遺腹之男，復鮮慰情勝無之女，心傷千古，夫復何言！承嗣承統之說，不過於禮制典冊之中，存此數字空文，俾穆宗在天之靈爽。雖遠而不遠，幾忘而不忘」。是知之洞是疏之意，在闡明已成之事實，而防厥後之杜漸，恐他日讒佞附會，慈禧故技重施，及光緒帝崩，宣統繼位，如出一轍，而之洞反爲顧命之臣，恐亦非之洞之所料也。

承嗣承統之說，可讀雖以死諫，終以不了而了。其忠烈可嘉，其情亦可憫，奈何不能動慈禧之心，良可嘆也。慈禧之所以不以光緒帝嗣同治者，乃基於權力控制之難易，與禮法家法無涉也。蓋以后子入繼大統，冲齡則母后可垂簾聽政，掌握實權，如以孫繼纘大統，斷無太皇太后掌權之理，處虛位雖尊，亦將無所成事。況慈禧深悉政治權變之道，名實兼之固佳，縱不克二者均得，則以取實爲要，蓋政治多承認權力之歸屬也。當時朝政雖云兩宮垂簾，實則大權僅操於慈禧一人之手，中外臣工，又復以忠君爲本，不敢涉及宮禁之事。而宮庭權力之爭，亦早告結束。數載以還，政權已趨穩定，吳可讀之死，慈禧欲要人心，服羣臣，乃假意敷衍，爲承統承嗣之說，命天下臣民，共議妥善之策，之洞既知此乃無可如何之事，故因勢利導之，並旁徵博引，謂繼統繼嗣本無區別，以爲慈禧在理論上尋求根據，蓋當時諸臣以爲清廷家事，非外人得能參與，均不敢與議。之洞之此項奏疏，亦其不得已耶？不意此疏得陳後，竟得慈禧之恩寵眷顧，遂開之洞嗣後數十年不朽之事業。封疆外任之際，凡所設施，均得清廷深信不疑，陳奏事例，往往皆愜心意，實非儕輩所可同日而語。而此忠藎之臣，歷事清帝三代，鞠躬盡瘁，死而後已，更爲後世奠革命之基，永爲典範，常存人心，慈禧亦所以成之者也。一己私慾，禍延子孫，其非天歟！

第三節　中俄伊黎界約之貢獻

同治三年（西元一八六四年），清廷以曾國藩、李鴻章等湘淮二軍之力，行將平定洪楊髮亂之際，而甘陝之回族，又應時謀亂，其首領安德燐，出關至烏魯木齊，與參將索煥章乘機殺提督，因據烏魯木齊。一時黨徒四起，旋陷奇臺、綏來、昌吉、阜康、古城諸縣。未幾哈密、吐魯蕃、呼圖壁臺、庫爾喀喇烏蘇等地，亦歸其所有。同時回教別支，亦起叛於天山南路，陷喀喇沙爾、阿克蘇、烏什、葉爾羌諸城。官軍僅保有喀什噶爾、英吉沙爾之二漢城而已。四年，回教徒陷伊犂諸城。五年正月，又陷伊犂大城。二月，塔爾巴哈臺亦失守，將軍明誼死之。當安德燐起亂之時，阿古柏帕夏已有天山北路之半及天山南路之全部，並率兵入喀什噶爾，陷之，次取英吉沙爾、葉爾羌、和闐諸城。六年，自稱喀什噶爾王。八年九月，大破安德燐之軍，代領烏魯木齊以西至瑪納斯河之地。欲聯合中亞西亞回教徒，建一新國於中、英、俄三國領域之間。時中國遠征軍軍費不足，難謀剿討。英有利用之意，俄甚惡之。先是回人攻伊犂之際，俄軍一隊，由西伯利亞進據博羅胡吉多爾，回酋阿布特拉降之，俄軍遂佔領伊犂，此同治十年五月事也。同年冬，俄軍更以通商爲名，欲奪烏魯木齊，爲民軍首領徐學功所破。同年七月，駐京俄公使以俄暫佔伊犂通知總理衙門，清政府始大驚，詢其因，俄答以邊境安靖爲辭，申言無領土吞併之心。若中國政令及於伊犂，並可保其國境安全時，則卽將伊犂返還云。反復辯論不果，清廷遂決以收回回疆爲澈底解決之策。

光緒元年三月，清廷任左宗棠爲欽差大臣，督辦新疆軍務，全順副之，宗棠更申言俄據伊犂，阿古柏帕夏據喀什噶爾，若付之不問，後患將不可知。蓋當時有主張棄南八城，封阿古柏帕夏爲外藩者。光緒二年閏五月，劉錦棠由巴里坤進軍古城，敵軍阨古牧要塞。二十八日，錦棠逼古牧，屠城兵六千，翌日遂克烏魯木齊迪化府及僞王城。昌吉、呼圖壁臺、瑪納斯北城，以次第下，天山北路遂略定。於是宗棠又命錦棠、張曜共攻南路。三年三月，錦棠、張曜等分兵攻土魯蕃，克之。阿古柏帕夏自盡。九月初一日，錦棠收復喀喇沙爾。初三日，余虎恩收復庫爾勒。十三日錦棠破白彥虎於庫車。十五日降拜城，十八日降阿克蘇，二十日降烏什，天山南路之東四城由是悉予收回。十一月，錦棠分兵三路：使黃萬鵬等由烏什，桂錫楨等由阿克蘇共向喀什噶爾，而自扼葉爾羌、和闐之要衝。十三日，余黃兩軍進喀什噶爾，敵軍悉遁入俄領。漢城之兵相應，攻回城，擒敵將王元林，翌日收復喀什噶爾。錦棠以十七日收復葉爾羌，二十日收復英吉沙爾。董福祥以二十九日收復和闐。由是天山南路西四城俱下，索阿古柏帕夏之妻以下一千一百六十餘人悉誅之，新疆全境遂平。

光緒四年，中國因要求俄國歸還伊犂不遂，乃派侍郎崇厚爲全權大臣，赴俄交涉還付伊犂之事，行前，之洞代侍講張幼樵上疏，請飭崇厚先赴新疆體察形勢，與左宗棠定議而後行。而崇厚所負之權責，僅以保國界安全，償俄佔領軍費二事而已，然與俄所訂之十八條，有割讓伊犂南部特克斯河流域之廣大平原之事。俄人誠屬狡詐，崇厚亦與之議，實出權力之外。光緒五年十一月，詔以崇厚不候諭旨，擅自回京，交部嚴議，其所議各條並總理衙門前後章奏，發大學士、六部九卿、翰詹科道公議。十二月，之洞疏言俄約有十不可許，必改此議不能無事，不改此議不可爲國。宜修武備，緩立約，治崇厚以應得之罪。其疏略云：

新約十八條，其最謬妄者，如陸路通商，由嘉峪關、西安、漢中、直達漢口。秦隴要害，荆楚上游，盡爲所據。馬頭所在，支蔓日盛，消息皆通，邊圉雖防，堂奧已失，不可許者一。東三省國家根本，伯都、納吉林精華，若許其乘船至此，卽與東三省全境任其游行。無異陪京密邇，肩背單寒，是於綏芬河之西，無故自蹙地二千里。且河內行舟，乃各國積年所力求而不得者，一許俄人，效尤踵至，不可許者二。朝廷不爭稅課，當恤商民。若回準兩部，蒙古各旗，一任俄人貿易，暫免納稅，華商日困猶未也，以積弱苦貧之蒙古，徒供俄人盤剝，以新疆鉅萬之軍饟，徒爲俄人委輸，且張家口等處內地，開設行棧以後，逐漸推廣，設啓戎心，萬里之內，首尾銜接，不可許者三。中國藩屛，全在內外蒙古，沙漠萬里，天所以限。俄人卽欲犯邊，迤北一面，總費周折。若蒙古臺站供其役使，彼更將捐重利以啗蒙人。一旦有事，音信易通，糧運無阻。勢必煽我藩屬，爲彼先導，不可許者四。條約所載，俄人準過卡倫三十有六，延袤太廣。無事而商往，則譏不勝譏，有事而兵來，則禦不勝禦，不可許者五。各國商賈，從無明言許帶軍器之例，今無故聲明人帶一槍，其意何居？假如千百爲羣，闖然徑入，是兵是商，誰能辨之，不可許者六。俄人商稅種種取巧，如各國希冀均霑，洋關稅課，必至歲絀數百萬，不可許者七。同治三年，新疆已經議定之界又欲內侵，斷我南通八城之路。新疆形勢，北路荒涼，南城富庶。爭磽瘠，棄膏腴，務虛名，受實禍，不可許者八。伊犂、塔爾巴哈台、科布多、烏里雅蘇台、喀什喀爾、烏魯木齊、古城、吐魯蕃、哈密、嘉峪關等處，準設領事官，是西域全疆盡歸控制。有洋官則有洋商，有洋商則有洋兵。初則奪我事權，繼則反客爲主，馴至彼有官而我無官，彼有兵而我無兵。且各國通例，惟沿邊沿海準設外邦領事。若烏里雅蘇台、科布多、烏魯木齊、古城、哈密、吐魯蕃、嘉峪關，乃我境內，今自俄人作俑，設各國援例，將十八省腹地遍布洋官，不可許者九。名還伊犂，而三面山嶺內，卡倫以外，盤踞如故，據高臨下，險要失矣！割霍爾果斯河以西，格得滿島以北，屯墾無區，畜牧無地，地利盡矣！金頂寺久爲俄人市廛，既與約定俄人產業不更交還，是伊犂一線東來之道，必穿俄巢，出路絕矣！寥寥遺黎，彼又盡遷已往，人民空矣！擲二百八十萬有用之財，索一無險要、無地利、無出路、無人民之伊犂，將安用之，不可許者十。

（註三）

之洞疏上之後，詔與王仁堪、盛昱等摺，皆下廷臣集議。之洞又上疏陳籌兵籌約之策，宜治崇厚以應得之罪。光緒六年正月初三日，廷臣遞會議摺，明旨宣布崇厚罪狀，派曾紀澤赴俄另議。陳寶琛紀當時與張之洞、張幼樵論俄事云：

自俄事起，公及張幼樵侍講與予三人，累疏陳言，各明一義。公搆思稍遲，侍講下筆最速，三人不分畛域。或公口占，而侍講屬草，或兩公屬草，而予具奏。或予未便再言，而以疏草列兩公名入奏。公所建議，大意不外修備籌防，相機操縱。而事機迫切，尤在是歲之初，朝廷命曾惠敏赴俄商議改約，且從廷臣之請，修備籌防未計及也。（註四）

五月，俄人恫喝，英法居間，首以赦崇厚爲請，南北洋大臣入告。五月十三日旨下廷議，王大臣謂宜從所請。十九日，之洞上疏奏陳經權二義：正崇厚之罪，必誅無赦，以存國體爲守正之策，欲釋崇厚，必加南北洋大臣嚴譴，責令戴罪修防。舍此罰彼，以示不測，爲變通之策。八月，以俄艦自五月以來卽有過舊金山東來之說，之洞奏陳海防事宜九條，籌地籌人，以爲保全和議之策，並臚舉劉銘傳等知名宿將十餘人，皆老成持重，威望素著，可茲啓用，又引曾國藩同治六年九月豫籌條約之疏云：「總就小民生計，與之切實理論，自有顚撲不破之道。如果洋人爭辯不休，儘可告以卽使京師勉強應允，臣等在外亦必以全力爭回，卽使臣工應允，而中國億萬小民，窮極思變，與彼爲仇，亦斷非中國官員所能禁止。中國之王大臣爲中國之百姓請命，不患無辭置辯，甚至因此決裂，而我以救民生而動兵，並非爭虛儀而開釁。上可以對天地列聖，下可以對薄海蒼生，中無所懼，後無所悔」等語，以爲與異國議約之方，淸廷並從之洞之請，旨下曾紀澤議約時界務商務兩條，尤須堅持松花江行船一條，舊約專就黑龍江與松花江會處，由此順流至烏蘇里江會處而言，詞意甚明，宜參酌辦理。並命曾國荃督辦山海關防務，鮑超募勇駐京榆間。之洞又疏請急籌戰備，謂縱不開決裂之端，亦必思抵制之法。之洞眼見當時中外臣工懈怠散漫，乃屢屢痛切陳言，並謂：「臣是以苦口危言，不憚瀆請斷，宜審其緩急，權其輕重，勿再游移，勿再延緩，勿再惜餉，勿再吹毛求疵，而棄將才；勿再任聽督撫推宕粉飾，勿再恃鄰國調護，遂存徼倖；勿再聽敵國甘言，遂懈軍心。俄人見我實有戰心，庶可早成和議」。（註五）議者以爲之洞乃書生之見，大言聳聽，其實不然。微之洞之切要疏奏，縱以紀澤之才，必無必欲改約之心，縱有是心，亦無銳意謀求之志。崇厚失之於前，紀澤不敢不竭盡所能成之於後也。光緒七年正月，曾紀澤與俄人定約於俄京，改前約者七，添償俄幣四百萬。此約異於崇厚原約之點，爲爭回特克斯河廣大流域，而僅割讓霍爾果斯以西之小部份是也。伊犂條約成立之後，淸廷認新疆有設行省之必要，故於光緒八年闢爲行省，以烏魯木齊，卽今之迪化爲首府，以劉錦棠爲巡撫。

伊犂界約，崇厚無識於俄人，終爲其所愚，身敗名裂，僅以身免。紀澤識巨才大，成令名於後世，見實績於當時。之洞則以淸流文衡，屢謀長策，激勵奮發，使闇者不得僥其倖，明者不克誤其職，各自兢業，完成國家百姓所賦之職責，書生好大言，原爲本色，書生如不言，則國將不能爲國，家將不能爲家，書生如皆爲鄉愿，國亡將無日矣。

第四節　結論

中俄伊犂界約，首以回族肇亂，致啓俄人覬覦之心，繼以崇厚識微見短，怵以俄人之逼壓，妄置國家利益於度外，且不悟時勢，徒逞私譩，卒生軒然大波。之洞首發其端，條陳俄約所以不可准許之理。前後與張幼樵、陳寶琛疏奏凡二十餘上，卒將崇厚所訂割地之約，悉予廢除。時舉朝士大夫，無一知外國交涉情形者，自此以後，京朝官始開始講求洋務。綜觀之洞之所論奏，均能切合實際，非一味冒國家不測之險，而逞一時口舌之快者。之洞以爲國家之根本，對外宜維持領土之完整，保存國家之榮譽與體面，其次在爲民謀命，如國家領土以內之人，遭受異族之迫害，國家有挺身保護之責。再次之洞認當時文恬武嬉，洪楊亂後，湘軍之師已老，淮軍之暮氣亦著，連年爭戰，將士多已疲惰，毫無往日振奮之氣，故其直指當時權要，如曾國荃，謂其非僅已老，且更進入衰邁之年，實不宜再居要津，應讓賢於後進；評李鴻章雖未衰已將老，銳氣盡失，不復有當年英姿雄發之概，並謂其嫉才如劉銘傳者。之洞之敢言不懼於此可見，故斯時目爲清流亦在此。其於對外交涉之意見，乃在先有備而後交涉始可有成。近世外交，國與國間，敵國固不論矣，即所謂盟邦友國，亦以利爲先決條件，道與義則視如弊履，以之與春秋戰國之世，迥異其趣。明乎此，於辦理交涉時，強國總居有利之地，弱國永無非分之享。證諸百年來之中國外交，不言而喩。之洞於中俄交涉初起之際，即籲請廣修戰備，起自新疆，止於東北三省，惜當時廷臣不明時勢，而不之納，既和議陷入殭局，俄艦有東來之說後，之洞再請籌備海防，廷臣始稍出故常，命南北洋大臣，廣籌戰守之策。是之洞之識見，總較清廷諸臣爲遠。之洞以為俄人知我有必戰之心，於和議之時，始有讓步之理，如一味牽就，則絕無保全之機。曾紀澤誠為外交長才，戈登重名實在聞於中外，紀澤如不知朝野上下之決心，於論約時，定無一加虹貫日之氣勢，亦無從於樽殂之間挽回危局；戈登實具秦儀之才，然中國如無不惜一戰之勇氣，則俄國亦將不予彼以情面矣！之洞曾引曾國藩辦交涉之語云：「害我百姓生計，當竭力相爭，不設抵制之詞，不用嚴峻之語，但以誠意動之，始終不可移易，彼知理直不可奪，衆怒不可犯，或者至誠所感，易就範圍」，是紀澤每與他國辦交涉，亦篤守乃父之論歟！之洞於光緒六年九月十二日議約期迫請籌挽救摺云：

臣謂萬一彼此相持，和議難成，中國可為商民生計而興兵，亦不值為伊犂屬地而決裂，輕重之權，此亦易曉者也。為勢至此，補救將窮，限期一展不能再展，敵使一追不能再追。樞臣因惶惑而全無定衡，使臣執已見而不度利害。使臣旣以當爭者為不必爭，樞臣又不肯籌一審敵情箝敵口之法，以指授使臣，則雖爭亦如不爭。若再不乘此數日未定之轉關，力爭此一線實在之利害。臣不知樞臣使臣，諄諄瀆請，頒國書，釋崇厚，結五案，展限期，卑遜包荒，無微不至，所為者，果何事也。臣誠愚陋，亦知相時勢，諒使臣獨以區區愚誠所見，不敢不爭，有言不敢不盡，惟聖明垂察焉。（註六）

乃又附陳東防、西防、津防，選將籌兵之事。且言卽使俄人與我無釁，而以後朝鮮之防，勢不能已。尤冀廟謨廣運於東防，將士早為籌劃周密，以固陪京。目前應急之計，止可徵調南軍，若計久長，則關外征防，總以選練北將北兵為上，南兵斷不相宜，識者尤服其老成先見云。之洞前後疏凡七

八上，卒改前約，還伊犁。（註七）

之洞出任疆圻前之言論，除上述尤要者外，並疏陳禦倭禦俄事宜。光緒七年五月，之洞藉星象之說，疏請弭災。先是三月初七日，慈安太后崩，而慈禧自上年來以疾不視朝，四月始聽政。五月，慧星見於參井之間，入紫薇垣，十日不退。慈禧以爲災罹降諸其身，乃上天懲罰之徵。按翁同龢日記，五月初十日旨飭廷臣盡心匡弼，十五日特旨嚴門禁，著該大臣遵照章程，實力奉行，以梅啓照，張之洞之請也。又特旨問刑衙門，清理庶獄，審理京控之件，禁侵挪錢糧，核關稅釐金，各省防兵汰弱留強，考察屬隸。並以時勢艱難，飭中外大臣破除成見，宏濟艱難，凡有言責者，直言無隱，以張之洞、周德潤、洪良品之言也。總之，慈禧自作邪孽，心理作祟，恰慧星出現，之洞乃請遇變修省，不外二者，一曰修德，一曰修政也。之洞質言修政之道：一曰用人，必進賢而退不肖；一曰言路，有言責諸臣，於臣僚賢否，時政遺闕，直言無諱。而當者奬之，不當者容之；一曰武備，指陳武備防營之缺失，謂空額吞蝕，游惰充數，不加訓練，滋擾防所。請各督撫統兵大臣，稽核所部，務令足額；一曰禁衛，比來禁衛廢弛，可仿神機營之例，加給餉項，使之生計贍足，庶可盡心當差。「擬請飭下軍機大臣，會同各該衙門速議舉行。要之，雖無妖祥，亦當有整飭紀綱之道。既覩變異，尤不可無防微慮患之心。人事既修，天心自格。若夫臺官占星，出何宮，掃何宿，主何占，此乃拘墟膠柱之談，儒者不道，謹約舉數事，以備聖人應天以實之一助」。（註八）又言邊防要務，疆寄虛懸，最爲可慮，因舉譚鍾麟以代曾國荃之陝甘總督，劉錦棠、張曜二員督辦新疆軍務，彭玉麐代劉坤一署兩江，以整軍實，以符天下。

光緒六年十二月初四日疏請閹宦宜加裁抑，摺中略云：

伏維閹宦恣橫，爲患最烈……惟是兩次諭旨，俱無責戒太監之文。竊恐皇太后，皇上裁抑太監之心，臣能喩之，而太監等未必喩之。太監不喩聖心，恐將有藉口此案，恫喝朝列，妄作威福……如有懲辦太監，亦懇明旨宣示，則聖心之公，國法之平，天威之赫，曉然昭著於天下。……

（註九）

疏上，恭親王見而稱賞，謂同列曰：此眞奏疏也。此奏乃因有中官率小奄二人，奉內命挑食物八盒賜醇邸。出東右門與護軍爭毆，遂毀棄食物回宮，以毆搶告，兩宮震怒，立褫護軍統領職，門兵交刑部，將置重典。陳寶琛擬上疏極諫，之洞謂措詞不宜太激，我當助君言之、若言而不納，則他事大於此者，不能復言矣。

綜觀之洞爲京朝官時之一切言論，其主旨乃在安定朝局，使中國有一強而有力之政府，行使其政治權力，故於同治崩後，爲慈禧以光緒繼統事，尋一理論根據，以安朝野上下，非諂媚於慈禧一人也。是其非爲一姓一家而然，乃爲中國全體而然也。觀其裁抑閹宦之摺，可見一斑。之洞此摺實逆慈禧之志者，蓋衆所週知，慈禧之於宦寺，前則寵幸安德海，繼則寵幸李蓮英，故知之洞實非侍人之意者。而其言論，於論列人物之際，往往涉及權臣親貴，縱有阻撓，不稍却步，是又知其耿介，於權貴亦不稍假顏色，非趨炎附勢者可比也。故嘗自云無臺無閣，無湘無淮。其人忠於國家者敬之，蠹於國家者惡之。在致潘伯寅書云：「權貴不足畏，權貴之黨亦不足畏。何也？旣忤其人，則不避其禍，君子既無東林惡習，則權貴不過以其罪罪之，固所甘也。若此輩混充權貴之黨者，誣衊挑播無所不至，淆亂是非，則眞可畏耳！……總之，今日局面，文言之則曰相忍爲國，質言之，則曰糢糊一片，悶氣到底而已」。（註十）由此可見其爲人，可見當時之官場士風也。

註一：張文襄公全集卷二百十二，古文一，頁二。
註二：張文襄公全集卷一，奏議一，頁一至三。
註三：張文襄公全集卷二，奏議二，頁一至四。
註四：胡鈞著張文襄公年譜卷一，頁二二。
註五：張文襄公全集卷三，奏議三，頁八。
註六：張文襄公全集卷三，奏議三，頁十九至二十。
註七：大清畿輔先哲傳，頁十七。
註八：張文襄公全集卷三，奏議三，頁三十。
註九：張文襄公全集卷三，奏議三，頁二七至二八。
註十：張文襄公全集卷二百十四，書札一，頁十八至十九。

第二章　張之洞之學術思想

第一節　之洞學術之統緒與淵源

中華文化自堯、舜、禹、湯、文、武、周公，繼之以孔、孟，一脈相傳。歷經唐、虞、夏、商、周，下逮戰國之世，文物制度，典章禮樂，皆燦然大備，文化統緒，自成一家。雖然，商以前僅靠傳說，不足徵信，要之，商代而後，皆有文字器物可資鑑證。秦併六國，用丞相李斯言，絕先聖之業，禁處士橫議，於是焚書坑儒，以愚天下。

史記：李斯曰：「臣請天下敢有藏詩書百家語者，悉詣廷尉雜燒之，以古非今者族」。又盧生爲始皇求仙藥亡去，始皇大怒，使御史按問諸生，諸生犯禁者四百六十八人，皆坑之咸陽。劉漢滅秦，除挾書之令，詔天下徵求經籍，抱殘守缺者，始獻所得，或記口耳傳授之師說，或發壞壁之藏書，於是始有今古文之爭。至武帝，用董仲舒之議，罷黜百家，獨崇儒術，降至東漢桓靈之後，天下喪亂，加之黃老之術，餘波流韻，仍未全戢，太學諸生，多罹黨錮之禍。故才識之士，多謀所以苟全性命之道，不求聞達於諸侯。及魏踞天下，宗申韓法術之學，禍亂持久不息，人心思靜，羣求清靜之效。更以黃老入世之用，不能爲掃除亂源之方，於是轉而有出世之想，超脫於人世之外。由是老莊曠達之思想，足可藉爲避世逃俗之依憑，而王充自然之說，首發其端，王弼註周易、老子、繼揚其塵，更益之以阮籍、嵇康、何晏、傅嘏之輩，因成魏晉清談之風。迨五胡入主中原，元魏建國於北方。一時名流勝望，相繼南遷，其留於北地者，猶守舊轍。務經學，以康成爲師說，上承兩漢，皆南方清談之士所鄙者。然胡姓貴族，受其薰陶，綿延不絕，卒成周，隋之治，下開唐朝強盛之基，此中華民族第一次受制於異族也。

先是佛教之傳入中國，當魏晉玄談極盛之時。道家之言，以虛無爲主，佛氏之說，以寂滅爲歸。出世之旨，同超乎人格之外。然其旨雖同，而佛老之含義迥異。又因佛教初來，難以解喻。於是佛學徒衆，以老莊之說，差可近似，且當時流行天下，人所易知，故多以老莊之言，釋佛典之義，既所以便傳譯，亦且順人心也。迨於佛學研求既衆，漸得眞諦，至於隋唐，其道大盛，而於中華文化，亦且注入新血焉。唐繼隋後，太宗以不世出之帝王，念前古哲王，咸用儒術之士，設弘文館，精選天下文儒之士，爲孔子立廟，以爲萬世師表，示有所尊崇。並考校五經，撰定義疏，爲天下立思想文學之準則，由是經學乃告統一。及其末流，氾濫於詞章之學，不復以經世致用爲務。宋儒雜釋氏之說以入儒，尤以慧能大宏禪宗之義以後，餘波廣被。蓋佛教至慧能，用「明心見性」之義，已近乎子思孟子之道。故禪宗大師，每兼通儒學，以佛理解說中庸周易等書，儒家亦遂融會其說，闡揚心性之理。宋儒更參以道家之言，於是言天言理言心言性，乃爲宋明理學之大本。此亦佛教傳入中國後，影響及於學術思想者，最大之轉變也。然宋學亦有其特異處，蓋胡瑗孫復諸先輩，立所謂道德仁義聖人體用，以爲政教之本，殆與進士場屋之聲律，與夫山林釋老獨善其身者，不相牟也。遼金用漢人，僅保所掠而已。元代以外族入主中華，挾其武勇，最鄙漢化爲不足尊，文教殊衰，其治無可言者，雖許衡吳澄，並稱南北大儒，然沉淪異族，罕有足述，此中華民族第二次受制於外族也。時中華之文運，不絕如線，然譬如嚴冬雪虐，枝葉雖辭，根荄無傷也。故明人之學，猶足繼宋而起，象山之後，陽明繼起，然其末流，大違本旨。講學之風日盛，而虛疏之病愈甚。束書不觀，空談性命之旨；游談無根，相爭口舌之間。重蹈魏晉清談之覆轍，而棄國家民族於不顧，終以社稷傾頹，淪於異族。滿清最狡詐陰險，入室操戈，深知中華學術深淺，而自以利害爲之擇。從我者尊，逆我者賤，治學者皆不敢以治亂爲心，鑽研故紙，務於叢碎，爲人高下雖異，壞學術、毀風俗、賊人才則一。故以玄燁、胤禎、弘曆踞其上，則幸而差安，以顒琰、旻寧、奕詝、載淳、載湉爲之主，則不免於大亂，此中華民族第三次受制於異族也。論者猶謂滿人入關，諸凡文物制度，卒爲我漢人所同化，政權雖移，中華之文運未衰，依然持續其道統之學，此見誠屬謬妄。證諸滿漢畛域之嚴，文字大獄之迭興，持此論者，不攻自破也。

滿清諸帝，既以箝制漢人思想爲其宗，以研求故紙爲手段，於是軟硬兼施；或則懷柔以攬人心；或則施虐以怵民志，人才無分高下，皆不敢以治亂爲評，亦無以天下爲已任之想，於是困於死學。雖然，清代學人，於考據名物小學音韻、史學方志等貢獻殊多，要皆非經世致用之學。蓋自乾、嘉以下，世道日壞，學者日亟亟於訓詁考據，實不足以安身託命。而當時社會之中心無主，信賴於方術，如所謂天理教、八卦教、白蓮教、紅燈教、上帝會等之此仆彼起，亦可徵學術之無根，影響於社會之浮蕩不寧。洪亮吉嘉慶四年上書，略云：

士大夫皆不務名節，幸有矯矯自好者，類皆惑於因果，遁入虛無，以蔬食爲家規，以談禪爲國政。一二人倡於前，千百人和於後。甚有出則官服，入則僧衣，惑衆驚愚駭人觀聽。亮吉前在內庭執事曾告之曰：「某等親王十人，施齋戒殺者已十居六七，羊豕鵝鴨皆不入門。及此回入都，而士大夫持齋戒殺，又十居六七矣！深恐西晉祖尚元虛之習，復現於今」。（註一）

滿清旣扼殺士人之思想，因而導致上層社會蔬食家規談禪國政之風，下層社會則墮入附神弄鬼搖惑人心神棍之手。是除却考據訓詁，殆無所謂學術矣！滿清於士人思想之桎梏，梁任公論之云：

第一期爲睿王多爾袞攝政時代。滿兵倉促入關，一切要靠漢人爲虎作倀，所以一方面極力招納降臣，一面運用明代傳來的愚民工具——八股科舉，年年鬧什麼開科取士，把那些熱中富貴的人先行絆住。第二期，自多爾袞死去，順治帝親政，政策漸變。那時除了福建、兩廣、雲南尙有問題外，其餘全國大部分，都已在實力統治之下。那些被「誘姦」過的下等「念書人」，不大用得着了，於是板起面孔，抓着機會，便給他們點苦頭吃吃。其對於個人的操縱，如陳名夏、陳之遴、錢謙益、龔鼎孳那班二臣，都遭蹋得淋漓盡致。其對於全體之打擊，如順治十四年以後，連年所起的科場案，把成千成萬的八股先生嚇得人人打噤。那時滿廷最痛恨的是江浙人。因爲這地方是人文淵藪，輿論的發縱指示所在。「反滿洲」的精神到處橫溢，所以自「窺江之役」以後，借「江南奏銷案」名目，大大示威，被牽累者一萬三千餘人，縉紳之家無一獲免，這是順治十八年的事。其時康熙帝已繼位，鰲拜一派執政，襲用順治末年政策，變本加厲。他們除遭蹋那等下等念書人外，對於眞正智識階級，還與許多文字獄，加以特別催殘。最著名的，如康熙二年湖州莊氏史案，一時名士如潘力田、吳亦鴻等七十多人，同時遭難。此外，如孫夏峯於康熙三年被告對薄，顧亭林於康熙七年在濟南下獄，黃梨洲被懸購緝捕，前後四面。這些史料，若仔細搜集起來，還不知多少。這種政策，徒助長漢人反抗的氣燄，毫無效果。到第三期，値康熙帝親政後數年，三藩之亂繼起。康熙本人的性格，本來是潤達大度一路，當着這變亂時代，更不能不有戒心。於是一變高壓手段爲懷柔手段。他的懷柔政策，分三着實施：第一着爲康熙十二年薦舉山林隱逸。第二着，爲康熙十七年之薦舉博學鴻儒，但這兩着總算失敗了，被收買的都是二三等人物，稍微好點的也不過新進後輩。那些負重望的大師，一個也網羅不着，倒惹起許多惡感。第三着爲康熙十八年之開明史館，這一着却有相當的成功。因爲許多學者，對於故國文獻，十分愛戀。他們別的事不肯和滿洲人合作，這件事到底不是私衆之力所能辦到，只得勉強將就了。

(註二)

滿清初時諸帝，思想狹隘，仇視漢人，經世幹濟之才，不敢肆其志；社會趨向佛老，蹕事虛無，遯跡玄虛，棲心冥想。於是在學術思想上，不得不鑽研故紙，一味講求考訂訓詁，以古書爲消遣矣！迨乾嘉以降，國勢由盛轉衰，官貪民惰，餉項空竭，加之變亂頻仍，諸如乾隆三十九年王倫臨清之亂；四十六年甘肅回叛；六十年湘桂苗亂；川楚教匪之亂，波及燕、齊、晉、豫、秦、蜀諸省，至嘉慶七年始平；嗣後復有浙閩海寇、山東天理教。至道光年間，內憂外患，無時或已，歷經咸、同、光、宣四朝，更復變本加厲，而脆弱之學術基礎，盡暴露其缺失，尤以與西方科學相抗，更不可聞矣！

滿清季年，社會混亂，民生凋敝，連年爭戰，國本遂搖。而中國學術，仍守乾嘉矩步，故陋自封，未能適應時勢，乃至一片混亂，無所依歸。西方文明，以科學爲憑藉，槍砲爲武器，巨艦爲先鋒，施其政、經乃至文化之拓殖。時亡國之禍，不惟不遠，且中華文化，殆有經弊道喪之危。衛道之士及排外之人，咸欲於思想上謀抗衡之策，以爲中華舊日之倫理道德，可抵禦西方物質文明。其過之者，甚切視進步爲極端，守舊爲愛國，抱殘守缺，固步自封，使中國愈陷愈深，至於貧弱愚昧之境。且漢人處專制積威，漸次腐化，眞讀書明理者，亦昧於時勢。且乾嘉瑣碎無當大體之遺風旣成，而道光朝科擧，惟遵功令，嚴疵累忌諱，一時風氣，更使學者專心於小楷點畫之間，無復有通才異能之士，由是學愈壞，政愈竄矣！咸豐、同治二十年間，洪楊之亂，荼毒全國，繼之以捻、回、苗三匪之變，英法聯軍之難，傷心慘目，風聲鶴唳，政治生計之變動姑置不論，卽當時之文化中心、江、皖、浙三省糜爛最甚。公私藏書，蕩然無存，一般宿學之士，多因難凋落，而繼起無人，失學失養，形成眞空之態。斯時思想之趨向，可條分爲三：一卽宋學之復興。其二卽西學之講求。其三卽排滿思想之引動。宋學之興，以羅羅山、曾滌生爲代表，以宋學相砥礪，其後卒以書生犯大難成功名。至於西學之講求，自雍正元年驅耶教教士之澳門，中國學界與外國學界乃告絕斷，達百有餘年。及道光年間鴉片之戰戰敗，英法聯軍以咸豐年間再陷京師，因之有識之士如曾滌生，李鴻章輩，倡師夷制夷之說，欲效彼邦之船堅砲利，以爲血恥圖強之具，然仍自認中國文化高出若輩遠甚也。然洋務西學諸辭，因以出現焉。惜乎思想陳腐，識微見短，當時所謂西學，亦僅只裝點門面而已。有識者如郭嵩燾輩，又不得展其志，一時言富強者，知有兵事，不知有民政。知有外交，不知有內治。知有朝廷，不知有國民，知有洋務，不知有國務。是不惟無改革，甚且不若不改也。此等西學，不能影響學界，自不待言也。光緒初年，內患雖稍安，外力却加甚，俄訂伊犂界約之強悍，中法之戰喪失越南藩屬之愚昧，中英西藏之交涉，最甚者，殆爲中日甲午之戰敗，不惟割地賠款爲已足，即推行有年之自強運動，亦一旦而毀。此種相繼而起之風暴，令思想界產生異常之動搖，發生甚多之疑問；何爲中國積弱若此？喪師辱國之奇恥大辱宜歸罪者誰？如何重行振興中國？何以我不如人？於是驀然而醒，重憶清初諸大老之言，即明末之幾位遺老也。如顧亭林、黃梨洲、朱舜水、王船山輩，所倡經世致用之學說，使二百餘年木然之民族意識，因而復活。此乃思想界巨大之轉變，而之洞洽爲此一潮汐中之主流也。故徐世昌於清儒學案南皮學案中云：

清季政治爲新舊嬗遞之際，亦新舊交爭之際，學術同然。新機不可啓，舊統不可存，乃克變而不失其正。文襄身體力行，語長心重。合漢宋中西，以求體用兼備之學。規模閎遠，軌轍可循，雖時勢所趨，未必盡如其志，守先待後者，所當奉爲龜鑑也。（註三）

時學界仍存漢宋之辯，新舊之機，然若輩終於沉淪中自拔，於酣睡中覺醒，不忘種性，有意經世，明末諸大老所啓迪也。然推源溯始，實肇端於唐之昌黎韓氏。故治近代學術者，必知其始於宋也。緣近世標漢學之名以與宋敵，是不知宋學無以平漢宋之是非，且言漢學淵源者，必溯諸晚明諸遺老。然其時如孫夏峯、黃梨洲、李二曲、王船山、顧亭林、顏習齋、一世魁儒耆碩，靡不寖饋於宋學。繼此而降，如李恕谷、全謝山、乃至江愼修諸人，皆深研於宋學者也。道咸以下，則漢宋兼采之說漸盛，抑且多尊宋貶漢，對乾嘉爲平反者，不識宋學，即無以識近代也。之洞於輶軒語論漢宋之學云：

近代學人，大率兩途；好讀書者宗漢學，講治心者宗宋學。逐末忘源，遂相詬病，大爲惡習。夫聖人之道，讀書治心，宜無偏廢。理取相資，詆諆求勝，未爲通儒。甚者，或言必許鄭，或自命程朱。夷考其行，則號爲漢學者，不免爲貪鄙邪刻之途；號爲宋學者，徒便其庸劣巧詐之計。是則無論漢宋，雖學奚爲？要之，學以躬行實踐爲主，漢宋兩門，皆期於有品有用。使行誼不修，涖官無用，楚固失矣，齊亦未爲得也。若夫欺世自欺之人，爲漢儒之奴隸，實不能通其義；爲宋儒之佞臣，而並未嘗讀其書，尤爲大謬，無足深責者矣！（註四）

之洞學兼漢宋。漢學師其翔實，而遺其細碎；宋學師其篤謹，而戒其空疏。初受經學於呂賢基；受史學經學於韓超；受小學於劉書年，受古文學於朱琦。於兩漢經師，清朝經學諸大師及宋明諸大儒，皆所宗仰。之洞於輶軒語中又云：

> 宋儒表章學庸，然禮記乃二戴所傳，七十子後學者所記（見漢志）。夫云七十子後學者，非秦漢以來經師而何，是眞漢學也。漢志有中庸說一篇，隋志有梁武帝中庸講疏一卷。宋天聖八年，以大學賜新第王拱辰等，專尊學庸，義有所防。況樂記一篇，漢人所撰（據別錄有竇公一篇知之），實括論性主靜諸義。董子之書，備言性道中和，然則性理之學，源出漢儒，強生分別，不知學者也（考證校勘之學，乃劉攽、宋祁、曾鞏、沈括、洪邁、鄭樵、王楙、王應麟開其端，實亦宋學也）。
>
> 愚性惡聞人詆宋學，亦惡聞人詆漢學，意謂好學者即是佳士，即使偏勝，要是誦法聖賢，各適其用，豈不勝於不學者？乃近人著書，入主出奴，互相醜詆，一若大不得已者，而於不學者則

絕不嘗議，是誠何心，良可怪也。(註五)

之洞思想，主調和漢宋無謂之爭，各撮其精要，遺其蕪雜破碎，以爲大經大法，據之以爲治世之方。若夫談玄說理，束書不觀，最是可恨。故其平生所惡者，蓋爲不知學，不肯學，不願學之人。此種思想之養成，形諸於實際政治，必能開務成務，立萬世不朽之基業也，而於教育上開一新頁，作育人才之衆，近世無出其右者，而其所秉持之一貫宗旨，厥爲經世致用之學，毀數百年束縛士人思想八股科舉取士之法，實亦清初諸大老思想之重生也。顧炎武日知錄云：

昔劉石亂華，本於清談之流禍，人人知之。孰知今日之清談，有甚於前代者。昔之清談談老莊，今之清談談孔孟。未得其精，而已遺其粗；未究其本，而先辭其末。不習六藝之文，不考百工之典，不綜當代之務。舉夫子論學論政之大端一切不問，而曰一貫，曰無言。以明心見性之空言，代修己治人之實學；股肱惰而萬世荒，爪牙亡而四國亂；神州蕩覆，宗社丘墟。……今之君子，得不媿乎其言。(註六)

顧炎武倡舍經學無理學之說，教學者脫宋儒之羈勒，直接反求之於古經。顏元、李塨倡學問固不當求諸瞑想，亦不當求諸書冊，惟當於日常行事中求之之說，盡闢不切時務之談，而歸諸實事求是之鵠的，以爲經世實用之道。王夫之雖崇程朱之學，亦言事物德性之實，致力於史學，而明盛衰成敗之理。黃宗羲嘗受業於劉宗周，亦悲清談之亡天下；故修正其師說，以史學爲根據，而推之以當世之務。彼清初諸君子，懍於國亡無日，乃徵之於今，求實事於當時，徵之於古，求實證於典籍，發憤慷慨，期光復我中國，無論其徵於事實，徵於典籍，皆求所以致用也。之洞生平滿清季年，學術凌夷，倫常道喪，於是攘臂高呼，亦以經世致用之說爲啓聾發瞶之端，導迷惘於正途，其旨殆與淸初諸大老同然也。其於輶軒語著論云：

書猶穀也，種穫舂揄，炊之成飯，佐以庶羞，食之而飽。肌膚充悅，筋骸強固，此穀之效也。若終歲勤動，僕僕田間，勞勞爨下，並不一嚐其味，蒔穀何爲？近人往往以讀書明理判爲兩事，通經致用視爲迂談。淺者爲科舉，博洽者著述取名耳！於己無與也，於世無與也，亦猶之穫而弗食，食而弗肥也。隨時讀書，隨時窮理，心地淸明，人品自然正直。從此貫通古今，推求人事，果能平日講求，無論才識長短，筮任登朝，小大必有實用。易大畜之象曰：「君子以多識前言往行以畜其德，多識畜德，事本相因。若讀書者旣不明理，又復無用，則亦不勞讀書矣。……士林美質，悉造成材，上者效用於國家，其次亦不失爲端人雅士。非欲驅引人才，盡作書蠹也。（註七）

之洞以爲讀書若不明理，若不能效用於國家，若不能致人品於雅正，於讀書何爲？是猶未曾讀書也。至若淺者爲科舉，博洽者著述取名，是亦猶魏晉之淸談，宋明之束書不觀，談理談禪耳。

前曾論及經世致用之學，倡言者爲唐之韓愈，並謂欲窺漢學之要旨，不識宋學，無以知漢學也。之洞調合漢宋，取其所長，絀其所短，而其脈絡不尋，則不知其端緒，探水而不窮源，則水之所自來必邈隱。昌黎論學雖疎，然其排釋老而返之儒，倡言師道，確立道統，是皆宋儒所尊循者。就近觀之，唐之士人，以詩賦得高第，漁獵富貴。上者建功名，立事業，是謂入世之士。其隱跡山林，棲心玄寂，求神仙，溺虛無，歸依釋老，則爲出世之士也。亦有旣獲膴仕，得厚祿美名，轉而求禪問道於草澤枯槁之間者，亦有以終南為捷徑，身在江湖而心在魏闕者。獨昌黎進不願富貴功名，退不願為神仙虛無，而倡言乎古之道。曰為古之文者，必有志乎古之道，而樂以師道自尊，此皆宋學精神也。而言宋學之興，必推本於安定、泰山，蓋至是而師道立，學者興，乃為宋學先河。宋史稱：

神宗問安定高第劉彝，胡瑗與王安石孰優？對曰：「臣師胡瑗，以道德仁義教東南諸生時，王安石方在場屋中，修進士業。……國家累朝取士，不以體用為本，而尚聲律浮華之詞，是以風俗偷薄。臣師當寶元明道之間，尤病其失。遂以明體達用之學授諸生，夙夜勤瘁，二十餘年。……出其門者無慮數千餘人。故今學者明夫聖人體用，以為政教之本，皆臣師之功，非安石比也。

（註八）

劉氏之言，正所以盡道宋學精神，所謂道德仁義，聖人體用，用以為政教之本者，以與進士場屋之聲律，與夫山林釋老獨善其身者，大異其趣，立乎生民建政教之大本者也。胡瑗，字安定，泰州如皋人，學者稱安定先生。孫復，字明復，晉州平陽人。居泰山，學者稱泰山先生。全祖望曰：

宋仁之世，安定先生起於南，泰山先生起於北，天下之士，從者如雲，而正學自此造端矣。閩海古靈先生（陳襄），於安定蓋稍後，其孜孜講道，則與之相埒。安定之門，先後至一千七百餘弟子，泰山弗逮也；而古靈亦過千人。安定之門，如孫莘老（覺），管臥雲（師復），皆兼師古靈者也。於時濂溪（周敦頤）已起於南，涑水（司馬光），橫渠（張載），明道兄弟（程顥、程頤），亦起於北，直登聖人之堂」。（註九）

安定同時有范仲淹者，為秀才時，即慨然有志於天下，嘗自勵曰：「士當先天下之憂而憂，後天下之樂而樂」，歐陽修亟稱之，而永叔亦以獎引後進爲務。嘗曰：「文學止於潤身，政事可以及物」。於是宋學由之而立焉。要之，北宋學術，不外經術政事兩端，迄乎南宋，心性之辨愈精，事功之謂愈淡，義理之分始濃，性善養氣之功始倡。自是學者爭務爲鞭辟向裏，而北宋諸儒一新天下之法，以返之唐虞三代之意，則稍疏矣！然亦非道釋虛無方外之學也。故言宋學精神，厥有兩端：一曰革新政令，二曰創通經義。而精神之所寄，則在書院。革新政治，其事至荆公而止；創通經義，其業至晦菴而遂。而書院講學，則其風至明末之東林而始竭。東林者，亦本經義推之政事，則仍北宋學術眞源之所灌注也。特其末流，大違本旨，講學之風日盛，而虛疏之病愈甚也。東林淵源於陽明之學，正猶陽明之啓途於考亭也。惟東林諸儒言政治，其在當時所謂繫心君國者，則不過裁量人物訾議時政而止。及乎國脈既斬，宗社既覆，隄崩魚爛，無可挽救，乃又轉而探求及於國家興亡民族盛衰之大原。如梨洲亭林諸人，其留心實錄，熟悉掌故，明是導源東林。而發爲政論，高瞻遠矚，上下千古，則又非東林之所能限也。東林在宗國未傾之前，故得以忠義自勵，清初則處大命滅絕之餘，轉期以經濟待後。學術流變，與時消息，亦不得不爾也。而康雍以來，清廷益以高壓鋤反側，文字之獄屢興，學者乃以論政爲大戒，鉗口不敢吐一辭，重足疊跡，羣趨於鄉愿之一途，則又非東林諸君子所欲知矣。而羣趨鄉愿，不聞政事，亦乾嘉諸君子之不得已也，實政治使然也。曾國藩歐陽生文集敍云：「當乾隆中葉，海內魁儒畸士，崇尚鴻博，繁稱旁證，考核一字，累數千言不能休，別立職志，名曰漢學」。之洞於輶軒語亦論及漢學云：

漢學者何？漢人注經講經之說是也。經是漢人所傳，注是漢人創作，義有師承，語有根據，去古最近。多見古書，能講古字，通古語。故必須以漢學爲本而推闡之，乃能有合。以後諸儒傳注，其義理精粹，足以補正漢人者不少。要之，宋人皆熟讀注疏之人，故能推闡發明（朱子論貢舉，治經謂宜討論諸家之說，各立家法，而皆以注疏爲主云云。卽如南宋理學家如魏鶴山，詞章家如葉石林，皆爛熟注疏，其他可知。）儻不知本源，卽讀宋儒書亦不解也。……漢學所要者二：一音讀訓詁，一考據事實。音訓明，方知此字爲何語，考據確，方知此物爲何物，此事爲何事，此人爲何人，然後知聖賢此言是何意義。不然，空談臆說，望文生義，卽或有理，亦所謂郢書燕說耳，於經旨無與耳！（註一〇）

之洞於漢宋之學，主調和之說，執兩用中，取二者之優而遺其蕪雜瑣碎，談玄說理，生平最惡人詆漢學，亦惡人詆宋學。蓋舍漢學則失其本源，非宋學則漢學之義理不明也。之洞嘆讀其書者不明其理，盲昧無知，以非爲是。在致寶竹坡函中云：

尊意大抵於天算則主中而駁西，於經學則抑漢以申宋，此恉所在，以爲此所以救世道人心也。惟天算中法實不如西法，經解宋學實不如漢學。若云救世，但當破近日眩於西法之迷途，發墨守漢學之流弊，方爲有益。若幷西人之天算，法漢學之考據訓詁而駁之，既非事實，終不能勝矣。……通經貴知大義，方能致用，義理必出於訓詁，於是因訓詁而事考據，因考據而務校勘，久之漸忘本意，窮末遺本，買櫝還珠，與身心事務全無關涉，此漢學之流弊也。……博漢學以爲明理之資，……漢學正爲宋學所用也，豈非快事便宜事，何爲反攻之乎！（註一一）

之洞爲學，在破除漢宋之藩籬，取精用宏，篤守中庸之道，怵於當時內憂外患日深，學者死守漢儒家法，窮末遺本；斥宗宋學者僅言心性，不識本體。兩者皆足破家亡國。蓋通經所以致用，小者可以修身齊家，大者通達時務，爲國盡力，此旨恰如清初諸大老所倡言之經世致用之學，二百年後，而與之洞之說相互映輝。是知之洞之學術，淵源於中國固有之道統，並師漢學之翔實，遺其細碎；宗宋學之篤謹，戒其空疏，並以清初諸大老爲典範，以經世致用爲志，其淵源有自來也。更復借他山之石，以爲攻錯之方，在危疑震撼之秋，卒倡中體西用之說，成一家之言，棄故常於不顧，其聰明睿智，又非徒擁虛名，抱殘守缺者，冀望其項背於萬一也。

第二節　中體西用學說之內涵

清季學術，至咸同之際，內憂外患，交相煎逼，乃引出三條新路：其一，宋學復興；其二，西學之講求；其三，排滿思想之興起。此於上節已概略論之。而究其實際，學界實無可稱道之學術耳。時執政如李鴻章輩，一切行政用人，但論功利而不論氣節，但論材能而不論人品，所行政事因人可知，而西學之成效亦不問可知也。然時代推移，加之事實需要，欲求富國強兵，使中國不致滅亡，乃不得不求變以適應。是以歷經甲午、庚子諸變之後，即極端保守之士大夫，亦覺岌岌可危，國亡無日，經世致用之學，亦隨之而起。此乃政治劇變，釀成思想劇變，又以思想劇變，復釀成政治劇變，波波推轉，展轉相盪，至於今日而尚未已。於是有清末年之今文學家乃應運而出焉。

清末之經今文學派，始於武進莊存與之春秋正辭。莊氏字方耕，與戴震同時，著春秋正辭，捨名物訓詁而專明春秋公羊傳之所謂微言大義。其弟子劉逢祿繼而作公羊釋例，發明何休所認爲非常異義可怪之論。如「張三世」，「通三統」，「絀魯王周」，「受命改制」諸義，以爲乃孔子之微言大義也。繼之者爲邵陽魏源，著詩古微十七卷，謂毛傳及大小序，皆爲晚出之僞作；又著書古微十二卷，贊同閻若璩之說，謂古文尚書爲東晉晚出之僞作；更斷言東漢馬融鄭玄等之古文說。亦非孔安國所傳之舊本，辭既博辨，頗能自圓其說。仁和龔自珍，亦好治公羊，與魏源互相稱譽，且文字瑰麗，一時初學者，頗受其衝動。而仁和邵懿臣嘗著禮經通論，謂儀禮十七篇爲足本，所謂古文逸禮三十九篇者，出劉歆僞造，上論諸家，皆富懷疑思想者也。繼之者湘潭王闓運，王氏字壬秋，著有周易尙書公羊諸書箋。又有井研廖平揚其波。廖氏字季平，著有今古學考，公羊三十論，春秋公羊補證諸書。

清廷政治，混亂日甚，人心背道而馳，威權墜落，已至非變不足以圖存之境，當時以南海康有爲，閩侯嚴幾道，餘杭章太炎，香山孫逸仙相互蹶起。康氏綜集各家之說，嚴古今文之界，而謂凡東漢晚出之古文經傳，皆劉歆所僞造。光緖十五年，年三十一，以諸生伏闕上書，聳動天下。及甲午中日戰敗，有爲又以變法自強爲第二次上書，終以舊黨擁慈禧以抵之，並以主上幼弱臣名薄闇，又所務過爲博巨，終不足以成大事，當於後章詳論，今不贅述。有爲嘗著周禮，有政學通議一書。嗣慕廖平之學，亦爲當時內憂外患所致，以爲非改制不足以圖富強，遂致力於公羊之說，後倡君主立憲，爲保皇黨之首。著有新學僞經考，孔子改制考，大同書，孟子微等。蓋時代激盪，致有改舊從新之思，馮友蘭論及清代之今文經學云：

清人所講之義理之學，其大與道學不同者，當始自清代之今文學家。西漢今文經學家之經學，自爲古文經學家之經學所壓倒後，歷唐宋明各代，均未能再引起人之注意。清代之學者，本以整理古書爲其主要工作。唐宋明各代所注意之古書，至淸之中葉，已爲一般學者所已經整理。此後學者，遂有一部轉注意於西漢盛行而唐宋明學者所未注意之書。於是以春秋公羊傳爲中心之今文學家之經學，在淸代中葉以後，遂又逐漸復興。(註一二)今文學之復興，亦正適合當時潮流，此潮流之需求，卽在如何於此內憂外患之中，尋求一條新路，以解此一國亡無日之疑難。故有爲欲自立宗教，以效西洋之耶教，自改政治，以求自強。其實行之步驟，在托孔子以改制，謂六經皆孔子所作，堯舜皆孔子所依托。謂孔子以素王之身，行改制之事實，其微言大義，全在易經與春秋。春秋尤爲孔子所立之憲法案。蓋抱致用之志，借經術以文飾其政論也。及其大同書出，泯夷夏之見，爲滿淸統治中國作解釋，雖依托公羊而立說，又非公羊之本旨也。故其弟子梁啓超謂其：「性格奇矯，立言矛盾。」而不滿其武斷，蓋知之深也。章太炎文錄駁康有爲論革命書曰：

……種種繆戾，由其高官厚祿之性素已養成，由是引犬羊爲同種，奉猳尾爲鴻寶，向之崇拜公羊，誦法繁露，以爲一字一句皆神聖不可侵犯者，今則並其所謂復九世之仇，而亦議之。其言曰：「楊州十日之事，與白起坑趙，項羽坑秦無異。」……明知其可報復，猶爲瘖聾，甘與同壞，受其豢養，供其驅使；寧使漢族無自立之日，必爲滿洲謀其帝王萬世祈天永命之計，何長素之無人心一至於是也。(註一三)

太炎出生浙江，仍踵宗羲謝山等之餘緒，倡爲革命之論，而論列康氏，亦可謂爲允當也。章氏致力於考證之學，亦爲考證之學，創一新路者也。嚴復爲中國早期留歐學生，本國文學亦甚優長，專事翻譯英國功利派之書籍，終能成一家之言。除康章嚴氏三家外，最突出者爲孫中山先生。梁啓超謂：「他雖不是個學者，但眼光極銳敏，提倡社會主義，以他爲最先」。其實不然，中山先生三民主義學說，博大精深，不僅能救中國，且能救世界也。卒能推翻滿清，恢復中華，創建民國，其偉大之處，此篇不能盡道。梁啓超氏雖師事康有爲，却往往不以其作爲爲然。戊戌之難以後，仍致力於保皇與君主立憲之說，輸入外國思想，且力謀中國已往善良思想之復活。其學融合中外，不執一偏之見，著有墨子學案，墨經校釋、清代學術概論、先秦政治思想史、歷史研究法、中國近三百年學術史諸書，於近代思想影響深巨。惜其所務太博，論列常有粗而難精之弊焉。

要之清末學術之指歸，論其功罪，不外上列諸家，究其終極，旨在求變，求富強，求救中國而已。今文經學家如此，主全盤西化者亦如此。然夷考當時情勢，昧於時者甚衆，交相排擊，水火冰炭，積不相容，各趨極端。新者固多淺謬輕率之見，守舊者殆無非固陋鄙傖之徒。紛呶偏反，交相爲癒，暴於戊戌，極於庚子，社會人心交相浮動，水旱天災，南北互作。加之日俄窺伺，中國之危亡，有如疊卵。處此非常之時，端需睿智之士，於是之洞乃挺身而出，創爲中學爲體，西學爲用之學說，迎合時勢，順應需要，調和新舊，爲中國避敗亡之禍，其志之大，其心之苦，不體其意，不讀其所著書，不觀其所行事，不足以知之也。

之洞出身科舉，歷任封圻，並屢膺考官，數主學政，自幼及長，未嘗一日違離儒術。其所學近法所受教諸先輩與清季大儒，遠宗孔孟，凡先聖所遺，經史子集，無所不窺，留心歷代得失之跡，以爲經世致道之用。於漢宋博采衆說，不爲一偏之見，取精用宏，恪守中庸執兩用中勉強而行之旨。務鴻博而不拘執，其異於當世俗儒不可以道里計也。嘗自謂天性魯鈍，不足以窺聖人之大道學術，惟與儒近。蓋儒者平實而拙於勢，懇至而後於機，用中而無獨至。修理明而不省事，志遠而不爲身謀。博愛不傷，守正無權。故其爲官行政，一以儒術施之。而又自知儒術迂遠，不能速效，以故困其躬，亡其精，學亦如上壁之難行。然其仍欲竭盡所能，宏揚斯道，以正人心，杜浮澆，冀挽當時頹惰銷沉之世道也。並思聚通達事變之儒者多人，共謀扶持光大之，此辜鴻銘氏所以以儒臣目之也。辜氏論之曰：

> 蓋當時濟濟清流，猶似漢之賈長沙董江都一流人物，尚知六經大旨，以維持名教爲己任。是以文襄爲京曹時，精神學術，無非注意於此。即初出膺封疆重任，其所措施，亦猶是欲行此志也。洎甲申馬江一敗，天下大局一變，而文襄之宗旨亦一變。其意以爲非效西方圖富強，無以保中國，無以保中國，即無以保名教。雖然，文襄之效其法，非慕歐化也；文襄之圖富強，志不在富強也。蓋欲借富強以保中國，保中國即所以保名教，吾謂文襄爲儒臣者以此。厥後文襄門下，如康有爲輩，誤會宗旨，不知文襄一片不得已之苦心，遂倡言變法行新政，卒釀成戊戌庚子之禍。（註一四）

康有爲新學僞經考一書自敍稱，與兩廣總督張之洞，辯談兩晝夜，之洞勸其改作，以維世道人心，康氏未予接納云云。是眞不知之洞之苦心者也，之洞深知世人務新奇，好僻說，邪說異端一起，如火之燎原，甚難止熄，一旦滙爲潮流，成爲風尙，流毒非僅爲害於當時，其末端餘緒，亦將及於後世，所謂一言喪邦者在此。故作勸學篇一書，倡儒家之說，斥過激之論。勸學篇宗經章云：

> 如近儒公羊之說，是孔子作春秋而亂臣賊子喜也。竊惟諸經之義，其有迂曲難通，紛歧莫定

者，當以論語孟子折衷之。論、孟文約意顯，又羣經之權衡矣。(註一五)

是之洞乃直指康氏，又深切駁辯之也。更斥有害儒術之論，謂諸家紕繆易見，學者或愛其文采，或節取一義，苟非天資乖險，鮮有事事則傚，實見施行者。執兩用中，分別權衡，論其輕重，以資取捨。其維新變法，亦採中庸之道，雖不能必見容於維新之士，然終不能激起世變，致令守舊者懍於自身安危，羣起而攻之也。尤以勢所使然，合於中國環境，故之洞爲政，每興一新事業，雖阻撓萬端，勉強而行，終底於成者，在於通權達變，亦堅持其不可爲而爲之儒家治事精神使之然也。明乎此，則無怪其黜斥老子之學也。

獨老子見道頗深，功用較博，而開後世君臣苟安誤國之風，致陋儒空疏廢學之弊，啓猾吏巧士挾詐營私軟媚無恥之習，其害亦爲最鉅。功在西漢之初，而病發於二千年之後。是養成頑鈍積弱不能自振之中華者，老氏之學爲之也。(註一六)

若老氏大巧若拙一語爲害最烈，如謂世俗趨避鑽刺之巧則可，如用之於格致科學之事，巧者自巧，拙者自拙，豈有巧拙相類之事哉！歷代以還，國人智慧之不能擴充，實此類學說所害也。故謂周秦諸子，瑜不掩瑕，取節則可，破道勿聽，必折衷於聖也。當以儒家「知其不可爲而爲」、「有所不爲」、與夫「自強不息」之宏大毅力，拮取諸子之精華，以通學術文章；深研經典，以明往聖立教之旨，並以中學爲根基，以西學西法爲枝葉，採人所長，補我所短，總期強我基幹爲主。則此博通經史，融滙古今，益以西學，始可維道統，創新猷，言中西。若夫強枝弱幹，本末倒置，不惟西學無所寄，卽中學亦無所憑也。故之洞終生服膺此強幹培基之思想，無稍或易。言教育則通經致用；言維新則中體西用；言政治則先人民後官府。大學云：「其本亂，而末治者否矣」！其本立，則無往而不利也。豈不然乎！

舊日自強之說，僅思用夷之術以制夷，惟槍砲機器而已。至如西洋之典章制度，良法美意，則棄如敝屣。以爲中國之政教風俗，無一不優於他國。故同光間之維新自強，自難收其實效，要之，僅師其皮毛，鮮著事功。於是務新者又趨於極端，一味崇洋，用夷變夏，數典忘祖，較之守舊之士，更爲國人所不容。之洞論當時之情狀云：

> 於是圖救時者言新學，慮害道者守舊學，莫衷於一。舊者因噎而食廢，新者歧多而羊亡；舊者不知通，新者不知本。不知通，則無應敵制變之術；不知本，則有非薄名教之心。夫如是，則舊者愈病新，新者愈厭舊，交相爲瘉，而恢詭傾危，亂名改作之流，遂雜出其說，以蕩衆心。學者搖搖，中無所主，邪說暴行，橫流天下。敵既至，無以戰，敵未至，無與安，吾恐中國之禍，不在四海之外，而在九州之內矣！（註一七）

睽諸當時情境，確屬舊者不知通，新者不知本。不知通，所爲言論則荒謬絕倫，至其極乃釀成拳匪之亂。不知本，則骨肉筋脈之外，即魂魄亦非己身所有，至其極乃有戊戌之禍。之洞爲使不論新舊，要在務本，本立則人心純正，縱令國人穿西服，吃洋餐，坐汽車，住洋房，操洋操，用洋砲，而其精神，仍爲中國之精神，其人仍爲中國之人，之洞所倡之中學爲體之眞義在此。至其實施之步驟，則層次井然，之洞於勸學篇序中云：

> 內篇九，曰同心，明保國、保教、保種爲一義。手足利，則頭目康，血氣盛，則心志剛，賢

才衆多，國勢自昌也。曰敎忠，陳述本朝德澤深厚，使薄海臣民咸懷忠良，以保國也。曰明綱，三綱爲中國神聖相傳之至敎，禮政之原本，人禽之大防，以保敎也。曰知類，閔神明之胄裔，無淪胥以亡，以保種也。曰宗經，周秦諸子，瑜不掩瑕，取節則可，破道勿聽，必折衷於聖也。曰正權，辨上下，定民志，斥民權之亂政也。曰循序，先入者爲主，講西學必先通中學，乃不忘其祖也。曰守約，喜新者甘，好古者苦，欲存中學，宜治要而約取也。曰去毒，洋藥滌染，我民斯活，絕之使無萌枿也。(註一八)

之洞所論，除敎忠，正權二端，因所處環境與本身地位之故，不得不爲忠君愛國抵斥民權之說外，要皆依據中國傳統之爲學次第，道德規範，文化源流，條其切要，以免摭拾外人餘唾，反倚之驕其同胞也。甚而至於結西夥，爲西商，徙西地，入西籍而後已。民族自尊心一失，莠民中心無主，隨邪說而放侈，甚至詆中國爲不足有爲，譏固有之敎爲無用，分同室爲畛域，引彼法爲同調，日夜冀幸天下有變，以求庇於他人。如此變法自強，則無所憑藉，是捨中學之大本而爲蕪雜，誠不可也。而中學之根本，中國文化之精髓則涵融於經。然衰周之際，道術分裂，諸子蠭起，班固以爲九流十家。惟其意在偏勝，故析理尤精，而述情尤顯，其中理之言，亦往往可補經義之不足，而其中難免有詭僻橫恣，不合於大道者。自漢武始屏斥百家，一以六藝之科爲斷。之洞云：「今欲通知學術流別，增益才智，鍼起瘖聾跛躄之陋儒，未嘗不可兼讀諸子，然當以經義權衡而節取之」。六經乃聖人之所爲作，其道大而能博，因材、因時，言非一端，而要歸於中正。故九流之精，皆聖賢之所有也。經乃學問之本，欲知中學之本源，捨宗經無他途也。蓋通經而後始明我中國先聖先師立敎之旨，考史以識我中國歷代之治亂，九州之風土，涉獵子集，以通我中國之學術文章，此乃端正中學之識趣，牢固其根柢也。然自古以來，經史子集，汗牛充棟，老死不能徧觀而盡識。之洞認當時無志之士，本不悅學，離經叛道者，尤不悅中學，因倡爲中學繁難無用之說，設淫辭而助之攻，於是樂其便而和之者益衆，殆欲立廢中學而後快。故今欲存中學，必自守約始，以救世致用爲貴，之洞於勸學篇守約章論曰：

十五歲以前，誦孝經、四書、五經正文，隨文解義，並讀史料、天文、地理、歌括、圖式諸書，及漢唐宋人明白曉暢文字，有益於今日行文者。自十五歲始以左方之法求之，統經史諸子理學政治地理小學各門，美質五年可通，中材十年可了。若有學堂專師，或依此纂成學堂專書，中材亦五年可了。而以其閒，專習西文。過此以往，專力講求時政，廣究西法。其有好古研精，不騖功名之士，願爲專門之學者，此五年以後，博觀深造，任自爲之。(註一九)

之洞並將中學根基締造之法，以約存博之意，條列說明，甚屬切要。謂讀經學宜通大義，所謂大義者，卽切於治身心，治天下者也。凡大義必明白平易，若荒唐險怪者，乃異端非大義也。其次爲讀史，史學切用之大端有二：一爲事實，一爲典制。事實擇治亂大端，有關今日鑑戒者考之，無關者置之。典制擇其考見世變、可資今日取法者。考見事實之書，可求之通鑑，約之以讀紀世本末。典制求之正史。二通正史之學，約之以讀志及列傳中奏議。其三，讀諸子宜知取舍。凡可以證發經義者，及別出新理而不悖經義者，取之；顯悖孔孟者，棄之。其四，理學且看學案。如欲通宋明理學之實，可以提要鈎元之法，讀黃梨洲明儒學案，及全謝山宋元學案，卽可通其端緒矣！其五，詞章讀有實事者，其六，政治書宜讀近今者。其七，讀地理書，宜考與今日有用者。其八，讀小學但通大旨大例卽可。惟讀古書，離今久遠，經文簡奧，無論漢學宋學，斷無讀書而不先通訓詁之理。近人厭中學者，動詆訓詁，此大謬可駭者也。之洞於所著輶軒語一書，論爲學之次第，用力之省費，層次之深淺尤詳，限於篇幅，不能一一列舉。而其所編之書目答問，爲治中學者不可或缺之書。之洞認爲學之道，豈勝條舉，根柢工夫，更非寥寥數行所能宣罄，所舉僅爲初學有志者之階梯而已。

之洞以中學內容，博大精深，四部所收，篇帙浩繁，乃以博觀約取之法，以爲根本，故偏於經史，主於實用，因舉其要，以爲之資。蓋經史不獨可以立身，且可立國之本。故曰：「若學堂不讀經書，則是堯、舜、禹、湯、文、武、周公、孔子之道，所謂三綱五常者，盡行廢絕，中國必不能立國矣。」(註二〇)是知讀書可以端正趨向，造就通才，篤國人愛國之心，保我固有文化，強我民族自信之心，避蹈西法之迷途。並舉西洋諸國重視本國文化之例曰：

> 外國各學堂，每日誦耶穌經，示宗經也。小學堂先習希臘、拉丁文，示存古也。先熟悉本國地圖，再覽全球圖，示有序也。學堂之書，先陳述本國先君之德政；其公私樂章，多贊揚本國強盛，示愛國也。如中土而不通中學，此猶不知其姓之人，無轡之騎，無柁之舟，其西學愈深，其疾視中國亦愈甚，雖有博物多能之士，國家亦安得而用之哉」！(註二一)

西人之強盛，非揚棄本國所固有而然之者，中國欲求富強，是亦不可因習其藝其政而棄其根本也。中學之本既立，學術之趨向乃端，人倫之綱常乃從而得以敦厚，國家乃得維其生命於不墜，此中學爲體之精義也。

中國學術，綿延數千年而不墜者，自必有其不隳不墜之理，有其眞善美之不可毀磨之處，然自與西人接，每至捉襟見肘，漏洞百出，尤以科學之不若彼邦爲最。之洞學術之本在儒術，而其用在取人之長，補我之短，調合中西，用西洋科學政事之優，供我攻錯，因創西學爲用之說，其於勸學篇序中又云：

外篇十五，曰益智，昧者來攻，迷者有凶也。曰遊學，明時勢，長志氣，擴見聞，增才智。……曰設學，廣立學堂，儲爲時用，爲習帖括者擊蒙也。曰學制，西國之強，強以學校。師有定程，弟有適從，授方任能，皆出其中，我宜擇善而從也。曰廣譯，從西師之益有限，譯西書之益無方也。曰閱報，眉睫難見，苦藥難嘗，知內弊而速去，知外患而豫防也。曰變法，專己襲常，不能自存也。曰變科舉，所習所用，事必相因也。曰農工商學，保民在養，養民在教，教農工商，利乃興也。曰兵學，教士卒不如教將領。……曰鑛學，興地利也。曰鐵路，通氣血也。曰會通，知西學之精意，通於中學，以曉固蔽也。曰非弭兵，惡教逸欲而自斃也。曰非攻，教憝逞小忿而敗大計也。(註二二)

之洞既不因襲於固陋，亦不師西洋之皮毛，乃擇彼邦所以致治之道，諸如教育制度，兵農工商鑛路諸政，皆師其良法，以適我修、齊、治、平之道。於是條舉其要，深繹其理，破國人迷津，以便走向一中體西用之路，成一中體西用富强康樂之國。以中學爲內，西學爲外，中學爲治身心，西學爲應世事之哲學，使中國永久適存於世界。於是會通中西，調合新舊，實屬必要。其言曰：

易傳言通者數十，好學深思，心知其意，是謂通；難爲淺見，寡聞道，是謂不通。今日新學舊學，互相訾謷，若不通其意，則舊學惡新學，姑以爲不得已而用之；新學輕舊學，姑以爲不能盡廢而存之。終古枘鑿，所謂疑行無名，疑事無功而已矣。(註二一)之洞於此申明時代進步之徵，不宜墨守成規，以爲中國往聖所傳爲萬古不易之理；亦不可泥古不化，抱殘守缺，成爲文化進步之壁障。而眩迷西法者，亦不可誣中華典章文物爲糞土。必也毋自欺自詡，中西融會，各拮精華，以爲我自强之用。故之洞又論曰：

西政西學，果其有益於中國，無損於聖教者，雖於古無徵，爲之固亦不嫌；況揆之經典，灼然可據者哉！今惡西法者，見六經古史之無明文，不察其是非損益而概屏之，如詆洋操爲非，而不能用古法練必勝之兵；詆鐵艦爲費，而不能用民船爲海防之策；是自塞也。自塞者令人固蔽傲慢，自陷危亡。略知西法者，又概取經典所言而傅會之，以爲此皆中學所已有，如但詡借根方爲東來法而不習算學；但矜火器爲元太祖征西域所遺，而不講製造槍砲，是自欺也；自欺者令人空言爭勝，不求實事。溺於西法者，甚或取中西之法而雜糅之，以爲中西無別。如謂春秋即是公法，孔教合於耶穌，是自擾也；自擾者令人眩惑狂易，喪其所守。綜此三蔽，皆由不觀其通不通之害。……然則如之何？曰：「中學爲內學，西學爲外學；中學治身心，西學應世事」。不必盡索之經文，而必無悖於經義。如其心聖人之心，行聖人之行，以孝悌忠信爲德，以尊主庇民爲政，雖朝運汽機，夕馳鐵路，無害爲聖人之徒也。(註二二)

之洞此說，精闢透澈，無懈可擊，順乎輿情，應乎人心，於中學西學之本質，及其層次功用，詳細闡明，而於中體西用之學說，確立理論之據。是說不鑿空蹈虛，困於性理，主於實踐，要不外經世致用之途。觀其一生政治行事，理論或思想，均能與實際相配合，如稱之洞爲清末實用主義之大儒，亦不爲過。前曾論及，西學西政之所從來，其一爲以洋人爲師，敎我生徒，然其效不宏。惟有多譯西書，譯書一廣，智必大開，卽陋儒俗吏，詬病西學，如日薰日淘，耳濡目染，亦當轉其觀念。其二爲設學，先固其中學根本，卽所謂以舊學爲體也；學者有才識遠大而年長者，宜學學校、地理、度支、賦稅、武備、律例、勸工通商之西政；其心思精敏而年少者，宜學算、繪、鑛、醫、聲、光、化、電之西藝。學有專長之生徒，可以爲師，可以致用，由之推廣，人才必增，以爲國用，十數年後，國家必致富強。其三爲變法：之洞以爲中國非變法不足以圖強，法非不可變，其不可變者倫紀也；聖道不可變，非器械也；心術不可變，非工藝也。其四爲變科舉：之洞以爲兩漢經學實利祿之途，毆之使鄉會試仍取決於時文；京朝官仍絜長於小楷，則禍至將無日矣。宜求識時務，有通才之人，亦卽擷取會通中西之士也。其五爲農工商學，宜用西法墾殖田地，講求農具肥料之改良。勸工之要以才力智能高者，學有專門，爲工師，專以講明機器學理化學爲事，悟新理，變新式。其次爲工匠學員。商學之要爲通工藝，精會計，權子母，此商之末也。必學外國工商兩業相成之經驗。其精於商術者，則商先謀之，工後作之，察其供銷情狀，而後有所買賣，此國人經商者，所宜習者也。至於洋操槍砲、鑛學、鐵路，更爲西學之精要，是所必學，不待言者也。而之洞所倡之西學爲用者，卽上述之西政西藝也。苟能習其藝而至於精，進而能自造其物，深悉是理，其用亦達於極至也。如驕狂自大，固陋不經，則難與言矣。之洞曰：

夫受侮而不恥，覺國而不懼，是不動也。冥然罔覺，悍然不顧，以效法人爲恥，是不忍也。習常蹈故，一唱百和，憚於改作；官無一知，士無一長，工無一技，外不遠遊，內不立學，是不增益所不能也。無心、無性、無能，是將死於憂患矣，何生之足云！（註二四）西學西政，確有助我經國家安社稷，吾人效之以爲恥，是忍心國家之淪亡也；習常蹈故，一以中國萬事萬物皆優於人，是自欺也。忍心與自欺，小則導至妄自尊大，大則使子孫萬代，爲他人所役，爲外國所奴。如士大夫茫昧如故，國人驕玩如故，則天自牖之，人自塞之。之洞倡西學爲用之說，並大聲疾呼，喚醒國人於固陋守舊之惡習中，其用心可知矣。

中體西用之思想，理論與實際均能通貫，尤適於當時情勢。其說言簡意賅，做而易行，確能破除國人畏難苟且之心，避守舊者之口實與梗阻。蓋中國數千年相授相傳之固有文化，欲其有所改作，誠屬艱困，之洞所倡之中體之說，適足塞守舊者之口，而西學之用，亦適足以啓我固有文化之新機，注我文化以新血，消化淘融，變爲我用也。正如魏晉南北朝，遼金元淸等之外族文化，融於我者相同，其生機更爲盎然，惟時日尚短，未見成熟耳。之洞所以以中體爲主，意亦在不令我中土文化，被異族所同化也。故曰：中體西用之學術思想，易知易行，體大精微，極高明而道中庸，放之四海而皆準，百世以俟聖人而不惑者也。

註一：錢穆著國史大綱下册，頁六二五。
註二：梁啓超著中國近三百年學術史，頁十五至十六。
註三：徐世昌纂淸儒學案一八七卷，頁一。
註四：張文襄公全集輶軒語一，卷二〇四，頁三二。
註五：張文襄公全集輶軒語一，卷二〇四，頁三三。

註六：林尹著中國學術思想大綱，（七）清代之徵實學，頁二二六。
註七：張文襄公全集卷二〇四，輶軒語一，頁三六至三七。
註八：錢穆著中國近三百年學術史第一章頁二所引。
註九：林尹著中國學術思想大綱（六）宋元明理學，頁一八七。
註一〇：張文襄公全集卷二百零四，輶軒語一，頁一三至一四。
註一一：張文襄公全集卷二二一，書札一，頁二八至二九。
註一二：馮友蘭著中國思想史下卷第十六章，頁一〇一〇。
註一三：林尹著中國學術思想大綱（七）清代之徵實學，頁二六八。
註一四：辜鴻銘著張文襄幕府紀聞卷上，頁四。
註一五：張文襄公全集卷二〇二勸學篇上宗經第五，頁二〇。
註一六：張文襄公全集卷二〇二勸學篇上宗經第五，頁二一。
註一七：張文襄公全集，勸學篇序，頁一。
註一八：張文襄公全集，勸學篇序，頁二。
註一九：張文襄公全集，勸學篇一，頁三十。
註二〇：張文襄公全集卷六一，公牘六一，頁十六。
註二一：張文襄公全集勸學篇上循序第七，頁三。
註二二：張文襄公全集勸學篇二，會通十三，頁四五。
註二三：同上。
註二四：張文襄公全集，勸學一，遊學第二，頁七。

第三章　山西巡撫任內之興革

第一節　整飭治理政策之釐定

光緒七年（西元一八八一年）十二月二十四日，之洞抵達山西省城，接篆視事。在其到任謝恩摺云：「……沿途體訪，民生重困，吏事積疲，貧弱交乘，激揚並要，當以課吏安民之道，先為深根固柢之圖。墾荒積穀以厚生，節用練兵以講武。至於鹽鐵理財之政，邊屯固圉之謀，苟為勢所便而時所宜，豈敢辭其勞而避其怨……無負公正之特褒，誓一掃因循之固習」。（註一）之洞認為政之道，首在拔擢人才，無人才不足以辦事業。次為整飭官常，激濁揚清，貪鄙巧詐者不復僥倖，有名無實又無一長可取且陋劣昏庸者，不得任事。苟如是，方能培養根本，抉去惡疾。如若奪益其所助，而徒以彌縫姑息，矯託鎮靜之治，坐收富庶之功，斷無是理。緣光緒三四年間，晉省大饑，赤地千里，流民無數，輾轉流徙，不可勝計，加以有司貪墨，侵蠹廢弛，紀綱敗壞，民性惰散。本就貧困，元氣由是更傷。惟是治晉之道，以培養元氣為主。之洞認為國家之元氣在戶口蕃息，田野墾闢。政事有紀綱，經賦無侵盜，而聚斂吝嗇不與。民之元氣在官吏無苛擾，四民無游惰，而末富奸利不與。官之元氣在官項無虧累，上司無誅求，賢否不顚倒，功過有黑白，而濫恩曲法不與。要皆儒者之政，儒者之法。論者以為儒者理想過高，博而寡要，勞而少功。其實不然，良法美意，非坐而言可以竟其功，必也身體力行，方能收預期之效。之洞詳察晉政弊端，妥擬救治之法。而其自身，甫一接事，卽以清明強毅率之。立定課程：丑正二刻卽起，寅初閱公牘，辰初見客。開印後首令司道府州考察屬吏，札飭嚴切。札文略云：「本部院恭奉恩綸，巡撫三晉，首以察吏求才爲先務。所有晉省實任候補各員，或爲守兼優，或瑕瑜不掩，或質美而未學，或有才而不羈。或無一長可取，貪鄙巧詐，物議沸騰。或陋劣昏庸，不堪造就。該司道府州見聞較爲親切，限半月內將所屬及後補各員中確知實績，應擧應劾者，逐一塡注事實，確加考語，彙摺寄呈，以憑隨時印證。務須開誠相告，共期激濁揚清。勿以通套品評，強爲塡注，負殷殷求助之意」。(註二)自身既以清明強毅率先躬行，晉政弊端既已詳其大要，進而乃在實施其所妥擬之救治之方。條而分之，可得爲二十端：曰墾荒地、曰省差徭、曰除累糧、曰儲倉穀、曰禁罌粟、曰清善後。此六條務本以養民。曰減公費、曰裁攤捐。此二條養廉以課吏。曰結交待、曰核庫款、曰杜吏奸、曰理釐金、曰救鹽法。此五條去蠹以理財。曰開地利、曰惠工商，此二條輔農以興利。曰培學校。此一條重士以善俗。曰紓餉力、曰遏盜萌、曰練主兵、曰修邊政。此四條固圉以圖強。(註三)之洞於晉省政事，百廢待擧之際，以一己過人之才智，深察詳驗，嚴明切實，釐定步驟。或齊頭並進，或逐一施行。無紊亂偏頗之處，無窒礙難行之法。大力推行，要皆爲國謀財爲民謀利而已，其中尤要者八，卽前述之首八事也。

第二節　晉政之主要興革

(一) 勸墾荒

晉省荒地未墾尚多，之洞奏明請寬起徵年限，以勸墾荒。渠認爲國家理財之道，莫如覈經賦。足經賦之道，莫如無曠土。開曠土之道，莫如養民力。若視同秦越，但急催科，土著無力，客民不至。地之不毛，賦於何有！此實深體農業社會之根本者也。（註四）

（二）清丈土地

晉省徵收向無魚鱗冊，過割不清，展轉移易。或耕無糧之地，或納無地之糧。祖孫相承，莫窮原本。州縣催徵，但知責之戶頭甲長。弱者扑責包賠，黠者隱匿飛灑。於是有戶倒累甲，甲倒累里之害。災荒以後，迷亂益多，儻不窮源核實，而貿貿然榜笞戶甲，嚴急催科，凋瘵窮黎，更無生理。此一事爲晉民之大害，今欲去之，斷非清丈不可。惟清丈可以爲民除害，田賦澈底澄清。可責糧於地，不必求賦於人也。（註五）

（三）裁減差徭

差徭爲晉省州縣虐政，現分別裁減。請降旨飭過境文武員弁，不得騷擾。如有額外需索，即據實參奏，蓋當時晉省州縣虐民之政不在賦歛，而在差徭。所謂差徭者，非役民力也，乃歛民財也。向來積習，每縣所派差錢，大縣制錢五六萬緡，小縣亦萬緡至數千緡不等。按糧攤派，官吏朋分。衝途州縣，則設立車櫃、贏櫃，追及四鄉牲畜，拘留過客車馬。或長年抽收，或臨時勒價。一驢月歛數百，一車動索數千。以致外省脚戶不願入晉，外縣車騾不願入省。遠近行旅，目爲畏途，疾首痛心，非一

日矣。官吏之貪墨，紀綱之敗壞，大率如此。（註六）

（四）禁種罂粟

之洞認以地以時，有不可不禁者四：晉地磽瘠，產糧無多，早年本恃外省接濟，自爲罂粟所奪，蓋藏益空，前此大祲，垣曲產煙最多，餓斃者亦最重。若再不遏其流，設有偏災，豈堪設想，此必禁者一也。晉省山農多，水利少。種罂粟之功，倍於蔬卉。偶有山溪水滸可資灌溉，悉以歸之罂粟。此物最耗地力，數年之後，更種他穀，亦且不蕃。夫僅有此區區難得之水利，而養此毒民之物，此必禁者二也。晉省吸煙之癖，官吏、士民、兵弁、胥役以及婦人女子，類皆沾染。大率鄉僻居其十之六，城市居其十之八。人人恬羸，家家晏起，怠惰頹靡，毫無朝氣。在官者不修其旨，食力者不勤其業，循此不已，貧者益貧，弱者益弱，數十年後，晉其危乎！惟種之者多，吸之者便，此必禁者三也。洋藥稅爲海關大宗，今日方議重徵，藉禁外販，以爲坊民正俗之謀。若內地不禁，聽其蕃滋，何以關遠人之口？此非禁者四也。至於禁植之道，先膏腴後磽确，先腹地後邊廳，並設戒煙局，延醫購藥，以冀廣起沉疴。屬官中有嗜好廢事者，撤任停委，弁勇不戒者汰黜。學校諸生由學臣隨時董戒，冀以漸摩觀感，徐收移風易俗之功。（註七）「……晉患不在災而在煙。有嗜好者四鄉十人而六；城市十人而九；吏役兵三種，幾乎十人而十人矣。人人枯瘠，家家晏起，堂堂晉陽，一派陰慘敗落氣象，有如鬼國，何論振作有爲！循此不已，殆將不可爲國矣！」（註八）

（五）裁革公費餽送

外省臬、司、道、府，直隸州等官。辦公每患不足，廉俸扣減，益形支絀，不得不仰給屬吏。其歲時餽問，有三節兩壽季規，到任禮程儀諸目。各省大同，山西亦然，大吏之講求吏治者，知其足以累州縣，而又無以處。至水禮一項，厚薄有間，辭受無恒，即使收納，不過數色。今則化私爲官，轉絀爲贏，敗壞官常，莫此爲甚。於是之洞乃裁減各州縣應解公費銀兩，禁止餽送水禮。嚴定章程，奏明立案。渠爲自立楷模，乃將撫署衙門公費一萬九千五百五十兩，共支臬飯銀六千四百兩，暨此外一應查庫門包等陋規，全行裁禁。在其扎藩司通飭永遠裁禁陋規云：「……通飭闔省府、廳、州、縣一體知照，將原議公費、桌飯、查庫、門包等款永遠裁除……不准仍舊。總之，本部院目擊山西官窮民困，決意挽此頹風。於陋規少一分沾潤，自必於公事少一分通融。所望凡我僚屬，大法小廉，同修職守，上報國家厚恩，下爲民生造福。」（註九）

（六）裁抵攤捐

晉境官吏之疾苦，則僉以攤捐爲累，對攤捐者，凡關繫一省公事用度，而例不能銷者，則科之於州縣。斯時晉省常年攤捐十七款，即平好鐵（平定所產）、潞綢、生素絹、毛頭紙、呈文紙、京餉津貼、差費、科場經費、歲科考棚經費、兵部科飯食、臬司兵部奏銷印紅飯食、秋審繁費、臬書飯食、省城臬府縣三監繁費、土鹽公用、各府州歲科考經費、交代繁費，通計約銀十萬餘兩，實爲官場第一鉅累。大率上缺所攤二千餘金，下缺所攤亦數百金。州縣無從舉辦，或移甲就乙，暗虧正供。或剜肉補瘡，苟且稱貸。卽使批解如額，固已力盡筋疲，亦惟有私徵勒派，受賕鞫獄，以取償於百姓。之洞以爲，欲講晉省吏治，必先盡去攤捐之累，使州縣之力寬然有餘，而後下不至以朘削者累民，上不至以虧挪者累國，以致官斯土者毫無潔身奉職之樂。於是呈請分別裁抵，以解官累，以求吏治。至於例解鐵款及綢絹紙張諸色，請准另籌抵解折解。如此，則晉省牧令苛累一清，無所藉口，察吏之法可以必行，惠民之政可以下逮。（註一〇）

（七）建倉積穀

晉省素患穀缺，仰食關洛，經傳所載，與今日情事無殊。固本之計，莫如積穀，積穀之道，莫如多儲，而專一聚之。一則稽核得實，儲之多則能禦大患。考之古事，漢置敖倉於成皋，隋置黎陽倉於衞州，唐置洛口倉於鞏縣，集津倉於三門。皆於適中水次，儲蓄豐饒。以備有事時取給無窮，轉般利便。之洞以爲晉省產穀之區，無如邊外薩拉齊廳所屬之包頭鎭。其地濱臨黃河，商賈雲集，邊穀萃焉。其價常賤於內地十之五。浮河而下，千一百里達於磧口。磧口爲汾州府通判所治，東距汾州陸行二百八十里，南至蒲州，中經龍王辿，起剝易，舟共水行千里，惟包頭入內地，河無大船，受載有限，運價不輕。如派員在包頭設局，視穀賤時收買存倉，穀貴時以舟運至磧口。計賣穀一石，可運三石。磧口居民，多累石爲窯以居，米商卽以之屯糧最爲穩固。於磧口多建石倉以儲之，穀盈於倉，卽行封固，無侵盜之虞。期以兩年，當可集事。有此高廩廣儲，萬一晉省遇有急需，東由汾平可達省

垣，南下蒲津可及邊鄙，不致糜財曠時，貽誤事機。（註一一）

（八）清釐善後庫款

光緒三四年間，晉省大飢，各省濟晉賑款二十餘萬兩，因前任巡撫葆亨任意揮霍，輕重顛倒，款目混淆，不可究詰，而實惠不盡及於民，憒訓怨聲，至今未已。之洞到任之後，乃設善後局，力求核實，用之善後。如墾荒地，減差徭，課桑棉，興水利，開道路，惠工商諸政，依次舉辦。收效甚宏，而又不汶各捐戶樂輸之初心，充晉民康濟之急用。於晉省吏治，貢獻實多。（註一二）

第三節　次要興革事項

（一）展緩協撥各餉

之洞於光緒八年七月二十九日摺云：「竊惟晉省磽确之地，荒歉之餘，財用所資，惟在丁耗，今止二百五十六萬。本省旗綠額餉，湘樹練軍，綏遠馬隊防餉，俸工、驛站、解部物料、一切雜支，極省亦須一百六十餘萬。協撥之餉，至二百五十餘萬，積欠之餉，至一千餘萬。計不敷銀約一百六十萬。而河東鹽課歲撥五十二萬，積欠兩百餘萬不與焉。此其贏絀之大較。……惟是目前情形，則更有艱難於前數年者。蓋光緒三四五等年，通省賦稅，雖多停徵，京協各餉亦不催解，復合天下之全力以相資助，恃有賑捐之巨款，猶得挹彼而注，茲六七年之間，餘波未竭。今則捐協都止挪墊已空，而滿目荒蕪，閭閻凋敝。正賦既已蠲緩拖欠而不足額，兼以人物不蕃，工商不至。榷務奪於海票，鹽筴蹙於鄰私，零稅殘釐，僅同拾瀋。故歲入之數，不能大加於光緒六七兩年。然而自六年以來，歲加東北邊防經費十萬；七八兩年加撥伊黎償款各八萬。七年始撥京餉四十萬；八年加撥京餉十萬；七年八年加籌還部墊烏科二城經費五萬五千；八年加撥烏科四萬八千；七年八年加金營提前各五萬。是派撥之數較六七年極相懸殊。……僅恃此二百餘萬歲入之常，欲爲四百餘萬之供億，雖有研桑，亦難爲計，矧如臣之迂疎無術者哉！……臣督同藩司，綜核盈虛，熟權利害，與其枝梧於追乎之際，莫若披瀝於聖主之前，惟有將應解各餉，分別輕重緩急，上懇宸裁，除本年京餉五十萬自當督催解足，本年應交伊黎償款八萬，金營提前藩庫五萬，業已如數外，其東北邊防西征協款……實難撥解……惟東防所需，必不敢稍有蒂欠。……且本省營伍，半菽不飽，衣甲不完。……擬懇聖明壬諒，再行展緩三年，以光緒十一年起解。……」(註一三)自咸豐軍興以來，割地賠款，無時無之，各省被擾，民窮財盡。之洞以爲三十年來，徵兵轉餉，率以晉爲大宗。官斯土者，從井救人，悉索敝賦，以應四方之求，其難蓋可想見。

(二)通行保甲並定就地正法章程

晉地界直豫兩省，游匪出沒無常，馬賊，客勇，亡命之徒，交相滋擾，良民無以爲計。之洞雖嚴據通省文武防營將領，講求緝捕，協力擒拿，調派馬步兵勇於南北路分段梭巡，惟是兵役之力僅能及於城汎衝要之地，力實有所不逮，之洞認非激勸民間自謀防衛不可。因飭通省地方官，力行保甲，勸諭居民聯為守助約，詳定規條，仿古人連村置鼓之法，命其鳴鐘鳴鑼相聞。平日則自淸窩匪，聞警則互相救援，協助兵役，攔截追捕，優懸賞格。必須造冊點名，以免吏胥滋擾。又擬定就地正法章程，大意謂晉省盜案，如有執持刀械火槍者；衆至三人以上者；行刼二次者；行刼致傷事主者；拒捕傷人者；入城行刼，贓數較多者；窩線分贓至二次者。有一於此，即由該州縣錄供，通稟撫臣，查核情形批示該管道府，前往提訊。供證確實，暫准就地正法。之洞認彌亂於既非，不如防患於將然。撫良民則以煦嫗寬平為治，懲亂民則以剛斷疾速為功。地方官果能於訟獄賦斂時存愷悌之心，不以敲撲拖累使良懦困斃於無形，實為慎重民命之尤要者也。(註一四)

(三) 籌議七廳改制

晉北七廳舊設理事同知管理蒙民交涉事務，隸於雁平道者曰豐鎮廳、寧遠廳。隸於歸綏道者曰歸化廳、薩拉齊廳、托克托城廳、清水河廳、和林格爾廳。其轄境東接張家口、察哈爾。西當寗夏河套鄂爾多斯。北走大青山外扎薩克諸部。蒙回雜厠，客民往來。在平時已號稱難治。尤以去省遼遠，吏治不修，近年以遊勇馬賊之標掠，河界地租之鬪爭，奸商大猾之擾亂，風氣囂然，隱患漸伏。而且旗屬多有教堂，歸化新通商路。地形益衝，事體益煩。之洞乃於光緒九年九月二十九日呈請准將原設理事，同通改為撫民，滿漢統用。並督同藩臬兩司、歸綏雁平兩道，悉心籌議。如分別缺項，定章補署。更議管轄濬築城垣，編立戶籍，清理田賦，建設學校，變通驛路，籌補遺糧，添設公費，收練捕兵，議定巡牧。分列十二條，皆為防邊切要之圖。(註一五)

(四)設清源局

山西庫款自道光二十九年清査後，未經澈底清査。之洞於扎司道設局清査庫款云：「……至今三十三年，膠葛日甚，弊混尤多，極應澈底清査。經本部院奏請設局，勒限清査。……該司道等務須督飭局員詳確迅速，認眞辦理，不得稍有諉延含混。……」(註一六)又扎清源局釐定交代章程云：「案査晉省交代未清結者最多，上下三十餘年，懸積八百餘案，塵牘如山，官累如海，上虧國帑，下累寅僚。不特爲法令所不容，其心術亦不可問。而其弊則前任之抗延不交，與後任之取巧不接，兼而有之。……本部院涖任後，多方儆戒，並將該局改設藩司衙門，以便督催。雖稍稍振動，而大局之疲玩依然。徒以意在先。欲蘇起民瘼，滌除吏困，方亟亟於墾荒蕪，減徭役，裁公費，免攤捐，禁罌粟，治盜賊，清庫款諸政，夜以繼日，未遑專力於交代一端。……各員情形未免溺於惡習，有心藐玩。……若不申明令甲，嚴定責成，斷無望交案之廓清也。現除交代繁費業經通飭裁禁外，特爲詳立章程，一律清理……」(註一七)。由是晉省三十餘年懸積八百餘案之糾紛始解。

第四節　結　論

之洞以敏銳之目光，深切觀察，因以知晉政之大弊。以超人之智慧，條分縷析，立定章法，乃能令晉吏之貪風廉，晉民之懦者起。以霹靂之手段，菩薩之心腸，能彌亂於既非，防患於未然。更以撫良民以煦嫗寬平爲治，懲亂民以剛斷急速爲功之旨爲意，卒能於不足三載之短暫歲月，澄清晉省官民數十年之積習，非偶然也。渠於晉省政治，除上述較要各節外，尚有不克詳道者。如理釐金，救鹽法，修道路，興水利，築堤防，整飭郵政及禁除營務積弊等，要皆福國利民之大計也。惜乎時日過短，未能一一期其有成，豈晉民之大不幸乎！(註一八)

之洞以一介儒生，得膺疆寄，渠臨淵履薄之情，望治求切之心可知，而於朝廷之中又無一可恃爲奧援者。初抵晉垣，與張幼樵書云：「弟廿二日到太原，廿四日到任途中，晝夜奔馳。到後喘息無暇，勞瘁殊甚。……曩謂晉事清簡，亦殊不簡也。……晉省可辦事體甚多，惟習染太壞。病痛括之以嬾散二字。（因嬾成散，官民同病）嬾散之極，將有魚爛瓦解之憂矣！簡靜二字敬當書紳。但處此時勢，不能不帥以清明強毅四字。先令整齊嚴肅，再議其他。此間私計尚足自給，傳聞過也。若新定公費甚鉅，絕不受也……。」(註一九)之洞初意以簡靜二字爲治晉之綱，迨身臨之後，深體此二字非致治之具，不得已，乃行之以清明強毅，清明則賢否不顚倒，功過有黑白。強毅則事事無掣肘，政事有紀綱。由是聚斂吝嗇，末富利奸，濫恩曲法皆不與焉。有清吏治之窳敗，自咸同軍興以來，日甚一日，於晉省可見一斑，此於前已述之矣。「此間官場大患，州縣則苦累太甚，大吏則紀綱蕩然。……州縣之累莫若攤捐，廉者亦必虧空。鄙人欲先去此病。此時正在籌思，不知能作到否？省城局面，大有聯成一氣，口衆我寡之勢，天人戰勝，看此一兩月耳，近來鄙人於地方事體，略加詢訪考求，並非有所興作，然已變色駭怪，一若巡撫之職，惟當緘口尸居，一切不當知，不當聞，不當問者。積習如此，豈一朝一夕之故哉。…………晉缺雖苦，然已裁去陋規二萬六千金矣！欲整吏治，不得不然，非矯廉也」。(註二〇)之洞在晉三年，勞頓過度，心忡氣喘，鬚髮多白，行時甚病，途中時用藥餌，其忠勤如此。大學云：「……一家仁，一國興仁，一家讓，一國興讓，一人貪戾，一國作亂，其機如此。此謂一言僨事，一人定國」，豈之洞之謂與！

附　註：

註一：張文襄公全集卷四奏議四頁一。
註二：胡鈞編張文襄公年譜卷二頁五十九。
註三：張文襄公全集卷四奏議四頁二十二至二十三。
註四：張文襄公全集卷四奏議四頁二十四。
註五：張文襄公全集卷四奏議四頁二十七。
註六：張文襄公全集卷四奏議四頁二十八至二十九。
註七：張文襄公全集卷四奏議四頁三十。
註八：張文襄公全集卷二百十四書札一頁三十一。
註九：張文襄公全集卷八十六公牘一頁一至三。
註一〇：張文襄公全集卷五奏議五頁一至三。
註一一：張文襄公全集卷五奏議五頁八至十。
註一二：張文襄公全集卷五奏議五頁十至十二。
註一三：張文襄公全集卷五奏議五頁十八至二十二。
註一四：張文襄公全集卷六奏議六頁一至五。
註一五：張文襄公全集卷五奏議五頁二十三及卷六奏議六頁二十二至三十七。

註一六：張文襄公全集卷八十六公牘一頁八至九。

註一七：張文襄公全集卷八十六公牘一頁二十二至二十三。

註一八：Eminent Chinese of the Ching Period Edited, by Arthur W. Hummel. March 13, 1943 P. 56

註一九：張文襄公全集卷二百十四書札一頁三十至三十一。

註二〇：張文襄公全集卷二百十四書札一頁三十一至三十二。

第四章　兩廣總督任內之治績

第一節　中法越南之戰之遠因經過及其結果

一、法人對越南之蠶食

道光元年（西元一八二〇年），安南中興之主嘉隆王薨，次子福晈嗣位，稱明命王。素不喜外人。嘉隆王大漸時，遺言於王二事：曰敬法國，愛法人；曰確守封境，勿失寸土，勿割與法人。嘉隆可謂知列強之大本者。然此後嗣主對外人益憎，酷遇不稍或衰，至嗣德王而益烈。咸豐六年（西元一八五六年），法海軍少將呈國書於王，王不納。以爲大辱，咸豐八年（西元一八五八年）九月，法艦於茶麟港上陸，後棄去，翌年二月，遂占西貢。同治元年（西元一八六二年）六月，安南割下交趾六州，亡國之禍，於焉乃始。光緒八年（西元一八八二年）四月，法提督李威耶據河內，進迫順化。光緒九年（西元一八八三年）八月，適安南王嗣德薨。國內又起繼嗣之爭，法理事官阿曼，乃乘機定討順化之策，進迫王城，新保護條約二十八條遂捺印。

先是法人據下交趾六州後，併吞之意益急，乃轉其鋒於東京之境，蓋東京地肥，稱安南之庫府，適斯時有法商久辟酉（Dupuis）者，曾以事溯長江，居漢口，詳中國內情，尤注及滇事，因滇礦頗豐，淸人貨幣，多賴於此，雲南富源，早爲英法所垂涎，英人嘗欲由印、緬進入，均未果行，法人則於同治五年（西元一八六六年）遣海軍中校法蘭西斯噶爾釐（Garnier）偕數人溯湄公河，覓去滇之路，亦未果，因陸行入中國境。遇久辟西於漢口，始知由越入滇，溯富良江而上，亦可達也。後久辟西因販運武器，得與雲南提督馬如龍通，獲允通航紅河。紅河者，源出大理，經東京而注東京灣者也。後聞於法國，雖欲行，終因無權故不克航行也。同治十三年（西元一八七三年）二月，久辟西發自河內，途中疊遭障礙，三月十六日抵雲南，將糧械交馬如龍，如龍以銅萬二千包償其值，後復運鹽至滇。是紅河通航，亦以之告終。安南以久辟西橫暴，要法國交趾總督放逐之。該總督然其言，蓋欲成有利條約，以爲報償也。同年十一月，噶爾釐奉命率二砲艦至河內，與久辟西遇，得聞詳情後，乃決意佔據河內，並致書於西貢總督，未允所請。十二月，噶爾釐與黑旗軍一隊遇，戰死，因迫安南政府捺印於所計劃之保護條約，以爲報酬。事在同治十三年（西元一八七四年）三月。此約既成，安南遂全入於法國之保護。紅河之航行權，亦於焉獲得。

阿曼迫安南政府按印之條約，於光緒十年（西元一八八四年），經巴徒諾爾（Paternetre）再申明之，安南雖無異議，惟東京却未如法人之願。光緒九年（西元一八八三年）曾紀澤再致抗議於法國，撤其東京遠征軍，而法國反不認我於東京有置喙之權，並宣言佔領山西、北寧、興安之旨。曾公大怒，十月，致法最後通牒，曰：東京之法軍，若侵中國之陣地，則中國政府，卽視爲開戰之原因。法亦復宣言曰：若發現華軍於東京，則法人不得已而開戰，其責由清政府任之。光緒十年（西元一八八四年）二月，法軍二萬五千人抵東京。三月，與我軍二萬餘衝突於北寧。中法之戰，於焉展開。（註一）先是滇桂軍事失利，朝廷和戰不決，法乘隙擾及臺灣福建，沿海戒嚴。四月初一日奉上諭張之洞來京陛見。七日交卸山西巡撫篆務，起程北上。二十五日詣宮門請安，召對陳越南事，多所贊畫。二十八日奉上諭兩廣總督張之洞署理。五月十六日抵廣州，二十日接篆視事。時之洞年四十有八。

二、之洞對越事之主張及粤防之佈署

先是之洞於山西巡撫任內，聞法兵入越南，邊防告急，春夏以來，廷議和戰不決，入秋法兵連陷北圻北甯諸鎮，揚言將奪我瓊州，之洞乃於光緒九年（西元一八八三年）十一月初一日上疏，敬陳戰守之策云：「竊惟法蘭西貪悖不道，剪我屬國，逼我邊徼。脅越立約，意猶未厭，攻奪不已。聞法人接我照會，漫不省改，依然進步攻取北寧諸鎮，必欲呑滅劉團，盡有越地。……竊以爲今日之事，定計宜堅，越機宜速，自守宜固，料敵宜審。必如是而後有濟……。」（註二）之洞認爲中法越南之事，曲在法國，天道人心，均可一戰。且須當機立斷，不疑我虛張聲勢，則彼窺我之勇盡怯。欲戰，則必先固根本。天津爲京畿之門戶，煙臺爲天津之外防。此兩地得以無慮，京畿內海即可無恙，然後擇越地而戰，用劉永福之兵，供以餉需，軍火，當可阻法人於域外。然後粤地及江南閩浙一帶，嚴備防務，以竭法人海上兵船。「總而論之，防不如戰，近不如早，要以爭越，封劉，戰粤，防津爲四大端。若已有戰衅而尙無戰心，徒有戰形而實無戰具，則其禍不可勝言」。（註三）法釁旣成，兵戰已啓，防戰之間，必能無敗。光緒九年十一月，法人攻下越南甯西兩鎮，援軍失利，朝野震動，有以撤兵棄越閉關息事之說動淸廷者。之洞乃再上疏，力陳利害，疏云：「……竊以爲不可。若果如此，則前功盡棄而後患不可勝言矣。夫夏秋以前，中國僅爲劉永福聲援，法人責言已多。此兩月來中法之軍，直已旗鼓相接，殺傷甚大。法人恐我與越併力，姑置不議。將俟劉團已覆，越地已定，然後移兵來華，逞其索費通滇之說。……今若棄越棄劉，越必亡，劉必破，然而要求賠償之舉，萬不能免。……此時乘已戰之局，藉劉團之助，因越民之擾，就陸戰之便，縱橫奮擊，安見不可終挫凶鋒？且從來有防則必有戰，有戰則不能無敗。……法人屢敗於劉團，何以不餒？華兵素未與洋人交鋒，初戰間有挫衂，乃理之常，必相博數次然後曉所以破之之術。況自九月以來，華兵實已大勝兩次，若聞一敗而輒沮，敵未臨境而變計，滇桂之大軍未集而罷兵，不知數年來徵兵轉餉以供海防者，果何爲也！……卽或相持不下，亦必大小數十戰，持之一半年，俟彼實有悔禍之機，再議息兵之事，亦可也。否則，忽而趣戰，忽而罷兵；將帥無所適從，諸軍爲之解體。從此海防一說，皆屬空談。豈惟一法，恐東西洋各國皆將生心矣。」（註四）之洞深信中外諸大臣謀之行之；朝廷於樞臣總署諸臣，但責其謀劃之盡心不盡心，而不計敵之強弱；於督撫將帥，但責其戰之利不利，而不可責其戰之勝敗，不論一事之利鈍，但論全局之得失，然後上下內外，文武軍民，同秉此堅定之一心，則萬無頽毀敗己之理。

之洞既膺新命，甫抵粵省省城，卽與兵部尚書彭玉麐，前總督張樹聲等籌劃粵省省防事宜。以廉、欽二州距越較近，於水陸兩軍，鄉閭團練，勤加訓練，以備急用。於虎門、黃浦、魚珠諸地築砲臺以扼敵船，瓊州孤懸海外，山高水險，易守難攻，以能將守之。彼日以繼夜，籌守戰之備。並奏派在籍學士李文田督辦團練，以佐官軍所不及，時法艦縱橫海上，警報狎至。粵東帶海爲疆，而臺疏械缺，將惰兵疲，彭玉麐及前總督張樹森雖悉意經營，猶未能完具。之洞至，博採羣策，任用賢才，始稍見規模，至於粵防細節，約爲：玉麐駐南石頭，樹森駐長洲，與之洞同心禦侮，分省防爲三路：前路曰虎門。虎門內外設砲臺六，水師提督方耀，湘將提督婁永慶，王永章任之。中路曰黃埔，黃埔之尾曰長洲。其兩岸曰沙路，曰魚珠，淮將提督吳宏洛，蔡金章，總兵王孝祺，鄧安邦，遊擊黃增勝任之。西南路曰南石頭，曰石壁村、曰五斗口，湘將提督陶定昇，副將利輝任之。有敵警則玉麐督虎門一路，樹森督黃浦一路，之洞親督魚珠一路。而將軍長善，撫院倪文蔚分任城守，是為水防。其陸防則省城東路以陸路提督鄭紹忠東七營任之，附以提督安典所部砲隊。西路以紹忠四二營任之，輔以副都統尚昌懋、鍾泰所部旗兵四營。而令紹忠居中策應。六月，法擾臺灣之基隆，之洞會同彭玉麐、張樹聲、倪文蔚等電奏，請速決戰守之計。

三、對臺灣之支援及越戰兵力之調遣

光緒十年（西元一八八四年）七月，法攻福建之馬尾，電旨令廣援應。七月二十九日，為濟臺灣之急，之洞撥送洋槍一千四百桿。在其接濟臺灣軍火餉項片中云：「……竊惟粵省海防喫緊，且正值餉需奇絀之時，惟臺灣孤懸海外，強敵垂涎，不敢不設法兼籌，以紓宸廑。當飭東善後海省總局暨軍火局司道，竭力籌備，銘營軍餉庫平洋銀二萬兩，又購覓嗶味地洋槍一千四百桿，碼子五十二萬粒，洋火藥六百桶。……運臺交納。……」（註五）洋輪因中法開戰，拒運軍火，惟餉銀得達，又飭遊擊方恭，帶勇五營，自汕頭走援福州，未行，而閩軍敗，乃止。七月初三日，奉旨補授之洞為兩廣總督。初六日朝廷明旨對法宣戰，之洞乃照會澳門羅大臣嚴守局外公法，凡法人所需米穀牛羊甜水煤炭，以及軍火軍裝一切應用等物，務望不可接濟，以敦友誼。

斯時官軍在越者，蘇元春、陳嘉十八營，紥谷松爲中路。楊玉科、方友升九營，駐郎甲爲西路。王德榜十營，駐那陽爲東路。皆距諒山百數十里。而桂撫潘鼎新率葉家祥、董履高駐諒山。蘇軍屢勝多傷，方軍戰不利退方家橋。時法添兵來華，以大隊併力越南。揚言先逐桂軍出越，再拒滇軍。之洞以爲桂軍力單，如粵師出東路，桂軍攻西路，則敵首尾不能相顧。先是之洞於九月初三日唐景崧募勇出關片中云：「……臣之洞等前奉電旨飭令滇越進兵，規復北圻，並令各籌出奇制勝之策。當經轉電潘鼎新、岑毓英欽遵辦理。惟廣東欽廉一路，山海艱險。若逾山而入越，仍至諒山地方，轉形迂頓。是廣東奇兵一枝，自不如仍由鎮南關進取。入越後再議會合劉團，相機攻敵。查四品銜吏部主事唐景崧，久在越地，熟悉邊情，且素與劉永福相洽，擬令募勇協劉圖越，較之別遣生兵生將，便利尤多。……」旨下，如之洞所請。並賞給劉永福記名提督，賞戴花翎。令將法人侵佔越地，力圖恢復。唐景崧著賞加五品卿銜，募勇四營，迅速出關，與劉永福會合，相爲犄角。(註六)

劉永福者，名義，廣西錦州人。體矮面豐，時年已垂六十，鬚髮如銀，而勇壯豪邁，富於才略。好術數，尤長統馭之術。嘗從太平黨之首領吳鯤，轉戰於越之東北境，衆望歸之。彼亦招致四方之士，以相結納。吳鯤既死，彼乃率其餘黨，據老開府。時安南國力孱弱，不能制。因欲遣使招撫之。黑旗黨亦恐安南與中國通，合而謀己，乃佯從之。義於此時，招集同類，施以恩惠。俠義之名乃播。後依者日衆，拓地至七百餘方里，並與越絕，專治地方，設官分職，興教勸業。兵制亦井然有序。置文武官僚，監督軍民各政。未幾，部衆皆知文字，怯於私鬭，而勇於公戰。法越戰起，永福綸其所部及華工開鑛者七隊以拒法，屢創之。及臺圍緊急，朝廷乃用之洞「緩臺惟有急越，請爭越以振全局」。

「牽敵以戰越爲上策，圖越以用劉爲實濟」之諫，是乃有賞給永福記名提督之旨，並給餉二萬兩。

光緒十年十二月二十七日，於分遣廣軍規越摺內云：「……據西電法人決意併力先逐桂軍出越，再圖上拒滇南。誠以桂近滇遠，爲彼北甯，河內等處眉睫之患，此時滇軍及提督劉永福方攻宣光，未能卽時東下。桂軍扼守觀音橋、谷松、那陽三路，雖獲勝兩次，爲敵所阻，兵力尙薄。必須由東路進兵，使敵首尾兼急，擣虛而入。查前廣西提督馮子材……老成宿將，久官越西，威望在人，罷兵未久，舊部尙衆。派令募勇十營。繼因該提督力陳出疆征討，兵力須厚，又准續募八營。計馮子材共統十八營。由欽州、上思州出邊入越，趨那陽。……又查右江鎭總兵王孝祺，現在粵省防營。……派令帶本部囘營，抽撥省防粵軍四營歸其並統。……由梧潯溯江至龍州，出關入越趨諒山。又查欽州參將莫善喜，自請率師圖越。……因飭就原部二營，增募三營，以爲馮子材後路策應，又據參將陳榮輝疊次上稟，請出奇兵襲越。因飭率新募習於越情水路勇一營，並由署雷瓊道王之春撥所部兩營助之。會合莫善喜並進。計莫善喜共五營，陳榮輝等共三營，由欽州東興出邊趨海陽。……計唐景崧現有六營（原四營，又添二營），正攻宣光，攻克後，卽下趨端雄一路。馮子材十八營，王孝祺八營，莫善喜、陳雄輝等共八營，共四十營。分爲四枝，分道進攻，遙相呼應。會合滇軍、桂軍、劉軍、互爲奇正。優懸賞格，申嚴軍律。教民固不可濫誅，法人亦許其歸命。斷不准騷擾妄殺，驅衆資敵。……」（註七）於是越戰兵力之部署乃臻完成。

四、戰事之實況及其結果

光緒十年（西元一八八四年）十一月十一日，唐景崧會滇將何秀林、丁槐及劉永福、黃守忠等攻宣光。宣光城堅，且得地勢之利。敵築臺城中，俯瞰我軍。粵軍進攻，敵發礮應之。參將婁敬德已傷，復進，遂沒於陣。都司盧貴重傷，軍不稍卻。敵氣沮，滇軍遂奪敵寨。劉軍奪其舟。敵嬰城固守。諸軍晝夜環攻，三日不息。十五日，粵軍擒逸賊二百餘，會滇軍，冒死奪獲城外敵壘。敵潰，死傷無算，粵軍逼城，而壘懸礮山嶺，擊城中，城堞多毀。自是數日一戰，盡拔城外樁寨，斷其樵汲，敵糧垂盡。越數日，法盡調河內、山西、北甯兵，益以客匪教匪凡一萬餘人，以攻桂軍。又自法調兵六千來越。時馮子材、王孝祺兩軍先後至龍州，而軍械未集。之洞嚴電飭進。十二月，法軍大股自船頭來犯。十九日攻谷松，二十九日陷諒山，光緒十一年元月初九日入鎮南關，桂軍將領楊玉科戰沒，董履高重傷。諸軍多潰。惟蘇元春部及陳嘉六營尙完。於是法踞諒山，於關外十里之文淵州，築臺安礮，爲堅守計。龍州爲全軍後路，商民驚徙，遊勇肆掠，逃軍難民蔽江而下，廣西全省大震。自太平南甯以達潯梧，皆電報所通，水路所達，紛紛告急。及王孝祺率數營出關馳援，而諒山已潰。元旦聞警，馮子材乃留一營固根本，親率一營赴南關，與王軍攔截潰勇。一面調八營來關晤商。初九日南關告警，十一日晨法焚關後自退。時值北海封口，西電皆謂法將由欽廉攻南寧，斷桂軍後路。越人密報法將出扣波，襲艽葑，攻牧馬，繞出南關以北，且斷唐景崧、馬盛治兩軍歸路，蘇元春率軍曁魏綱軍趨艽葑，以待馮子材遣五營，扼扣波以邀之。二十七日，法數十騎率教匪至艽葑，官軍先在，驚走。

扼扣波之馮軍突出奮擊，敗遁。二月初二日，法又爭扣波，遇馮軍，脫衣帽掛林木而竄。法將揚言，以初八九日犯關。馮子材料法必於初七日禮拜一出兵，決計先發制敵，率王孝祺軍於初五夜出關襲敵。山有賊壘三，安巨礮。我軍已入街心，自五鼓戰至初六日午刻，賊益盛，王孝祺馬中砲斃，易騎戰。率死士由山後攀崖而上，破敵二壘，斃敵甚多，敵敗走，我軍傷亡亦多。未刻，我軍飢疲乃還。初七日，法果起諒山之衆，併力入關，直撲關前隘長墻，攻廣軍營壘。馮子材告諸軍曰：「法再入關，有何面目見粵民，何以生爲」！王孝祺軍亦誓與法軍共死。法以開花礮隊循東西兩嶺進，向下轟擊，以槍隊撲中路。礮聲震天，遠聞七八十里外，山谷皆鳴。槍彈積陣前後者至寸許。我軍死戰，傷亡殊多。東嶺新築五壘未成，爲敵攻踞其三。王孝祺自率小隊抄敵後，仰攻，敵稍却。戰至申刻，蘇元春援軍至，合力拒戰。諸軍竟日不食，至夜仍未收隊。是日王德榜自油隘出軍挾擊，據文淵之對山，與敵鏖戰數時，互有傷亡。初八日清晨，復大戰，賊來益衆，砲益緊。馮子材居中，蘇元春助之；王孝祺當右；陳嘉、蔣宗漢當左。左路卽東嶺，敵砲最猛，馮子材與諸統領約：「有退者，無論何將，遇何軍，皆誅之」。復於各路設卡，以截殺逃者。馮子材、王孝祺各刄退卒數十人，賊勢狂悍致死，已薄長墻，或已越入，馮子材年將七旬，短衣草履，持矛大呼躍出長墻，率其兩子馮相榮、馮相華搏戰，將士齊開柵門湧出。諸軍睹馮子材如此，無不感奮。關外遊勇客民千餘，聞馮子材親出陣，皆自來助戰，伺便隨處狙擊。馮軍駐扣波五營自關外西來，夾擊敵背。於是諸軍合力死鬭，短兵火器雜進。王孝祺部將潘瀛率選鋒袒臂裸體，衝入敵陣。故所部傷亡最多。陳嘉爭東嶺三壘，蔣宗漢繼之，七上七下！，陳嘉受四傷不退。至酉末，王孝祺已將西路賊擊敗。親率軍由西嶺抄敵後，與陳嘉等合擊。而王德榜之軍亦自關外夾擊東嶺之背，遂將三壘全數奪回。是日王德榜自淸晨出軍甫谷待敵援，賊至，率隊衝之，賊截爲二。援賊因回槍擊德榜軍，我軍奮擊，大勝。斃敵甚衆，餘敗走。獲其騾馬五十餘匹。所馱皆槍礮彈藥洋銀之屬。德榜遂自外夾擊，法軍鏖戰兩日，彈藥已盡。而後隊軍火被截，惶懼無措。頃刻間砲聲頓息，遂大潰。我軍任意斬殺，賊翻巖越澗而竄。此戰斃法兵千餘，法酋數十，逐出關十里而還。是日馮子材、王孝祺身畔，屢有開花礮子墜落未炸。初十日，馮子材親率十營出關，攻文淵州，法匪望風而逃，文淵遂復。十二日，諸軍三路攻諒，法踞諒城固守，並扼對河北岸之驅驢墟，墟有王德榜舊壘甚固。黎明，王德榜進攻之士卒多傷，後諸軍至，王孝祺與王德榜兩軍戰尤力，傷亦多。孝祺部將潘瀛，執旗先登，諸軍並進，克之。法兵涉水而逃。十三日，馮子材軍楊瑞山、劉汝奇等潛渡河，攻諒，克之。獲其軍械糧米無算。諸軍大至，法悉衆遁。分兵追剿。十五日，陳嘉攻谷松，賊勢仍悍，王德榜立援，克之。馮子材軍退賊至觀音橋，破其巢。同日，克復長慶府。遂進軍拉木，逼攻諒江府。王孝祺進軍貴門關，連日諸軍追殺搜獲法兵極多。盡復去年官軍所駐邊界。子材於越，人望素著，越官民多來入關通款曲，當即密佈間諜，宣慰招徠，及克諒後，遂慨然畫掃盪北圻之計。越官北寧總督黃廷經，糾集各路義民二萬餘人，皆建馮軍旗號。河內、海陽、太原等地，皆密受約信，紛紛衅法。馮子材已令莫善喜一軍由欽州襲廣安，時唐景崧一軍，亦由牧馬進規太原。子材亦定二十五日親率全軍進規北甯。適奉停戰撤兵之旨，乃止。(註八)十九日，中法訂立停戰條約於巴黎，先是光緒十年四月，全權大臣李鴻章奉旨與法國水師總兵福祿諾訂簡明條款五條於天津。未批准，戰事遽起。總署令總稅務司赫德居間接洽，迄冬，往返磋商，至是定議，仍以津約爲底本。二十二日電旨法人現來議和，於津約外別無要求，業經允其所請，津約大意爲：中國承認法越所訂之一切條約；闢老開諒山爲商埠，法兵之在基隆澎湖者均撤退，中越路敷設時，應聘用法人。並約定越南宣光以東三月初一日停戰，十一日華兵援隊撤回，二十一日齊抵廣西邊界。宣光以西三月十日停戰，二十一日華兵拔隊撤回。四月二十二日齊抵雲南邊界。臺灣三月初一日停戰，法國卽開各處封口。仍著飭督防軍，嚴密整備，毋稍疏懈。二十三日之洞奏言：「停戰則可，撤兵則不可，撤至邊界尤不可」。二十五日再奏請展限十日或半月撤兵。如能克河內，可以北寧換保諒，全局俱振。奉旨仍飭防兵如期停戰，撤回邊界，倘有違延，必嚴懲。是中法之戰，於焉告終。

中法之戰，淸廷雖不償一金，不割一地，結對等條約以終局，而我於越之宗主權，亦永遠喪失。如用張之洞之謀，馮子材之勇，乘戰勝之餘威，一舉而逐法人遠離越土，亦非不可能之事。蓋自中國與西洋交涉數百年以來，未有如此大勝者。奈政府怵且闇，非之洞一人之力所能獨任也。

第二節　兩廣總督任內之建樹

中法越南之戰，予之洞以莫大之鼓勵。在昔總以中國萬事落後，皆不如人，斯戰之後，頓悟其非。顧往時華軍與洋人角逐，每苦不敵之因，乃在其器不精，其術不善，旣滇桂之師，出關與敵搏戰，得各種後膛快槍之助，皆能取勝。旨是之故，之洞以爲倘更有陸路車砲地雷等具，加以主客之形，衆寡之勢，勝算實可自操。雖則和議已成，款局已定，國人自不可不作痛定思痛之思，尤宜作臥薪嚐膽之計，如不及早圖謀，恐罹不慮之禍。故於戰後不數日，卽光緒十一年五月二十五日籌議海防要策摺中，條陳切要。大意云：「竊惟自強之本，以操權在我爲先，以取用不窮爲貴。夫欲善其事先利其器，百工居肆，君子致道，經之明訓也。器械不利，與空手同；不能及遠，與短兵同，史之良規也。自法人啓衅以來，歷考各處戰事，非將帥之不力，兵勇之不多，亦非中國之力不能制勝外洋，其不免受制於敵者，實因水師之無人，槍砲之不具。……」（註九）是以之洞甫行抵粵，不惜重金，分向歐美各國，廣求利器；並致電德使，聘請洋將洋弁，以充粵省軍中水陸教習。廣求利器，乃一時權宜之計；聘請洋將洋弁，乃在樹水陸軍百年之基。是其思想，又與咸同間僅在謀求船堅砲利自強之旨不同，因再論之曰：「臣夙夜籌思，當時急務，首曰儲人材。夫將帥之智略，戰士之武勇，堂堂中國，自有干城腹心，豈待學步他人，別求新法？獨至船臺砲械，則雖一藝之微，卽是專門之學。有船而無駕駛之人；有砲而無測放之人；有魚雷水雷，而無修造演習之人；有礮臺而不諳築造攻守之法；有槍礮隊而不知訓練修理之方，則有船械與無船械等。故戰人較戰具爲尤急」。（註一〇）並申言泰西各國，鮮無水師陸師學堂之設。之洞欲效其方，擬於粵省省城博學館舊址，參考北洋福建水師學堂章程，設水陸學堂一所。愼選生徒，聘請洋將洋弁，講習水戰陸戰之法，並翻譯西國兵書，測繪地圖、電學、化學、氣學、光學等項有關兵事者。以及製造火藥、電線、強水各種技藝，均可量能因性分門講求，以爲根本之基。而所費不多，收效於異日定宏。之洞斯時所以積極籌謀者在此，亦爲根本首要之圖。其次爲製造器械，之洞以爲外洋所恃以爲戰者，其爭戰於海外恃鐵艦；其水陸攻守兼用者，則恃快槍巨砲；其設守於海口者，恃各種水雷，再由中法越南之戰驗之，各省於戰事未起至戰事已啓所購於外洋之軍火，粗計不下數百萬金。而良楛不齊，且損重費。甚至居奇抑勒，令人氣沮！其保險運脚行用等費，盤剝更至驚人。事事仰人鼻息，實非長策。至於鐵艦穹甲，費鉅功大，未可蹴就，而槍砲雷藥等則不可緩。「……粵工多習洋藝，習見機器。於造槍，造彈，造藥，造雷皆知門徑。香港素多鐵工，尤易召致。擬歸閩廠造礮，而礮彈及隨礮各件附焉。粵廠造槍、造雷、造藥，而槍彈雷艇及隨槍各件附焉。槍廠行之有效，則漸可試造行礮，各省撥用者，繳價歸廠。兩廠既成，各省皆足，臣以為宜急籌者二也。……」(註一一)又擬開煤鐵礦，設礦務局於省城，開爐試煉。槍砲因有煤鐵而功易成，煤鐵因鑄槍砲而用易廣。二者相輔，收效定宏。且煤鐵除粵產者外，購之內地，其價必廉於外洋。而轉輸不竭，實為藏富於民之道。「……畢時鐵艦火路，資用尤繁。如使此事可成，人情騖利，踴躍爭趨，集資益宏，取效益遠，臣以為宜急籌者三也」。……(註一二)「……斯三者，相濟為用。有人材而後機器精；有煤鐵而後器械足；有煤鐵器械，而後人材得以盡其用。得之則權利操諸我，失之則取予仰於人。……」(註一三)。大凡一種思想之形成，先是個人心靈之蘊育，繼則與實際相對照。諸如環境之變遷，潮流之激盪，每每不能扼止。繼之為此一思想成熟後之實踐。之洞思想之中心，以儒家為本，以經世致用為先。不尚浮誇，尤忌蹈空之論。而其高瞻遠矚，為清末諸大員所不及者在此。然如無中法越南之戰，則其理想而變為實際，恐亦不致為功，甚且終生不克實現亦未可知。然經此戰之冲激，乃得脫穎而出。此後之一切設施，興實業，勸農桑，建工廠，築鐵路，辦學校等，均由斯時起。其抱持渠一貫之思想，雖百遇阻撓，終不稍挫，斯人之偉大，亦在於是。雖然，彼仍以戰守為依歸，要皆與往昔所抱持之思想有所不同。尤以人材之培育為前人所未及見也。是故謀國立基之要則以人材為先，輔之以器械地利，則無往而不利。而智勇聰明日增月益，大開風氣，先南洋，後全國，次第推行，當能收效於翌日。如再遷延歲月，不汲汲爲補牢求艾之謀，如日後海防日亟，邊患日深，則無以措手足矣！「……臣愚以爲今日之務，無急於此。……果能製造日精，人材自出，物產日增，則因機利導，鐵艦火路次第舉行，可絕外人壟斷之謀，即建中國久大之業。……」(註一四)之洞又於光緒十一年九月初五日，在籌議大治水師事宜摺中，再發宏論，其慮事之精詳，籌謀之妥善，目光之遠大，近世以還，幾無人能及。惜乎舉朝泄沓，竟不依其意，因有中日甲午之戰。一敗再敗，徒貽噬臍求艾之悔，不能立國，受制於人，既今思之，良堪痛惜！今舉其大端，擇要述之：「……竊維戰守兩事，義本相資。故必能海戰而後海防乃可恃。三十年來，環地球諸國，無不以船砲爲強國之計。即蕞爾之倭，亦且經營恐後。獨中華以物力不給之故，歷年設廠購船，僅開其端，未暢其用。自去年用兵以來，海上攻守得失之故，中朝士夫，邊疆將帥，皆已曉然。今雖越事略定，而外患方殷。法逼滇桂，俄窺琿春。且俄與倭爭朝鮮，英與俄爭印度。英與德又復分據朝鮮各島，伺便攘臂於其間。四夷鬪爭於中華洋面，而我亦將受其敝。故海防諸大端，天時人事，無可再緩。……」(註一五)。先是左宗棠李鴻章等奏請議拓增船礮大廠，並仿照西方創設武備學堂。且海防多年糜費，均無濟於實際，更因奉行不力，事過輒忘，幾成固習。於是朝廷乃有大治水師之議，而之洞先已詳析海防要策疏內，蓋彼深知列強凌夷，我爲魚肉，人爲刀俎，如不卒勵奮發，恐有燃眉覆亡之禍。故竭其智慮，通籌全局，切實核計，分條臚舉：「……一曰分地：中華洋面，北起吉林，南迄欽州，延袤萬里。不比長江水師，止二千餘里。江面可以一提督統之。若將海上水師合爲一軍，勢有難行。海濶路遠，呼應不靈，一也；沙礁口岸，一將難悉，二也；操練勤惰，督察難周，三也；沿海有警，不受調度，四也；稟報遙度，虛實難憑，五也；需才太多，一區難備，六也。竊謂宜分爲海軍四大枝：北洋爲一枝。旅順、煙臺、琿春屬焉。南洋爲一枝，浙江屬焉。閩洋爲一枝，臺灣屬焉。粵洋爲一枝，瓊州屬焉。所轄洋面，各有專責。遇有大敵，仍責令各枝合力攻擊，互相援應。……一曰購船：鐵甲巨艦，工用繁重，算理精微，中國工廠未備，非數年之內所能學製。……唯有購之外洋以應急。粵洋海軍一枝，擬配水帶鐵甲船三艘，鐵甲魚雷船六艘。每一鐵甲巨艦，兩鐵甲雷船爲一隊……三隊合爲一軍。……如有此者四軍，不難縱橫洋面，摧破強敵。度財量力，中國尙能辦此，……一曰計費：上項所稱水帶鐵甲船，每艘約需銀一百萬兩有奇……三艘並雷礮電燈之屬，約需三百六十萬兩。鐵甲雷船每艘約九萬兩。六艘並雷礮約需七十八萬兩。大小九船並械約共四百三十餘萬兩。……大抵一軍以四百萬兩爲率，四軍共需銀一千六百萬兩。……一曰籌款：大舉鉅款，斷非枝枝節節所能辦。頃接曾紀澤咨知，洋藥稅釐併徵一節，已經議妥，剋期開辦，除正稅三十兩外，計每箱徵併釐八十兩。每年中國入口洋藥約計實有八萬箱，以外若能杜絕偸漏，計每年可徵併釐六百四十萬兩。此等洋關巨款，正宜作洋防之用。計五年可得舊有新增藥釐共三千二百萬兩。……擬提出五年收數之半銀一千六百萬兩，每年三百二十萬兩以爲造船專款，……今擬設海軍四枝，粵洋爲四軍之一，用款亦應得四分之一，就四分之一一百六十萬兩內，劃提一半，應得八十萬兩。五年適得銀四百萬兩，各口併計共得一千六百萬兩，恰敷造船之用。……一曰養船：自定議開工之日起，兩年後各船陸續來華，卽須籌養船之費。五年之後，卽將此提半敷造船之藥釐約三百二十萬兩，仍分四股，以充四枝海軍將卒師匠及修船之費，應俟臨時籌議章程，奏明請旨辦理。……一曰修船：巨艦兩年必須一修，故製船必先製澳。一澳須費數十萬，造成亦須二三年，且必在設有礮臺，防衞完密之地。粵省黃埔船澳淺窄，當徐籌開拓之計。香港現有英商新造極大船澳，兩年外可竣。粵澳未成，粵船或可暫向香港修理。各省有無可作大鐵艦船澳之所，應請勅下各省預籌備用。一曰練將：中華水陸學堂，津滬閩本有規模。粵省現始創議奏請撥款開辦，俟籌有定款，自當選擇師生，認眞講求。惟讀書考索，成效迂緩。百聞不如一見，古有明箴。擬選派用心之員弁生徒，出洋習練。其一途隸於出使大臣，分發各國學堂，水陸營伍礮臺船廠分科學習，其一途駕坐練船，遍歷華洋各海口。先中後外，藉以周知諸邦口岸形勢，戰船規制，練習風濤駕駛。……一曰礮臺：臺船相輔，其功乃彰。一曰槍械：粵省原擬籌辦開設槍雷各局，……大礮擬歸閩滬鑄造。……廣東省城內有機器局，城西增步又有軍火局。地狹工少，章程淆雜……僅能製小鋼礮開花子尋常洋火藥，白藥水富殼，洋火箭，修理船礮尋常機器。除火藥火箭尚好，其餘能成而不能精。……擬將機器軍火兩局……統名爲製造局，仍製槍礮彈火藥等物，其修理魚雷學治淺水兵輪者，歸黃埔雷局船局。俟籌有經費，即可逐漸擴充。……」（註一五）。之洞以爲欲大治水師，必宜合力造船，分地治兵。專責以別綱目，總會以聯氣勢。而水師、礮臺、槍械三端，水陸戰守相資爲用，更認水師未成之時，則築建礮臺爲尤要。就製槍械言之，則槍彈與行營礮尤要。蓋購槍可用數年，購彈則不能支三數月，一舉購槍數千則易，一舉而購礮數十則難。是故宜分條並舉，循序程功。以之洞之估計，一年半而鑄槍礮廠成；兩年而礮臺備；三年而水師立；五年而水師大備。斯時也，自足以隱懾強敵，靖我環瀛。之洞苦心孤詣，發人之所未發，言人之所未言，聰明睿智，非常人能及其萬一。論者或曰，當時縱行斯言，由於人心之窳劣，與人戰，未嘗不敗。余固曰，縱敗於敵，如行斯言，亦未嘗慘敗如斯也。之洞平生，抱持一貫之主張，均以擢拔人材培植人材爲職志。故每以破除常格，多方鼓勵，少寬文法，不事苛求爲求才之方。惜乎曲高和寡，鼎助無人，國勢日蹙，遂不可復矣！

一、新事業之創設

(一)試造淺水輪船

光緒十一年（西元一八八五年）五月二十五日，之洞於試造淺水輪船摺中云：「竊惟海防之要，無論戰守，必有水師戰船以援砲臺，礮臺以護戰船，臺船相輔，其用乃宏……。」(註一六)蓋此義仍本前議大治水師與夫戰守之策。而其範圍則局限於東省而已。粵省斯時所有之各中小輪，皆非戰船，僅可供捕盜緝私轉運之用。亦欲購置戰艦，而時日既難猝辦，而經費亦無所從出。適闈姓捐餉之舉蒙清廷允准，始得招致香港工匠，採取香港華洋船廠圖式，令明於算理者推究酌度。其式大率長英尺十一丈，廣一丈八尺，艙深八尺六寸，吃水六尺，馬力七十八匹。內有康邦臥機冷水氣櫃雙輪暗車，前後兩桅，桅身上半可以伸縮。下用鐵脅，旁施鋼板。船頭後膛巨礮一，船尾中等後堂礮一，前後桅盤旋連珠礮各一，船腰兩旁配連珠礮各一。取其身淺行速，可於六門內外，貫穿往來。內可以過黃埔以至省河，外可出虎門以達香港，至於沿海近岸，亦尚可行。光緒十二年五月二十七日，之洞於所造之淺水輪船四艘，陸續完成。命名爲廣元、廣亨、廣利、廣貞。駛赴虎門內之蓮花山海面樹立礮靶，四輪連環操演，礮力與船力相稱，礮準約得十之五六。船身轉捩頗靈，行駛亦速，以之防護內河及近海各口，頗爲合用。光緒十二年，又續造二艘，只行於近洋內港。至是與船政局議造出海兵輪四艘，命名曰廣甲、廣乙、廣丙、廣丁。中號兵輪四艘，續因經費不足，中號四艘乃停造焉。

㈡購辦機器試鑄制錢、銀元

光緒十三年一月二十四日，之洞於購辦機器試鑄制錢摺中云：「竊惟粵省制錢，自咸豐七年以後，三十年來未嘗開鑄，官錢日乏，商民病之。臣比年以來，久欲整頓圜法，惟舊例辦法虧耗過多，限於物力，未能舉辦。上年與廣東布政使高崇基，詳籌熟商，博采衆議，惟用機器製造，則錢精而費不鉅。當經電致出使英德各國大臣，考究機器價値及鑄造之法。疊接使英大臣劉瑞芬函電，喜敦廠機器全副每日工作十點鐘，能鑄造銅錢二百七十萬個。並寄來喜敦廠機器價目，廠屋圖式。計上等機器全副，內參大號造銀元機器，四架另鐫刻銅錢文母模一副，子模十副。鐫造銀元母模四副，子模八副。製造鋼模所用之鋼料，隨時購辦……」。(註一七)，之洞並詳析其損益，以利民富國爲主。務須羣情，不限定搭放成數，亦不預定折合銀數，以粵省錢價一千五百文値銀一兩爲準，於官無所虧，於軍民無所累。再廣東華洋交錯，通省皆用外洋銀錢，波及廣西。至於閩、臺、浙、江、皖、鄂、煙臺、天津，所有通商口岸，以及湖南長沙、湘潭，四川、打箭鑪、前後藏，無不通行。以致利歸外洋，漏巵無底。是以之洞認爲：「……惟鑄幣便民，乃國家自有之權利。銅錢銀錢理無二致，皆應我行我法，方爲得體。……」(註一八)。且斯時粵民所用洋銀，皆係舊洋爛板，碎破黴黑，尤爲隱受其虧。而今所訂購之機器，內兼有鑄銀元者。嗣後所鑄日多，通行日廣，與洋銀一同行用。而其成數銀色又與外國上等洋銀相若。數年之後，充牣海邦，流通域外。雖不藉以裕國用，亦足以保利權。「………總之，鑛務、錢法、銀元三事，相爲表裏，交互補益如環無端。鑛產盛，而後鑄銅鑄銀有取資；鼓鑄多，而後西南各省銅鉛有銷路，以鑄銀之息，補鑄銅之耗，而後錢法可以專用內地銅鉛，而無虞虧折。迨至開採日多，銅價日賤，官鑄無虧，商趨其利，民便其用；邊軍資其餉食，西南徼外之邊備；塞東南沿海沿江九省之漏巵，未必非自強之一端也……。」(註一九)。光緒十五年四月二十六日，廠產建竣，各項機器按裝妥善，乃開爐試鑄，市面流通，商民爭用，甚為暢利，並無紛擾。又香港英商滙豐洋行與中國素有交易，欲將英國倫敦及美國舊金山所出之款銀，每條約重一千兩，成色較中國紋銀稍高，求代為附鑄。每鑄銀百元，補公火銀一元。之洞認以中國所鑄之銀錢，行用於中國，理勢順而獲利饒，乃奏請戶部，准其所請。蓋亦塞中國紋銀漏巵之良法也。

㈢**創設彈藥廠**

光緒十三年五月三日，之洞復提出創設槍彈廠一案。因中法越南之戰期間，籌辦海防購運軍火，兼濟滇桂後膛槍彈，需用尤多，採辦維艱，不可言喻。之洞認為非購置機器自行製造，始可取用不盡，無庸倚藉外洋。旨是之故，之洞乃飭海防善後局委員在上海泰來洋行，購運製造槍彈機器一副，運來廣東省城，選官承辦，覓地創建製造槍彈廠一所，按設機器兩副。能造毛瑟，馬梯呢，士乃得，雲者士得等四種槍彈。試辦之初，每日約造二千顆。熟習之後，每日可造八千顆。並已試火開造。(註二〇)

㈣**籌建槍礮廠**

之洞於彈藥廠建竣之後，雖在財力萬分窘困之下，復倡議建設槍礮廠。其光緒十五年七月七日疏中略云：「……查水陸各軍需用槍礮，概係購自外洋。不但耗蝕中國財用，巵漏難塞，且訂購需時，運送遙遠，辦理諸多周折。設遇緩急，則洋埠禁售，敵船封口，更有無處可購無處可運之慮。況所購之械，種式不一，精粗各別，彈碼各異，倉卒尤易誤事，詳籌時勢，必須設廠自籌槍礮，方免受制於人，庶爲自強持久之計……。」(註二一)。財力不足，庫藏空虛。而事又不可不辦，乃商諸粵省文武官紳及鹽埠各商，分年捐資，自光緒十五年起扣至十七年底止，奉捐三年，指定專充購買鑄造機器並建造廠屋經費。經由駐外使臣，於德國商詢與之購造新式連珠毛瑟槍及造克虜伯過山礮各項機器全副。覆稱均可於該國購得。造槍機器一分，每日可成新式連珠十響槍五十枝；造砲機器一分，每年能成克虜伯口徑七生半至十二生過山礮五十尊。共合銀三十餘萬兩，十一個月成交。事未竟，旋調湖廣總督。

(五)籌設織布局

朔自中外通商以來，中國之財源溢於外洋者，洋藥而外，莫如洋布洋紗。洋紗縷細且長，織成布幅既寬且廣。較之土布一匹可抵數匹之用，工省而價廉，銷售益日廣。考之通商貿易實績年盛一年，不惟衣土布者漸稀，即織土布者亦買洋紗充用。以光緒十四年一年計之，銷銀將及五千萬兩。而洋藥一項，中國向有絲茶兩宗足以相抵。近則日本、印度、義大利等國起而爭利，徧植茶桑，所出幾與中國相埒，華貨因之滯銷。是絲茶本爲中國獨擅之利，今已成爲共分之利，棉布本爲中國自有之利，自有洋布洋紗，反爲外洋獨擅之利，之洞有鑒於此，以爲中國「……耕織交病，民生日蹙，再過十年，何堪設想！今既不能禁其不來，惟有購置機器，紡花織布，自擴其工商之利，以保利權……。」(註二二)。蓋當時殷商大賈，屢有議及此者，徒以資本難集，心志不齊，迄無若何成效。之洞乃與善後局司道詳籌在廣東省城開設織布官局。官爲商倡，先行籌款墊辦，以應急需，俟辦有規模，再陸續招商集股。於是乃電商出使英國大臣，詢購織布機器價格，詳查洋製之布式花色，隨卽定購。並於省城河南購地建廠，旣成，已是光緒十六年秋冬間事矣。後繼任無人，乃移設湖北武昌。

(六)籌設煉鐵廠

自中國海禁大開，各類洋貨輸入日多，品目日繁，除洋藥棉紗外，誠以鐵貨爲大宗，蓋土鐵則工本旣重，鎔鑄欠精，生鐵價値雖輕，一經練爲熟鐵，反形昂貴。遂以民間競用洋鐵，而土鐵乃爲之滯銷，洋鐵暢銷之故，因其向用機器鍛鍊精良，工省價廉。凡華民習用之物，按其長短大小厚薄，預製各種料件。如鐵板、鐵條、鐵片、鐵鍼等類。凡所需要，各適其用。以光緒十二年貿易總額計之，各省進口鐵條、鐵板、鐵片、鐵絲、生鐵、熟鐵、鋼料等類，共一百一十餘萬擔。鐵針一百八十餘萬密力。每一密力爲一千針。合計鐵價針價，約値銀二百四十餘萬兩。至光緒十四年貿易總冊洋鐵洋針，進口値銀增至二百八十餘萬兩。是以土鐵之行銷日少，再過數年，其情形卽不可復問矣。之洞有鑒於此，乃於光緒十五年八月二十六日上疏籌設煉鐵廠，大意云：「竊以今日自強之端，首在開闢利源，杜絕外耗。舉凡武備所資，槍砲軍械輪船礮臺火車電線等項，以及民間日用農家工作之所需，無一不取資於鐵。兩廣地方產鐵素多，而廣東鐵質尤良。前因洋鐵充斥，有礙土鐵。經臣疊次奏請，開除鐵禁，暫免稅釐，復奏免爐餉，請准任便煽鑄，以輕成本而敵侵銷。多方以圖，無非欲收已失之利，還之於民……」。(註二三)先是之洞於光緒九年十二月山西巡撫任內，與北洋大臣會奏，晉鐵連銷奉天上海等處，請變通成例，改由天津出海，以輕成本。仍就產鐵地方講求鎔鍊，招商運行。(註二四)。光緒十二年十二月初七日，之洞疏請開鐵禁。略云：「今昔情形不同，外洋銅鐵入口不下數千萬斤，所售槍礮器具不下數百萬件，鐵斤鐵器定例不准下海之禁，宜應弛禁，以便利民通商。……」(註二五)之洞踵其餘緒，與東省海防善後局司道局員及熟識洋務之員，詳加籌度。必須自行設廠，購置機器，用洋法精煉，始足杜外鐵之來。籌款之法，先由官款墊支，俟其效成利見，商民必然歆羡，然後招集商股，歸還官本，付之商人經理，則事可速舉，貲必易集。於是與出使商國大臣，往返籌商，訂定機器鎔爐，分五次運粤，十四個月內交清，廠址擇於省城外珠江南岸之鳳凰崗。後以之洞調署兩湖，乃隨同織布機器共同移鄂，仍由之洞督理。

二、東西二省防務及內治之興革

之洞甫抵廣東，外患日緊，籌劃海防邊防事宜日亟，夙夜匪懈，幷日而食。及法釁已成，又亟亟於籌械轉餉，選軍赴戰，支援以應，其盡悴勞䠖，憂患懸慮，蓋可想見。縱或百事在身，萬機待理，然於吏治之澄清，內治之籌劃，不因戰事之緊迫，而稍懈待，因其深知與敵戰勝之基，厥爲復心之固，腹心不固，縱或倖勝，絕不持久。及中法越戰和議告成，遂更悉心於內治焉。於邊防事宜，之洞以爲廣西邊隘以鎮南關爲最要，關之中後左右均須設防。分爲三路：以防軍十二營屯中路；四營屯東路；六營屯西路。並將廣西提督由柳州移駐龍州，原屬新太協之龍憑營節司，改爲龍州城守營遊擊。並添設中軍守備新太協副將，及所轄左營都司爲纛營都司，均改屬提督，裁右營守備。柳州添設柳慶總兵。改提標左右兩營遊擊爲鎮標。左右兩營撤去柳州城守營都司一營。其寧遠義寧兩協副將，融懷營參將諸營，俱統轄於柳慶鎭。龍州開關通商，重兵所萃，設太平歸順兵備道，總轄全邊，駐劄龍州，以左江道所屬太平府全境及東邊南寧府屬之；上思州西邊，鎭安府屬之；小鎭安通判歸順州隸之。沿邊統屬一道，上思州撥歸太平府屬，升歸順州爲直隸州。小鎭安改爲鎭邊縣，加通州判銜，屬於歸順州。設道庫大使總管關稅銷務。鬱林州遠在東南，改撥直隸州，屬左江道，以協形勢。又以北海通商，廉州爲水陸第一門戶，高州鎭總兵駐防北海，不能兼顧，奏請廉州特設總兵，各北海鎭水陸總兵。陽江鎭事務較簡，併入高州，亦改爲水陸總兵。粵東肘腋之患，乃在澳門，奏請澳門同知移駐關閘，扼其入內要隘，嚴定界限，衞之以兵，以防侵軼。並巡視欽州，至越南境，迂道廉瓊。以瓊州孤懸海外，逼近越南，關鍵中外。築礮臺七於海口；城西五里秀英山築礮臺三；於十里西場山築礮臺五；於城後大英山濱海築長堤。西起西場，東止牛始。開礮路，備礮車，扼沿灘入口敵船，遠攻進擊，交相爲濟。廉州北海一口，近接九頭山，爲海盜窟宅，擇要居高築礮臺五座，其平沙則練礮車數隊，以備往來攻擊之用。並勘測中國第三船澳楡林港，籌款經營，購巨礮，築臺數十以衞之，惜繼任者無識，以爲無用，移之北洋。論者譏之。時法人議開越南鐵路，之洞慮其狡謀，增建平而關南關礮臺十餘處，以嚴防禦。並著廣東沿海險要圖說上之。此其於邊防設施之大略情形也。至於其戡瓊州黎匪，奏定械鬬專條，重誘華人出洋之法，禁赫德徵稅巡船，封外人之在內地設械者，裁粤海關陋規，鹽商私費及一切地方設施，均請分項叙述之。

㈠甄別貪劣，澄清吏治

之洞爲政之方，旣以儒家思想爲本，諸凡用人行事，皆以正本清源爲先。本淸源通，則無往而不利，其他枝節問題，當可迎刃而解。政治亦復如是，孔子曰：「爲政在人，譬如北辰」，卽是是理。之洞認爲，政治之良否，端視大吏行之如何。所謂上行下效是也。故之洞每至一處，皆能率先躬行。嚴以正己，而後正人，影響所及，卒能令貪頑者有所改正，有所戒懼，在淸末貪墨成風之際，其澄淸吏治之舉，誠屬難能。光緒十一年八月一日連上二疏，爲甄別貪劣不職各員及特參鹽務洋務營伍不職各員。其第一疏中有云：「竊惟廣東吏道猥雜，法廉罕講，疊經臣屢疏瀝陳。……本年正月奏參不職文武擢內，曾經聲明，地方各官另行察看。……」於是將專務需索，營私舞弊，鑽營招搖，才識庸陋，不勤民事之官弁參革十餘人，免令敗羣害政，以斯吏治蒸蒸，漸臻起色也。又於第二疏中特參糊塗濫用，信任非人之潮州運同錢瑨，居心險詐，罔利營私之候補運同江懋勳，營勇缺額太多，性情殘暴之候補副將莫善喜，不諳兵事，需索汎弁之候補副將柏慶及不守營規，貪利生事之參將鄧韞等。凡此皆爲大刀闊斧之作，於吏治之澄淸，大有俾益。是知之洞非坐而談者也。光緒十三年四月二十四日擢請斥革劣紳。中國例常以縉紳治理村里，以補地方官之不足。此初意確爲善思，以本鄉本土之人，爲當地之政，然皆無所依據，僅以其聲望與功名使然，非類今之選舉也。其弊乃在良者謀地方之福利，劣者爲地方之禍害，魚肉百姓，甚且無所不爲。「……臣等察粵省地大物博，衣冠如林，各屬紳士中廉正持躬慷慨好義足爲鄉閭矜式者，指不勝屈。而鄉曲之間，倚勢牟利，魚肉良懦，顯干法紀者，亦往往而有。向來地方官於此等案件，率多遷就消弭，鮮有直發其覆者。良以強宗巨室，聲氣易通。投鼠忌器之嫌，瞻顧却步之慮，誠所未免。臣之洞到粵以來，於賢紳則優加敬禮，於豪猾害民者，從不敢稍存瞻徇……」。(註二六)是以之洞誠知此等劣紳，直是不可得罪。亦知其蓄憤思洩，必將播煽浮言，遇事暗中掣肘。然國紀不肅，則惠政不行；豪強不戢，則良弱不安；士習不端，則民俗不化。故之洞甘願以一身，府怨叢謗而不恤，期以一懲百儆，達到養民保民教民之鵠的。庶幾不負國家，不負百姓，是誠儒者之至道，遑顧自身利害者也。光緒十二年三月二十一日於查革肇潮兩府稅廠積弊摺中云：「竊臣等奉准軍機大臣字寄光緒十年七月二十六日，奉上諭有人片奏肇慶府黃崗稅廠，吏書巡役皆以厚資謀充該府收受規費，每年收稅十餘萬兩，只報解三萬餘兩，又有黑錢等名目。刻剝商人，侵蝕正稅……。」(註二七)之洞乃就此尋求根本，派能員詳爲之察，諸凡一切陋規惡習，悉予改章裁革，並另設委員承辦，以避書吏盤據把持，別立勒索名目。通計此後商賈過肇慶者，每年可省銀十二萬兩，而不傷及正稅。該處積弊相沿，非只一日，之洞終能革除，商民稱快，並立永久規模，不使重蹈舊轍，實難能也。又於同年，查革廣西梧關積弊，於疏中之洞有云：「……查梧州一區，既有例設稅廠，又有釐金總局，又有經費局。一日之內，三次榷徵，百金之貨，完至什一，實爲病商苛政。且經費一局，商民費至二十餘萬兩，而國家並不能用其分文，尤出情理之外。況徵斂愈重，商賈愈困。趨避走漏，勾串影射愈多，西省稅釐大局，將不可問。……」(註二八)此實切中時弊，一針見血之言。是故一律嚴除，永免商累。更毀棄弊端之根本，廢除一切擾商害民之名目。另創新法，立永久遵循之基，由是梧州關之積弊，乃告永除。

㈡綏靖地方，造福斯民

之洞爲政數十年，每至一地，必有興作。而首要之圖，厥在興利除弊，以民人爲第一。雖不克見近利於當時，定能見大益於後世。之洞之於廣東，亦復如是。加以粵東山海交錯，民情獷悍，盜匪之熾，甲於他省。拒敵官兵，夥同刼掠，持械傷人等事，層出不窮。而斯時海疆有事，之洞深知安內攘外之旨，乃於光緒十一年十二月初七日，擢請盜案就地正法章程，致使莠民土匪有所戒懼，非以嚴法殃民，僅持以之弭亂。並順東省輿情，僉認爲有效之方，嗣後果使盜賊稍斂其跡，鄉里之痞賴者卒隱其聲。查粵省莠民爲害地方者約有三類：即盜刼、拜會、械鬭是也。盜以搶掠，會以糾黨，鬭以焚殺。三者互相出入，相爲表裏。均爲擾害農傷，阻撓法紀之源。故之洞於光緒十一年十二月二十七日疏請嚴定械鬭專條。械鬭之起，多因民情強悍，每以睚眦小怨，田山細故，輒即不候官斷，招顧外匪約期械鬭。主鬭之人大率係其族首族紳祠長之不肖者，名爲兩族兩鄉互鬭，實則臨時顧募土匪鹽梟海盜及一種游手亡命之徒，互相攻擊，有牽延三五年不等者。鬭勝者即恣意焚殺搜搶，所燒房屋動以數百計，所殺人口動以數十命計。兇殘不法，無異化外。且鬭勝之村，動輒殘毀田禾薯蔗數百畝，砍伐樹林果園數千株。故此數村經一次械鬭，即喪失一二年或數十年之資產。其隱害民生者尤非細微。之洞深以爲此風絕不可長。乃檄行文武大員，分往各縣查明是非曲直，推明致鬭之由，嚴予懲辦。並就各處情形，從民所便，責成鄉長族長房長，層層鈐制，約束化導，以後遇有匪徒生事，則令稟報緝送，以期永靖地方。並定嚴法，以懲凶頑，於是粵省械鬭之風，乃稍戢止。

地方既靖，擾亂地方之盜匪不得不除，夫如是，地方始能久安。之洞於光緒十一年十二月二十七日，疏請勦捕洋匪。粵洋向來多盜，瓊廉海面以九頭山爲巢穴，省城六門內外海面，以香港澳門爲逃藪。九頭山孤懸越境海中，巖谷荒邃，匪踪嚮聚，伺便出刼。擄人勒贖以及登岸搶掠傷殘人命等情事。之洞乃以馮子材爲督辦。協同水陸營勇，前往勦辦。光緒十二年六月二十日，仍由馮子材督辦，協同水師提督方耀，澈底將九頭山洋匪勦滅，毀其巢穴，斬其首領。不但商旅再無憂懼之心，而於杜絕招納內奸，勾結外匪，固結邊防大有裨益。(註二九)

之洞於廣東政事，綏靖地方與造福人民二者並舉，兩不偏廢。地方不靖，生民無所安於所業之事，官不爲民，則民日處苛徵雜賦之中，無以聊生。故其爲政次第，以澄清吏治爲先，以綏靖地方踵後，爲民謀福祉爲終，依次行之，條貫分明，其所以能有政聲者，非偶然也。今請言其於粵省之爲民造福者。

光緒十二年三月二十一日，於停止沙田各捐摺中略云：「……自光緒九年以來，粵省辦理各捐，大率有五：一日沙捐；一曰紳富捐；一日停止防費改抽之樂捐；一日房舖捐；一日當捐。其沙捐一項，因粵省沙田利息最厚，弊端最多。斥鹵久熟，不肯補升，溢坦日增，終不首報。且沙田業戶皆富紳大戶，連阡累陌，沙田一畝，捐銀二錢，捐數甚微，於民人並無苦累。……」(註三〇)斯時局外之人與過客游士，但見名目較多，以爲皆係創舉苛派，傳爲苦累小民。之洞乃令一律停止捐徵，雖餉源已竭，出入相懸，仍勉力行之。又於光緒十二年七月初一日，之洞上疏請頒沙田部照摺。其中略云：「……粵省地居濱海，沙坦較寬，此項退水之田，素稱膏沃。獲利既厚，流弊滋多。……惟查新沙老沙，皆未請給部照，民間但憑墾單，縣照司照管業，其間或有遺失，或經典當，影射侵佔，啓爭受累，均所不免。此次擬請除原額民田外，無論老沙新沙，一律換給部照……」(註三一)。廣東自道光二十四年以後，查辦沙田升科之案，不下五六次之多，而始終未領部照，不能取信於人。至是之洞奏請頒發部照，清丈升科，隨丈隨給，使各沙戶曉然於此。實爲便民安業，一勞永逸之計。

粤省多水患，以廣肇二府爲全省冠。要爲十年或十數年一見，而當時每歲皆見。其患於西江爲最，若助以北江，其禍尤烈，故該地居民，深以爲苦。之洞乃於光緒十二年九月大修廣肇兩屬圍堤，分三路培築。事成後，受益地區約七縣之多，活民約數十萬。同年，修築潮州府屬各堤，於十月間完竣，阻遏韓江少患，保障海陽、饒平、澄海等三數縣之生民，捍衞府城，免被冲決數十處，厥功甚偉。又於光緒十五年七月三日修築珠江隄岸，至十月底自未竣事。按珠江承西北兩江之下游，兩岸之官地，多爲民間所侵佔塡築，與水爭利，淤滯日多。每逢異漲，省城之南關西關一帶居民，皆苦水患。之洞因是乃極力講求，疏通與闢築兼而行之，惜事未成而調任鄂省焉。

粤省所屬之瓊州，孤懸海外，自古以來，多視其爲不足輕重之地。加以窮山惡水，交通阻塞，教化不及，居處之民，幾成化外。究其實該地土著多係黎人。雖設官分治，要在幾處沿海數埠而已。於是兩廣及內地不法之徒，於無處容身之際，多以之爲避難之所。是故瓊州一島，幾成莠民淵藪。而黎人無知，客人巧取豪奪，黎人實深惡之。客人却又挑撥離間，爲難官府，官府又以勢相迫，遂因之作亂，有清一代，屢有事端。自中法越南戰後，藩屬既失，屏障頓喪。瓊州隔海與越相接，於防務上，頓行重要。之洞有鑑於此，於中法戰後，乃亟亟謀求瓊島長治久安之策。光緒十二年八月十日摺請派大員澈辦瓊州客黎各匪，其中略云：「竊惟瓊州一府，孤峙海南，黎巢其中，民環其外。地瘴而瘠，民弱而惰。其地方之害者：一曰客匪；一曰黎匪。客匪大率皆籍隸嘉應州及廣州府屬之新甯，肇慶府屬之恩平、開平、高明、鶴山等縣。言語風俗自爲一種，土人不與爲昏姻。或云即係犵人，非若他省僑寓民戶，皆謂之客民也。其性勤苦力作，悍猛齊心，所到之處，土民無不視爲他族，積爲深讎。在瓊有老客新客之分。老客寄居百餘年，較爲安分。新客則多係同治年間恩平、開平、高明、鶴山、新甯、陽江等處滋事客匪。前撫臣蔣益澧奏明按揷高、廉、雷、瓊等府，廣西容賀等縣。瓊屬之儋州、臨高、澄邁皆有之。漸衍及萬州陵水等處。查瓊屬沿海民居之地，患在沙瘠；近山膏腴之區，患在瘴癘。至銅鉛各礦，皆在黎境。土民安於貧弱，地利坐荒，瘴地腴田，多屬客產。光緒五年，客匪滋事，經前督撫臣派軍前往，分別懲辦，遷之雷廉。乃未久而潛回故里，爲匪如故。以後土客之衅遂成，黎人所居最深處曰黎母山。其地居瓊之中，盤亘數百里，現在未能開通之處，縱橫二百餘里，十三州縣環之。安定、會同、萬州、樂會、陵水、崖州等處，皆有峒口出入。前代生黎，獉狉荒陋，爲患尚輕。百年以來，熟黎與民人往來，習爲狡黠。生黎漸稀，出巢益數。諸黎以儋州臨高爲最馴，陵水之俸黎歧黎爲最悍，崖黎富強，亦易滋事。其出也，北路則安定當其衝，而波及於瓊山；南路則萬州陵水當其衝，而旁擾於會同樂會。從前出掠不過附近內山而已。近七八年來，客匪游勇散入其中，奉惠州客民陳鍾明陳鍾青爲總頭目，合生黎熟黎客匪游勇爲一夥。名爲黎而不盡眞黎，遂敢離巢數百里，大肆刼殺。其軍火鹽米皆由客民接濟。每牛一頭，易槍一枝。火器玩具，黨羽日益多。得以抗拒官兵，習爲戰鬬，歲必出巢兩三次。該處官軍，未嘗認眞痛勦一次。不過零星分防，尾截零匪，幸其回巢，以爲了事。大率客匪以黎峒爲負嵎，藉黎人爲聲勢；黎匪以客匪爲嚮導，藉游勇爲附從。客黎糾結，全瓊遂無安枕之日。此二十年來客黎各匪，蓄毒搆衅，勾結滋蔓之實在情形也。……」（註三二）

嗣後因官軍勦撫不力，兼其事者又復才劣怯懦，終以匪勢坐大，一發不可收拾。之洞爲使永靖瓊州，安定百姓，乃奏請提督廉欽防務之馮子材，輔以總兵官王孝祺率軍痛加勦辦。光緒十二年十一月二十悍匪肅清，其脅從各匪而惡性不重者，悉予安撫，於是瓊州客黎匪患乃告平息。

匪患既平，瓊州民人如何謀生立業，又爲其要事。否則民無所依，時日遷延，必至再次流爲盜匪。於是之洞於光緒十三年十一月九日，爲開通瓊州黎山林木，諸凡商賈販卒，由瓊州出口之木料，三年之內，所有關稅釐金，暫寬免，以茲招徠，藉以繁榮地方。並出曉諭，商民有能集資前往，顧募黎歧開墾，一人名下認墾至千畝及萬畝以上，成熟者酌量給以千把外委等武職，以示獎勵。之洞此一措施，終使瘴癘之區，肥腴無人之地，得以開闢。又瓊州礦藏甚富，以銅鉛爲最，其未經勘測之礦藏，埋於地下之寶物，正不知其數也。之洞爲減輕礦主之成本，招徠商販而惠民黎。自光緒十四年起，三年之內，所有山稅及關稅釐金，概行暫免，待其開採行銷大旺，再將稅釐酌量徵收。之洞之意，乃在通商惠工，興地利，利瓊民，而瓊島亦由是而闢焉。(註三三)

第三節　有關涉外事件之處理

之洞以儒生出主疆圻，中朝無奧援，官衙無助手。以一己之才能，任無比之艱巨。非有細密之思維，過人之睿智，則不能爲功。而清季之儒生，思想多陳腐不經，不諳世事。雖謂爲承先王之教化，要多抱殘守缺，食古不化，鮮乏通達之士。而中朝顯貴，封疆大吏，又多賦性頑劣，沉溺陋風俾俗，不思振作。是故海禁大開之後，與外人交接日繁，初則自傲自大，鄙視泰西文化，視其人爲野蠻之族，視其政爲功利之政。繼爲彼邦堅船利砲所恫，又復懼且惡之。從不深自檢討，謀求自強治國之方，而所爲言，不特於國無益，損又加焉。此後凡有興革，則輒加阻撓，而洋人凡所要求，無所不允。於是洋人得見中國之病，使倆愈演愈繁，乃至一發不可抵止。之洞抵粵之後，因粵洋相習，時日既久，其虛實長短得備知悉。而之洞於涉外事件，又能通權達便，不泥守一規。凡中外之合法利益，均能妥爲保護，不因人因事而偏袒。於中法越南之戰中，雖雙方處於交戰敵對之地位，仍戒飭軍民，不得枉殺法人及教民。其開明明理如此。

一、中法越南戰爭期間於法人生命財產之保護

光緒十一年五月二十五日，其於補陳保衞教堂摺中云：「上年七月初三日，閩江開戰。法領事師克勤，盤踞省城，殊無行意。竊思界限不淸，則軍心疑惑，奸細公行。內外通連，防務無從下手。當卽於初四日照會該領事，責該國於鷄籠馬尾兩次先開兵端，令其率領法國商民教士，卽行出境。該領事包藏禍心，不願令教士離粵。復書不允，始行相隨而去。嗣於七月二十五日，准軍機處咨，欽奉七月初六日諭旨，法國商教一體保衞。仰見聖德如天，實爲攻心伐謀之上策。查粵民強悍好義，亦喜生事。平日教民依恃洋符，抗官作惡，士民切齒。若徒加厲禁，必更激成衆怒，更無保全之法，又蹈沙面覆轍，波及他邦。先經與在事諸臣商定，一聞戰信，立飭地方官出示，將法國教堂概行封禁。諭以法人開衅，擾害地方，所有法國教堂物業，均應查封備抵，此與官物無異，不得擅動，凡法國教士出境，密飭地方官妥爲保護。若習教人民，敢有通敵接濟者，立誅無赦，其安分者，不准殺害，一面優懸賞格，若法寇犯境，痛加勦除。并諭以粵民爲國同仇，素深嘉尙。惟是誅犯順之法兵，奪臨敵之船礮，則爲勇士；害安分之教民，毀封閉之教堂，則爲亂民。勇士有賞，亂民有刑，各不相假。其時省

七日，全瓊內外衆怒洶洶，傳書集衆，意欲盡毀法產，攻擊教民。見此示後，衆情稍定。復經責成團練紳耆，剴切開導，通省有司營弁，多方鎮撫，自七月至十月以來，據廣州等府各屬稟報，查封教堂之案二十餘起。計教堂幷公署行棧九十五所。什物飭役看管護送出境。兩廣法教士五起，共十名。其改裝潛逃者，無從悉其名數。又欽州有教堂違約置買私產一案，暫令入官管案，綜計各教堂物業，間有被閒人侵損者，尙未大加殘毀；亦有教民自行拆毀者。惟省城賣痲街教堂，於十月二十一日，因看街兵棚失愼，延燒數間，旋卽撲滅。至於法國商教，都無所傷。教民積惡者，多遁至香港澳門，欽州教民多至越南。餘則畏罪伏處，或移徙他鄉，頗有悔教求免者，均無傷害。廉州府屬圍洲墩，教民所萃。本年正月，法船來封北海，串誘墩內教民助亂攻廉，該教民不從。當經飭令該府縣善爲獎撫。其各國教堂，民間未能分晰，偶有生事，計所損失，尤屬幾微。均經官弁隨時彈壓，酌量調處息事。法領事師克勤，徬徨香港，深銜粵省之首倡驅遣，明懸賞格，慙恨萬分，因致信孤拔，令其攻粵報復，所以法船出長門時，津滬閩港各電，皆言將擾廣東。而孤酋意在臺灣，未聽其計。此事探訪甚確。不知當時情事，若領事不行，教師不去，教堂不封，則在粵法人，早已噍類無遺，而教民之禍亦不可問。現在款局已定，按照公法，事在開戰以後，法人斷無責問之理。如將來法使妄聽該領事所嗾，強詞追論，優懇敕下總理衙門，嚴加駁斥以杜妄求」。(註三四)之洞能於中法戰事已啓，與敵國相處，仍能保護其生命財產。以當時之實際情況論之，誠屬難能而可貴也。光緒十二年四月十六日，有駁斥法領事索賠銀兩之疏。先是法領事師克勤，於中法越南之戰後，復至粵省，諉稱教堂毀損財物甚多，要求賠償，經之洞一再駁斥後，始稍斂凶燄。後領事法蘭亭稱，於光緒十年十一年間，教士教民被害，共失去銀三十八萬餘元，因地方官未能實力保護所致。之洞稱「……該領事所云謬妄已極。無論損失甚微，揑造虛誕，卽使眞損巨萬，亦無向中國饒舌之理。……」(註三五)之洞認爲粤中文武各官及粤民能遵守法令，致使法國之官商教士，身命業務，得能瓦全，已盡其能，已竭其力。今更作此非分要求，殊堪痛恨。終令該法領事調離粤省。此蓋國際慣例，外交人員於駐在國不受歡迎時，例須離去。惜國人不知，昧於時勢，任外國不法之徒，逞其慾壑焉。之洞於中法越南之戰方殷之際，猶能以仁者之心，戒飭出關大軍「……申嚴軍律，敎民固不可濫誅，法人亦許其歸命，斷不准騷擾妄殺，驅衆資敵……」(註三六)。似此等開闊胸襟，實非常人所俱有也。

二、派員周歷南洋各埠並籌保護僑民事宜

有清一代，能論及僑民之情形者，實不多見。而能付諸實際行動提出妥善辦法者，爲數尤鮮。其因在於清季前葉中葉，國勢強盛，仍存留「普天之下，莫非王土，率土之濱，莫非王臣」之觀念。及至海禁大開，外侮日甚，自顧尚且不暇，遑論顧及域外之僑民哉！

先是光緒十一年十二月，翰林院編修鍾德祥條陳時務一摺，稱南洋各島應特派使臣遴員分駐。後於十二年二月，之洞與張蔭桓會商，宜詳愼妥籌，因其自然加以激勸，不涉張皇，並派委員前往調查。視當地實際情狀，而設領事官，南洋羣島總分爲東西兩路，由使臣節制。斯時中華人民散處外洋各埠，略分工商兩途。百年以來，生聚日盛。雖僑居異域，仍不忘本源。特以謀食他方，漫無統屬，不免爲他族欺凌。大約海外各國之待華人之情形雖不一致，而意存畛域則一。光緒十二年二月十五

日，之洞於會籌保護僑商事宜摺中提出：「……擬即委員先赴南洋有名諸島，詳愼周歷，宣佈德意，聯絡商董，訪查情形……籌定切實辦法。行程自小呂宋起，及該埠附近之蘇祿、依瑯、祿奈三島。次新嘉坡，次麻六甲、次檳榔嶼、次仰江、次卑力、次新金山、次雲梨、次加拉巴、次西里末、次三寶隴、次般鳥至暹羅止。其餘若孟米、若蘇門答臘、若加吉打、若烏施令、若谷當、若井里汶諸島，或水土荒惡，或華人無多，不在此列。歸途擬即順道至西貢等處，一律體察。……至橫濱爲臣蔭桓途必所經，舊金山、秘魯、古巴、夏灣拿，爲臣蔭桓奉使之地，俟道出該埠時親加體察具奏。檀香山地在大東洋，由臣蔭桓就近派查……。」（註三七）計劃既定，之洞乃選派總兵銜兩江儘先副將王榮，鹽運使銜候選知府余瓗先等二員，於光緒十二年七月二十七日由粵起程赴南洋各島詳查華人在當地情形，光緒十三年七月返囘粵省，計歷二十餘埠，於設立領事一節，事甚切要，「……查出洋華民數逾百萬，中國生齒日繁，藉此消納不少。近年各國漸知妒忌，苛虐驅迫，接踵效尤。若海上不安其居，即歸內地沿海，驟增此無數游民，何以處之！故保護之舉，實所以弭近憂，而非以求遠略也。儻蒙朝廷設立領事，加以撫循，則人心自然固結，爲南洋之無形保障，所益匪淺。……」（註三八）之洞非僅籌謀遠略，消弭近憂，保護海外僑民而已。並欲於設領事之處，就其餘款，酌撥若干，量設書院一所。「……由臣捐資倡助，並購置經書發給存儲，令各該領事紳董選擇流寓儒士，以爲之師，隨時爲華人子弟講授。使其習聞聖人之教，中國禮義彝倫之正，則聰明志氣之用，得以擴充。而愈開水源木本之思，益將深固而不解。從此輾轉傳播，凡有血氣，未必無觀感之思。……」（註三九）

光緒十一二年間（西元一八八五—六），中國在舊金山埠華工，深受埃利士黨匪徒之害，焚殺驅逐，駸駸未已，詢諸洋人，據云：華工在美歲得傭值，除日用外，餘悉寄以贍家，歲計約數百萬兩等語。謬論謂此益華而耗美，殊不知此乃爭工專利者所包藏之禍心，斯時美使西華回國後曾力闢此說。大意謂華人以工易資，美商以工作所成者獲利。假如給華工者百萬，則所成之工，所出之貨，其獲利斷不止百萬，於美有益無傷，各國有識者皆韙之，是華民在洋主客兩益也。奈此說終不爲短視者所接受，終至釀成巨案，在美華人生命財產，爲暴力所殘，實甚遺憾焉！光緒十一年十月初七日，出使美國大臣鄭藻如致電之洞稱，現有焚殺華人案，向美議辦，請查沙面案內償美銀數。之洞覆電並囑其須照本案華民所失之數賠足，務宜財命兩究。迨十二年正月十七日，香港東華醫院接舊金山中華會館電報，云及華民財產被毀五十餘萬，傷人不少，商務大礙。囑醫院將此電刊布。並致信省城愛育堂紳董，勸阻華人切勿再往該埠。華人類多粵籍，旣聞此信，衆憤洶洶，爭欲攘臂生事。之洞鑒於中美兩國，邦交素極敦睦，乃密示愛育堂及東華醫院各董事申以手諭，責令開導阻止。並電駐美使臣力商保護賠償之旨。當時華人在美被焚刦殺逐種種遭害情事，其大者如光緒十年十二月間夭李架埠一案，焚鋪逐商，刼財七萬餘元。十一年七月二十五日，洛士丙冷埠一案，慘殺廖臣頌等二十八命，傷十五人，焚毀鋪屋財物值十四萬餘元。七月二十八日，舍路埠一案，慘殺莫月英等三命，焚燒煤廠約值數萬，旋將華人盡逐。八月十一日，倒路粉坑一案，枉殺李駒南等五命。九月二十八日，喊罷埠一案，焚逐失財數萬。十二月初四日尾矢近地一案，慘殺伍厚德等二命。皆爲被匪無辜殘害。其餘密謀殺害不可勝紀，當時華人被虐，卽以金山大埠言之，有所謂十苦，其他小埠則有七難之訴。所謂十苦者：金山大埠，住房每人限地八尺，不足八尺者，查拿監禁，謂之挐房。挐房之苦，計地少絀，同居概捉，一也。監後寓財盡竊無追，二也。回華有期，暫寓被禁，三也。到埠資乏，借寓亦拿，四也。畏捉夜行，臥街被打，五也。工藝出監，無處傭食，六也。監房也狹，疾癘益增，七也。入監勒銀，始任贖出，八也。監鬱鬢亂，被剪違制，九也。昏夜巡查，破牕越屋，十也。所謂七難者：一爲欲守業之難；二爲欲拒匪之難；三爲求保護之難；四爲居散埠之難；五爲居大埠之難；六爲業工者之難；七爲業商者之難。更有所謂六不近情理者：洗衣舘八九百間，木樓木屋歷數十年，乃借防火私擅勒命改建甎樓鐵門。既非美廷所命，別處又不一律，一也。拆改不獨勞費，工衆無處容身，二也。甎鐵本重租貴，主客兩受其害，三也。曬棚謬謂惹火，別處樓棚更多，四也。任意拏人罰銀被擾至數百間，五也。洋舘木樓曬棚，何以不用此律，六也。此但舉其要者，其細微末節，苛擾滋煩，更不待言，而由來已久。故華人在美慘遭殺戮，財物被刼之信息傳抵粵省之後，粵人羣情憤激，亟思報復，幸賴之洞多方開導，致未釀成巨禍。蓋斯時沙面事件甫過未久，華人毀洋人屋舍僅數間，中國賠款動輒以數萬乃至數十萬計之。今華人在美生命財產均所喪失，屢經交涉，終無所成。是無怪於民情憤激也。之洞除應允粵民必盡力辦妥此案外，並電出使大臣鄭藻如張蔭桓力詰其外部：「務將此等焚殺搶逐各案，應抵者議抵，應償者追償，應緝者速緝，應卹者給卹，迅速徹底嚴辦。並請美總統特頒明文惋惜，不得以酌償十餘萬，監禁七八人，含糊率結。總期已死之數十命，已失之數十萬資財，不致歸於無著。此後之工商物業，如何調護保全，務令遵約照最優之國，一體相待。……」（註四〇）。屢經中美雙方磋商，終至合理解決，此實之洞焦思勞心之力也。

三、請設香港領事及陳明澳界利害

之洞於光緒十二年（西元一八八六年）二月二十五日上疏催設香港領事。蓋香港一島，與粵省密邇相接，加以商務日盛，華民寄居於彼者日多，而交涉案件，無日無之，無時無之。領事官之設不可再緩之因，之洞指陳利害，約有以下數端：「一曰通商：查香港自歸英屬，海外諸國講好於英者，莫不各駐領事於彼，以治其國之務。中國最爲切近，轉無駐劄之官。此外如英屬之新嘉坡以及美之舊金山，西班牙之古巴，日本之長崎等處，亦俱有中國領事。此等外埠，程途不若香港之近，華民不若香港之衆，貿易不若香港之多，關繫不若香港之要，彼既設官，此何獨闕？是爲通商不可緩也。一曰保民：香港距省僅三百餘里。物力既饒，流寓所萃，俯從洋例，控訴無由。得領事以莅之，遇有港官治理不公之處，聞於粵省。小事則商之港督，大事則達於總署，不獨有礙華人商務之事，能向港官申理也。政化所覃，風聲卽樹，重溟雖遠，必有怳然於爲聖人氓之可樂者。且在港華民生理，事事取資洋人，似有近墨染泥之慮。然自前年海防有事以來，在港商賈工徒船戶庸作，無分貧富賢愚，咸懷敵愾，發於本心。或堅拒法役，或密輸敵情，或力助軍火，或憤發公論。……至於歷年捐餉捐賑，每有內地義舉，聞風思舊，更不勝書。該商民等旣有孔邇父母之心，朝廷自斷無置之度外之理。若不爲設官拊循，則似與東南洋華民視之有別是。爲保民計，又不可緩也。一曰逸犯：內地罪人以港爲藪，最爲粵省吏治地方大患。照約本有逃人查明交出之文，乃港官每事齟齬，或交或否。……又香港情形，他省容未盡悉，如去年福建藝新輪船不先行文知照，徑往港地緝拿匿盜，幾至枝節叢生。若設領事，則覺察有權，機要易協。……是爲逸犯計，又不可緩也。一曰巡緝：香港水界之內，不予人以緝捕之權。近因私梟盜匪出沒洋面，漸致縱橫，以及一切藥貨硝磺走漏釐稅。經臣行文廣州英領事，約會港官，協力查緝。港官雖允照辦，終恐藉詞枝梧。且洋藥稅釐並徵一事，現既議有端緒，他日終須開辦。洋藥私販甚多，稽察耳目不妨廣置，若設領事，就近會商港官，兼理巡私稽匪事務，庶無轉折扞格之虞。是爲巡緝計，不可緩也。一曰海防：省港既相鄰接，安危彼此共之。港之煤硝米麵十日不來，則省城困。省之牛豬薪蔬一日不往，則港民譁。港亂則省之商路難通！省擾則港之匪徒四起。當法事方殷之時，省固旦夕防戍，港亦籌備倉黃。海警尋常，何時蔑有？香港有事，我固生肘腋之憂，我若有事，香港亦無高枕之理矣。設領事則聲息更孚，聯絡尤壯。因粵之利亦港之福。是爲海防計，又不可緩也。……若不設領事，則是諸洋百貨入華之利益，英國得而專之，華商華民之在彼者，中國轉不能過而問之。英收其利，我承其弊；英資其益，我受其損，諸邦皆有，地主獨無。揆諸和好公平之理，種種難通……。」(註四二)根據上述之理，又因出使英國大臣曾紀澤，曾商之於英國外交部，而該國並無却拒之詞，只作緩延之計。之洞乃力促之，終致實現焉。

澳門之爲葡國所佔居，始於明嘉靖十四年。時開澳門爲葡人通商之地，年刻地租二萬金。三十二年，葡商船被難，以貢品淹水爲詞，乞於地方官曝之。自是展地益闊。三十六年，葡國政府公然以澳門爲己國殖民地，設官治之，明廷亦不之拒。萬歷元年，明朝於澳門附近築境壁爲界，默認界外任葡人自理。自此葡人屢求減少地租。十年，承認葡商年納地租五百兩。至清道光二十八年以前，尚如之，因鴉片戰爭，我開五口通商，葡人甚惡之，屢求免納地租，我卒不許。至道光二十九年以後，葡人因不肯納，光緒十三年，因杜絕洋藥漏巵與私犯，乃經由總稅司赫德，派稅務司金登幹與葡國商辦，並議定草約四條，爲：㈠派使來華，擬議通商條約；㈡葡國永駐澳門，管理一切；㈢葡國不得讓其地於他國；㈣香港所允辦法，澳門亦類推辦理。（註四二）總署將此咨商於兩廣總督張之洞，之洞乃按諸實際，申其七不可，大意曰：「查澳門爲香山縣管轄，距省城二百餘里，陸路可通，實爲廣東濱海門戶。……葡人雖盤據多年，不交租銀，不守界址，……今因事要求，曲徇其請，遷就立約，在葡人固始願不及，卽他國亦相顧驚疑。夫因練軍而始籌餉，乃因籌餉而先損權，可慮一也。葡之住澳，本以圍墻爲界……若竟畀以管理一切之權，此後土地人民盡歸葡屬，以後水界附島，皆將視爲固有。是其政令既行於澳中，管轄將及於澳外。界限混淆，潛滋暗長，可慮二也。……此次英葡同一幫緝，英人倡議主事，德色尤深。葡則成效未見，已有先施。英若美利能收，能無厚報？可慮三也。……若以澳門歸葡管轄，奸民將取巧冒籍，四出作奸，葡國必漁利扛幫，紛紛移索，民無定籍，官法不行，可慮四也。澳門藪盜庇奸，由來已久，……今若改歸管轄，以後不獨拐騙人口難於過問，卽緝匪一節，亦將藉口洋例，……節節刁難。彼之事權愈專，我之隔閡愈甚，可慮五也。葡踞澳門，得之無名。……今若與立約，必有遊歷傳教之條。彼族將藉此爲營私之計。將來交涉教案，必有歐洲各國之人所不屑爲者，葡人則優爲之。可慮六也。葡人貧困日甚，各國垂涎澳門，求爲駐兵之所。今改爲葡轄，我縱能禁葡人不得轉讓，豈能保各國之不能力爭！設竟效併越吞緬之故智，不取之於我，而取之於葡。葡人爲自主之國而無可求援，中國爲局外之觀而無從庇護。澳門雖蕞爾，逼近省垣。此後水陸籌防均難措手，實爲肘腋之患，非獨唇齒之憂，可慮七也。……」（註四三）之洞並以細訂詳約，聲明澳門爲中國疆土；畫清界限，諸凡水陸界限，必予澄清；核對洋文，觀其與中文所書者有否出入；暫緩批准，俟釐稅款項大增，拐騙逃亡隨捉隨解諸事，皆有明效可徵，兩國始行批准互換等項，為與葡訂約之依據。(註四四)可謂深思熟慮，為國籌謀至深且巨矣。此後兩國雖數經會商，終不能決，至今自為懸案，實之洞之功也。

第四節 結論

之洞於海疆倥傯之際，由晉移調兩廣總督，前後達六載之久。始則經營戰守，繼則整飭吏治，培養民生，講求立國自強之道，凡所規劃，皆切中時弊，且為百年大計。其所用款，率皆取之於清釐中飽。閻敬銘在樞府與之洞內外同心，凡所奏陳，輒蒙報可。既閻去位，鼎助頓失，諸凡籌謀，例皆掣肘，是謀國之難如此。於中法越南之戰，之洞用力實多，收效亦宏。蓋自中外交戰以來，得能不償兵費而平等訂約者，惟斯戰而已。然史家多不備載，且事多偏袒，沒而不錄，亦可謂為命也運也乎！至於其苦心孤詣，籌軍轉餉，更不待言。光緒十五年八月十六日，於軍需善後各案摺中云：「……光緒九年，法越生釁，廣東實當南洋首衝。海防戰守之需，前督臣張樹聲囘任，併力經營，倉促多未就緒，至光緒十年，臣到任之初，警報疊至，事機緊迫，帑藏空虛。水無兵輪，陸少巨礮；分防四口，遠顧海南。舉凡增兵、置械、設險、攔河，以及添購水雷、魚雷、電線、軍火等事，均為事勢之所迫。窮日夜之力，取辦於一時。加以欽遵諭旨，力任其難。援閩援臺，協滇協桂。既救鄰疆之急，復謀規越之軍。至於萃勤兩軍大舉出關，餉需尤鉅。……軍火購之重洋而難到，商款借之香港而彌艱。

百計籌措，苦心撙節。涓滴之餉源，皆由臣省嗇搜集而來。……嚴杜虛糜，力求實濟。重賞以鼓勇士，廣募以偵敵情。兵氣奮揚，儆備周密，幸得疆境晏然。……南關告捷，強敵大挫，款議遂成，諸軍漸撤……。」(註四五)由此可見之洞籌劃之密，謀國之忠，徵諸史冊，於前賢不遑多讓。與法和議既成，之洞雖七電總署，力申其乘勝逐敵之旨，終至無效，其痛心疾首之情，又可於光緒十一年五月初八日致岑毓英、李秉衡、唐景崧等電中得見：「新約十條摘錄：一、法自行弭亂，華不派兵赴北圻。二、法與越自立約或已定或續立，中越往來，不礙中國威望體面，亦不違此約。三、六個月會勘界北圻現界處，或稍改正，以期兩益。四、法保護人民，欲過界入中國，邊員給照，華人入越，請法給照。保勝以西，諒山以北通商，華設關，法設領事，北圻亦可駐華領事。六、三個月內，會定商款，法運越貨稅照他處較減。七、法在北圻造鐵路。中國若造鐵路，雇法工。八、此約十年再修。九、法即退基隆，二月內臺灣澎湖全退。十、中法前約照舊等語。界稍改正一條似好。然已云通商，在保西諒北改正，豈非空文！不礙體面一條，既不知法越新約爲何語，又華兵不准住，華人須請照，豈得爲無礙？法可入中國界保護，是法兵許其過界。既減法稅，又預定中修鐵路雇法工，尤不可解。昨聞電基隆亦未退，中國爲赫德愚侮，至此憤恨欲死」。(註四六)和議既成，雙方撤軍。法人最爲嫉恨者，惟劉永福爲最，永福屢予法人以重創，前曾言及，茲不贅述。然永福所以爲中國用者，殆之洞之功也。之洞於法事危迫之際，朝廷和戰不決之秋，暢言用劉援越。所謂用劉者，用劉永福以與法人作戰也。於是清廷乃有冊封永福記名提督之旨，時光緒十年八月初八日事也。「……永福奉到兩廣總督張之洞照會上諭公文，知清廷破格獎賞，既以記名提督賞載花翎，不勝欣悅。所部諸將皆前來道賀。」

（註四七）是事也，乃出之洞之特保，亦之洞知人善用之實績也。而永福於和議成後，能自越撤回中國，亦多由永福感之洞知遇之恩所使然也。

中法越南之戰，名將除劉永福外，首推馮子材王孝祺二人，尤以子材爲最。馮少時爲同輩牽累，被拘至廉州府署前，適府敎授遇見之，謂汝係善良，卽向府尊保釋之。咸豐三年已統兵駐鎭江，與江寧粵寇相持數年，鎭人德之，旋升授廣西提督，與巡撫徐延旭不合，特摺奏劾，以提督劾巡撫，向所未有也。任廣西提督甚久，土匪李揚才等擾邊多年，子材率部三次進勦，遂平之，並及越境。撫巡地方，邊民越族，同深愛戴，均以馮爺爺呼之。表尊且親之意也，自西提乞病在欽州本籍，因越事奏辦團練。光緒十年（西元一八八四年）十二月，忽接之洞遣員賚書，並餉銀五萬兩。書中聲明一面奏聞，不及公牘，先此函達，速募勇成軍，迅赴桂邊。子材接書後謂曰：「南皮係巍科名流，乃能識我！越事已急，我允之矣。」（註四九）越戰之所以能勝，端賴子材之軍，子材之所以重出，感之洞之相知也。王孝祺者，向隸淮軍，李合肥平吳時，初到上海之偏裨，人極誠篤，儀表偉然，之洞深器許之。斯時越事甚緊，之洞乃商之督辦粵防之彭剛直奏派赴粵。彭不免湘淮之見，謂孝祺爲看馬，意謂徒具儀觀耳。之洞再三言之，始可，孝祺率軍在越，與子材相犄角，身先士卒，坐騎中敵彈凡數易，勇邁之狀，不可言喻。是之洞知人善任，信而不疑，所使然也。不疑則將帥用命，卒能殺敵致果，將法軍逐出中國。完成不世之功勳。

之洞初抵粵，兵部尙書彭玉麐，前督臣張樹聲，均甚器重而予鼎助，惟兩者撫臣，如東省之倪文蔚，西省之潘鼎新多不與之洞合作，待中法越事底定之後，雖云病體難支，奏請開缺回籍調理，要或人事有所不諧有以致之也。之洞嘗語親故，願以著述讀書以終其身。於光緒十三年十月二十五日，於力疾銷假摺中亦申明此意：「竊臣前因久病未癒疊疏乞罷。……硃批再賞假兩月，毋庸開缺，欽此。此恩慈優容，感悚交集。當即一面黽勉供職，一面加意調治。緣臣以極迂極鈍之才，處兩廣至難至繁之地。思力日趨於艱苦，陰陽遂至於交傷。近日籌辦諸事粗具規模。……伏念臣病軀竊位，無補時艱，乃守官之疚，責方深而大造之，洪施無盡，浮沉戀棧，則有不安，因求弛擔，則又不敢。但可支持自效，亦何容再瀆宸聰……」(註四八)。雖曰不無矯妄之處，然睽諸之洞一生行事，也泰半出於本心。中國讀書人一貫之道，厥在中庸不偏不倚之旨，勉強行之而已。之洞自言本係書生，於宏才遠略自愧不能，至於恤民固本之大經，則刻刻講求，以爲首務。並願效司馬溫公、湯潛菴、耿逸安等，讀書十年，始可再出任事。是之洞又非汲汲營求者可與之比也。

之洞督粵期間，最爲人所詬病者，厥爲軍公文教之各種用度。徐致祥劾之洞云：「……與居無節，號令不時，恣意揮霍。雖未必入己，而取之盡錙銖，用之如泥沙。謀國似忠，任事似勇，秉性似剛，運籌似遠；實則志大而言誇，力小而任重，色厲而內荏，有初而鮮終。……綜計該督蒞粵五年，虧耗國家帑項及私自勒捐者，總計不下數千萬兩。……」(註五〇)究其實則又不然。繼之洞任兩廣總督者爲李合肥之弟瀚章，在詳查徐劾摺中各節覆奏疏中云：「……原奏所參懶見僚屬，用人不合，興居無常，苛罰濫用各節，臣昔未至粵，亦有所聞。迨到任後隨事考證，始知非實。大抵不得志於其時，又未深悉其事者，爲此過甚之詞，傳播遠近也。……張之洞在翰林時，講誦恒至夜分，外任時判牘亦然。及其至粵，正當多事之秋，併力支持，日不暇給。譽之則曰夙夜在公劬勞罔懈；毀之則曰興居無節，號令不時。……罰繳之銀，不下七八十萬兩。已造報未造報者，皆有冊案可憑。取之於闒蠹吏饕博徒標匪，以及貪劣各員，而非抑勒於富豪之家。用之於充餉、濟賑、利農恤士、以及營造各要工，而非銷耗於無益。取貪詐非分之財，上資軍國，下濟士民，揆之理法，豈得爲苛……」（註五一）由是觀之，之洞去取之道，秉衡至公，是不可謂爲虧耗國帑也。且之洞凡所興作，必以福國利民爲先。光緒十五年（西元一八八九年）二月，德宗親裁大政。斯時海軍衙門初立，急於籌款。粵省賭商逕呈海署，請開白鴿票之禁，願每年報効銀一百萬兩。李鴻章函述邸意，令廣東臬司王之春轉達照辦。之洞覆書力陳其害，乃另籌一百萬兩應海軍派款，終不弛白鴿票之禁。所謂白鴿票者，乃一賭博名目，原稱白鴿標花會。其法厥爲設總廠於市鎮，設分廠於通衢，設收標跑把於各路各鄉。無論農工商賈，男女老幼，足不出戶，均可猜買。人皆貪其本少利多，往往典質告貸，在所不惜。又因其輸贏百變，傾家蕩產者比比皆是。實爲粵省民生風俗之大患。之洞所以嚴禁者在此。

論者以之洞將闈姓賭局之利列入正餉爲非。實則非之洞一人所倡議，彭玉麐、倪文蔚皆與焉。而當時海防正緊，需餉正急，而庫府空竭，無所從出，不得不出此下策。而粵省於闈姓弛禁之後，當即移往澳門，澳門與東省毗鄰，勢同無禁，而利歸他人，不如不禁也。廷諭亦曰「熟權利害」，「不使利歸他族」等語。之洞並申言：「……此舉原屬權宜，不得不然，終必須禁絕根株，方爲常經至計。以後粵防自必日求強固，惟有俟我兵力漸強，船礮足備，先後移檄澳酋，約彼不得梗令庇匪，違者絕其通商，然後省澳一體通禁。護符既餒，令下風行。庶乎坐言起行，確有實際，此則臣等所竭力圖之，而寤寐不敢或忘者也。……」（註五二）由是知此乃權宜之計，非長遠之策也。然梁任公認：「……

廣東自張之洞將闈姓歸入正餉，始多盜」。……（註五三）陳衍張相國傳則云：「……粵俗多盜，多海賈，以博爲生。闈姓尤非法，士紳分肥。闈姓者：遇童子試鄉會試，限稍僻之姓，射其中否，以百十萬爲博注，姓僻者，有代之作文通關節，使之必中而後已，害亦深矣！然禁之不易。籌餉無所出，則且因勢而重征之，歲入恒百十萬。……中國士大夫諱言財政，見之洞用財如糞土，從而百端詬病之，然其家因不名一錢也！三十年經營財用，與外國理財家較挈短長，去之尚遠；而中國居高位者，遂未有其人！闈姓籤捐之類，固不軌於正……謗者引爲大戒，豈不誤乎！……」（註五四）之洞「初到粵時，藩庫存款不及五十萬，善後局欠債無算。臨去粵時存現款銀、正項銀二百萬兩，書院書局雜款銀五十餘萬兩，皆存滙豐，藩庫所儲在外。面交李筱泉督部時，中外譁言在粵濫用巨虧，李至是愕然，大驚服！肅然起立；長揖以謝」。（註五五）是之洞在粵之功績，不待歷數，而昭若日月之明也。至於造兵輪，創設鎗礮廠，清沙田，建礮臺，前已言之，茲不贅述，其他如廣雅書院書局之設，當於教育措施中專章述之。

附註

註一：清朝全史，第七十八章，頁八九至一〇〇。

註二：張文襄公全集卷七，奏議七，頁九。

註三：張文襄公全集卷七，奏議七，頁十八。

註四：張文襄公全集卷七，奏議七，頁十九至二十一。

註五：張文襄公全集卷九，奏議九，頁三至四。

註六：張文襄公全集卷九，奏議九，頁二十三至二十四。
註七：張文襄公全集卷十，奏議十，頁一至三。
註八：張文襄公全集卷十，奏議十，頁十五至二十一。
註九：張文襄公全集卷十一，奏議十一，頁十六。
註一〇：張文襄公全集卷十一，奏議十一，頁十七。
註一一：張文襄公全集卷十一，奏議十一，頁二十一。
註一二：張文襄公全集卷十一，奏議十一，頁二十二。
註一三：張文襄公全集卷十一，奏議十一，頁二十三。
註一四：張文襄公全集卷十一，奏議十一，頁二十四。
註一五：張文襄公全集卷十三，奏議十三，頁二至十三。
註一六：張文襄公全集卷十一，奏議十一，頁二十九。
註一七：張文襄公全集卷十九，奏議十九，頁二十至二十一。
註一八：張文襄公全集卷十九，奏議十九，頁二十五。
註一九：張文襄公全集卷十九，奏議十九，頁二十六。
註二〇：張文襄公全集卷二十一，奏議二十一，頁一至二。
註二一：張文襄公全集，卷二十五，奏議二十五，頁二十七。
註二二：張文襄公全集，卷二十六，奏議二十六，頁六至七。
註二三：張文襄公全集，卷二十七，奏議二十七，頁一。

註二四：李文忠公奏議，卷四十八，頁
註二五：張文襄公全集，卷十九，奏議十九，頁十二。
註二六：張文襄公全集，卷二十，奏議二十，頁十四。
註二七：張文襄公全集，卷十五，奏議十五，頁十八。
註二八：張文襄公全集，卷十五，奏議十五，頁三十四。
註二九：張文襄公全集，卷十七，奏議十七，頁二十。
註三〇：張文襄公全集，卷十六，奏議十六，頁一至二。
註三一：張文襄公全集，卷十七，奏議十七，頁二十八。
註三二：張文襄公全集，卷十七，奏議十七，頁二十九至三十一。
註三三：張文襄公全集，卷二十三，奏議二十三，頁二十七至二十九。
註三四：張文襄公全集，卷十一，奏議十一，頁十三至十五。
註三五：張文襄公全集，卷十六，奏議十六，頁二十五。
註三六：張文襄公全集，卷十，奏議十，頁三。
註三七：張文襄公全集，卷十五，奏議十五，頁七至十三。
註三八：張文襄公全集，卷二十三，奏議二十三，頁十二。
註三九：張文襄公全集，卷二十三，奏議二十三，頁十四。
註四〇：張文襄公全集，卷十六，奏議十六，頁二十三至二十五。
註四一：張文襄公全集，卷十五，奏議十五，頁十五至十七。

註四一：張文襄公全集，卷二十，奏議二十，頁六。
註四二：中國外交史十五章第三節，頁三七一，劉彥著，三民版。
註四三：張文襄公全集，卷二十，奏議二十，頁十九至二十一。
註四四：張文襄公全集，卷二十，奏議二十，頁十至十二。
註四五：張文襄公全集，卷二十六，奏議二十六，頁十一。
註四六：張文襄公全集，卷一百二十五，電牘四，頁一。
註四七：劉永福傳，頁一五八，李健兒撰，臺灣商務版。
註四八：張文襄公全集，卷二十三，奏議二十三，頁十六。
註四九：古春風樓瑣記，芝翁著，臺灣新生報。
註五〇：張文襄公年譜，卷三，頁一百二十一，附錄徐奏原摺。
註五一：張文襄公全集，卷三，頁一百二十二，附錄李瀚章奏。
註五二：張文襄公全集，卷十一，奏議十一，頁七至八。
註五三：梁啓超著飲冰室文集。
註五四：錢基博著中國近代文學史。
註五五：抱冰堂弟子記一，頁五。

第五章　湖廣總督任內之建樹

第一節　移督湖廣之始末

光緒十年間（西元一八八四年），恭王奕訢並醇王奕譞，隱爭權柄，而慈禧於奕訢甚厭惡之，藉越事糜爛爲題，責奕訢委靡因循，罷免軍機大臣，停雙俸，命歸第養病。因奕譞爲光緒帝戴湉之本生親，子不得臣父，特命禮親王世鐸爲軍機領班，並諭亦軍機處緊要事件，會同醇親王奕譞商辦。史稱甲申易樞。

奕譞雖自號樸國主人，庸鈍無才，然於秉持實際國政後，確思有所做爲，於是倡議海軍，主築鐵路，以之爲易樞後之重要標的。光緒十五年八月二日，慈禧降旨總管海軍事務衙門，奏遵議通籌鐵路全局一摺，據稱擬照張之洞條陳，由盧溝橋直達漢口，現在先從兩頭試辦。南由漢口至信陽州，北由盧溝橋至正定府，其餘再行次第接辦。著派張之洞李鴻章會同海軍衙門將一切應行事宜妥籌開辦。先是光緒十五年正月十五日慈禧懿旨稱：前據海軍事務衙門奏請由天津至通州接修鐵路，當經降旨允准。嗣後御史余聯沅等先後陳奏，請停辦鐵路，均諭令總理海軍事務衙門，會同軍機大臣妥議具奏。茲據會商籌議，逐款臚陳，詳加披閱。所陳各節辨駁精詳，敷陳剴切。其於條陳各摺內，似是而非之論，實能剖析無遺。惟事關創辦，不厭求詳。在廷諸臣，於海防機要，向未究心，語多隔膜。該將軍督撫等，身膺疆寄，辦理防務，利害躬親，自必講求有素，著慶裕、定安、曾國荃、卡寶第、裕祿、張之洞、崧駿、陳彝、德馨、劉銘傳、奎斌、王文韶、黃彭年，按切實事，各抒所見，迅速覆奏，用備采擇。是知清廷秉政柄者，實欲有所作爲也。斯時余聯沅等力陳鐵路之害；翁同龢等請試修邊地便用兵；徐會灃請改修德州濟寧路，利漕運：議論紛紜，莫衷一是。之洞獨覆議，以修路之利，通土貨、厚民生爲最大，徵兵、轉餉次之，宜自蘆溝橋起，經河南，以達湖北之漢口，並陳七利。其原疏云：

「……竊維泰西創行鐵路，將及百年，實爲馴致富強之一大端。其初各國開建幹路以通孔道，殆後物力日裕，闢路日多，支脈貫注，都邑相屬；百貨由是而灌輸，軍屯由是而聯絡；上下公私，交受其益。初費鉅資，後享大利，其功效次第，實在於此。今中國方汲汲講求安攘之略，自不得不采彼長技，以爲自強之助。伏查總理海軍事務衙門覆奏所陳；迅海防省重兵，便轉運通貨物，通鑛產利行旅，速郵件捷賑濟諸條，鐵路之利，亦已詳明確實，包舉無遺，且欲推之南北各省，廣安鐵路，以振全局。在王大臣謀劃閎遠，本非專爲津通之一隅。臣之愚見，竊以爲今日鐵路之用，尤以開通土貨爲急。蓋論中外通商以後之時局，中國民生之豐歉，商務之息耗，專視乎土貨出產之多少，與夫土貨出口較洋貨進口之多少以爲斷。近數年來，洋貨洋藥進口價值，每歲多於土貨出口價值者，約兩千萬兩，若再聽其耗漏，以後斷不可支。現在洋貨洋藥之來源，無可杜遏，惟有設法多出土貨，多銷土貨以救之，此乃王道養民立國之本源，並非西商爭利會計之小數。中國物產之盛，甲於五洲。然腹地奧區，工艱運貴。其生不蓄，其用不廣。且土貨率多質粗價廉，非多不利，非速不多，非用機器化學不

能變粗賤爲精良，化無用爲有用。苟有鐵路，則機器可入，笨貨可出，本輕費省，土貨旺銷，則可大減出口釐稅以鼓舞之。於是山鄉邊郡之產，悉可致諸江岸海濡，而流行於九洲四瀛之外。銷路暢則利商，製造繁則利工；山農澤農之種植，牧豎女紅之所成，皆可行遠。得價則利農，內開未盡之地寶，外收已虧之利權。是鐵路之利，首在利民。民之利既見，而國之利因之。利國之大端，則徵兵轉餉是矣。方今強鄰環伺，外患方殷。內而沿海沿江；外而遼東三省，秦隴沿邊，廻環何止萬里！防不勝防，費不勝費。若無輪車鐵路應援赴敵，以靜待動，安所得無數良將精兵，利礮巨餉而守之？夫守國卽所以衞民。故利國之與利民，實相表裏。似宜先擇四達之衢，首建幹路以爲經營全局之計，以立循序漸進之基。至津通一路，其緩急輕重之宜，尙有宜加審察者。……查御史余聯沅等原奏：或恐洋敎之煽張；或惜捐金以資敵；或以狡謀利啖爲懼；或以人心風俗爲憂。不知鐵路不過行程迅速，至洋人洋敎之多少，與此無涉。造物之鐵，可用華產；修路之工，可用民人，洋匠薪工，亦屬有限。洋廠勸造，不過市儈圖攬貿易之故智。此事似非別藏禍心。輪機與輪船電線等確有利用之實，不得謂淫巧。凡此數端，舉無足慮。至所陳引敵失業二事，業經王大臣剖析詳盡，自屬切中時宜。惟津通密邇輦轂，非尋常散地可比。以臣所聞，俄德鐵路相接，俄人則改寬其軌道，以限止德車。德國鐵路之入都城者，必穿行土邦達礮壘，而後得達柏林。法國巴黎城外諸路，皆有大堡環護之。卽英人與法接界處，海底鐵路之議，雖因工艱而止，亦由怵於法岸近峙，自失海險之故，是外國顧念根本，未嘗不愼重深嚴。今大沽鐵路已至天津，若再開至通州，不爲置兵築壘以扼要隘，但恃臨時收車撤軌之圖，則備預似覺未密。苟於中途多設堅臺巨礮，以爲之備，則所費必在百萬以外，籌款實屬不貲，其當審者一也。查奎潤等摺內稱：津通之民，以車船行店負販爲生者約六萬人。一家五口，已有三十萬人。此項人數本難確知，然就極少計之，仰食於此者，總不下六七萬人。粗貨舟行不能盡廢，短車客店不能盡歇，尚可安插其半，其廢業者，必有三萬餘人。若鐵路旣開，其投效公司，傭趁車站。固必需轉移執事之人。顧津通二百里，地段不長，中站停頓，不過數處。一切修路掃軌等役，需人不能甚多，據西人鐵路述略稱：英地四萬里，鐵路執事等衆，需十六萬五千人。以此爲準，津通二百里，僅需八百餘人。加以各項販運夫役，不能過三千人。其鐵路左右鄰近鄉邑，無甚巨鎮名區。人貨赴某，亦難甚旺，多方安揷，終恐不敷。蓋津通一段，內近神京，外近海口，又有倉場，三者兼之。故閒民苦其太多，而地段又苦其太短，其難於消納，實與他處不同。至於廬舍尚可給費遷移，若墳墓多所毁遷，亦恐不易設處，其當審者二也。或謂非常之舉，難與圖始。鐵路爲利便所在，不能鰓鰓過慮，致失事機，顧查所以續辦津通者，但爲養路計耳。夫籌養路之需，而度支轉益屯防之費，恤公司之困，而郊甸乃有無告之民，利害相兼，宜籌兩全之策，其當審者三也。又查西國鐵路，每爲距遠水口，陸行艱滯而設。有無輪車，利鈍懸絕。故雖重費勞擾而不嫌。今則潞河深通，帆檣如織，車騾馳驟，經宿可至；商旅驛遞，爲益無多。權以西例，此路尚非所亟，其當審者四也。至於徵兵一節，誠於軍事有益。然當今所憂者，外患耳。津沽爲京師門戶，常屯重鎮在焉。大沽有事，後路援師早應厚集津門，若待至天津郡城告急，勢難再分都門之禁旅，遠出赴援，亦無從抽大沽、山海關之防軍，回師宿衛。苟無此路，亦無甚妨，其當審者五也。夫利不百而不興，害雖隱而必愼。卽非萬不得已之計，卽宜防意外枝節之端。設此路創造之時，稍有紛擾，則習常蹈故者，益將執爲口實，視爲畏途。以後他處續造，集股之官商必裹足，疑沮之愚氓必有辭。則鐵路之功，終無由成，而鐵路之效，終無由見矣。記曰：「先其易者，後其節目，及其久也，相說以解」。言舉事宜有次第也。今津通一路，關繫既重，不便尤多，此則鐵路中之節目也。竊查翁同龢等請試行鐵路於邊地，以便運兵。徐會澧等請改設於德州濟寧，就黃河故道墊路，以便運漕，均擬緩辦津通，另闢一路之計。但邊地偏遠，無裨全局。若於邊隅發端，其效難見。且非商旅輻輳之所，則鐵路費無所出，不足以自存。德濟一路，黃河岸潤沙鬆，勉強椎築，工費太鉅。河流遷徙無定，其鐵橋等事尤難時時改作，似擬改之路，尚非盡善。臣愚以爲，宜自京城外之蘆溝橋起，經行河南，達於湖北之漢口鎮。此則鐵路之樞紐，幹路之始基，而中國大利之所萃也。蓋豫鄂居天下之腹，中原綰轂胥出其塗。鐵路取道，宜自保定、正定、磁州、歷彰、衛、懷等府。北岸在淸化鎮以南一帶；南岸在滎澤口以上，擇黃河上游灘窄岸堅，經流不改之處，作橋以渡河，則三晉之轍，下於井陘；關隴之驂，交於洛口。西北聲息，剋期可通。自河以南，則鄭、許、信陽驛路，以抵漢口。東引淮吳；南通湘蜀，萬里奔湊，如川赴壑。語其利便，約有數事：內處腹地，不近海口，無引敵之慮，利一。南北二千餘里，原野廣莫，編戶散處，不如近郊之稠密。一屋一墳，易於勘避，利二。路袤遠，廠盛站多，經路生理既繁，緯路枝流必旺。執鞭之徒，列肆之賈，生計甚寬，舍舊謀新，決無失所，利三。以一路控八九省之衝，人貨輻輳，貿易必旺。將來汴、洛、荆、襄、濟東淮泗、經緯縱橫，各省旁通，四達不悖。豈惟有養路之資費，實可裕無窮之餉源，利四。近畿有事，三楚舊部，兩淮精兵，電檄一傳，不崇朝而雲集都下；或內地偶有土寇竊發，發兵征討，旬日立可盪平。徵兵之道，莫此爲便，利六。中國鑛利，惟煤鐵最有把握。太行以北，煤鐵最旺而最精，然質最重，路最艱。既有鐵路，則輦機器以開采，用西法以煎鎔。鑛產日多，大開三晉之利源，永塞中華之卮漏，利七。海上用兵，首慮梗槽。東南槽米百餘萬石，由鎮江輪船溯江而上，三日而抵漢口，又二日而達京城。由蘆溝橋運赴京倉，道里與通州相等，足以備河海之不虞，關飛輓之坦道，而又省挑河剝運之浮糜。較之東道王家營一路，礙於黃河下游者，辦理最有把握，利八。此路既成，但有利便，並無紛擾。民受其益，人習其事，商覩其利，將來集資推廣續造，不至爲難。兵民食貨，無往而不宜。公私行役轉運，盜竊損失，雨潦稽延，虧耗蠹蝕之患，不禁而自止。關東隴右，以次推行，惟力是視。二十年以後，中國武備，屹然改觀矣！難者曰：幹路之利，誠如此矣，其如費鉅難成何！則請以分段之法爲之。擬分自京至正定爲首段；次至黃河北岸；又次至信陽州爲二三段；次至漢口爲末段。中原地勢平衍，工力可省。若令承辦員匠核實撙節，估計大約每里不過五六千金，一段不過四百萬。內外合計，四段之工，須八年造成，則款亦八年分籌。中國之大，每年籌兩百萬之款，似尚不至無策。開辦之始，先就首段估造，俟本段工竣，餘段以次推廣。其籌款之法，除由鐵路公司照常招股外，應酌擇各省口岸較盛，鹽課較旺之地，分別由藩運兩司關道，轉發印票股單，設法勸集。集股多者，股商及承辦之員，優予獎勵。並准該公司援照前案，借商款墊解，以資固轉。至購買鐵料，取之海外，則漏卮太多，實爲非計。查山西之鐵，產自平定盂縣者，可運至於獲鹿縣，產自澤潞者，可運之於清化鎮。鐵軌非同船礟，取材不在至精。土煉之鐵，雖遜洋鐵，亦足濟用，即使價值略貴幾微，其財仍散在中國，不宜斤斤計較。應一面迅速於正定清化分置煉鐵器爐，以供取用。除首段動工參購洋料外，其餘悉用土鐵，以杜外耗。庶幾施工有序，而藏富在民。總之，津通之視豫鄂，度地考工，相去懸絕。臣之爲是議者，非敢有鶩廣侈大之心，實以置路於可開不可開之區。雖一節有所必惜；展路於有利無害之域，卽艱重亦所當爲。擬請責令李鴻章，仍令原派總辦鐵路各員，督飭該公司熟籌全局，擴充原意，次第舉工。臣識解迂愚，謹遵按切時勢，各抒所見之旨，竭誠籌度，詳切上陳，伏候聖明裁度。飭下海軍衙門，通籌熟計，採擇施行，國計幸甚，民生幸甚！至該公司呈請試辦鐵路原案，係自認接續至山海關。此路通接關東，誠爲要工，應飭其照案修造，未便聽其中道改圖，壟斷罔利。如必以養路賠累爲辭，則此乃海防應辦之事，無妨籌動官款，或酌助官本，或於目前該公司生理未旺之時，暫時酌給津貼養路經費，以示體恤。其商借洋債，仍由該商自行清理，似覺較爲簡便」。（註一）慈禧懿旨謂前因籌議鐵路事宜，諭令沿江沿海各督撫，各抒所見，以備採擇。嗣據陸續覆奏，詳加披閱，其偏執成見不達時勢，及另籌辦法尙未合宜者，毋庸議外，張之洞、劉銘傳、黃彭年所奏，各有見地。而張之洞所議，自蘆溝橋起，經行河南達於湖北之漢口鎭，劃爲四段，分作八年造辦等語，尤爲詳盡。此事爲自強要策，必應通籌天下全局，海軍衙門原奏，意在開拓風氣，次第推行。本不限定津通一路，但冀有益於國，無損於民，定一至當不易之策，卽可毅然興辦，毋庸著室道謀。著總理海軍事務衙門，卽就張之洞之所奏各節，詳細覈議奏明請旨，張之洞、劉銘傳、黃彭年摺各一件，均著鈔給閱看。先是光緒六年，臺灣巡撫劉銘傳，疏言鐵路之利，請築路南由清江至山東，由漢口至河南，俱達京師。北由京師東通盛京，西迄甘肅。若未能同時並舉，可先修清江至京一段，詔下南北洋議奏。會臺諫力言不可，乃止。十一年，中法和議成，李鴻章、左宗棠先後疏陳善後事宜，請造鐵路以興大利。疏下王大臣議，雖善其言而不能用，十三年，海軍衙門王大臣又以爲言，始築津沽鐵路。十四年，路成，總署請經營推廣。會粵商陳承德，請接造天津至通州鐵路，已如所請。翁同龢等交章諫阻，又有言宜於邊地，及設於德州濟寧間，以通運河者。詔俱下海軍衙門議，並飭沿江沿海各將軍督撫，各抒所見，已如上述。

之洞疏奏緩辦津通，改建由蘆溝橋起經河南達於漢口，不獨爲自強運動之實質再予新動力，抑且爲中國近百年來絕大之建樹，蘆漢鐵路之築成，雖百遭挫折，歷時十餘載，甚且終之洞之歿，仍爲建築鐵路戮力籌謀，焦思勞心，而此路於中國之貢獻，當可不言而諭，之洞此後半生精力，亦多盡粹於此。其由粵移鄂，亦爲是疏所肇因焉。

第二節　之洞於鄂省之興作

之洞官鄂最久，幾達二十年，嘗謂爲第二故鄉。排萬難，行新政，爲天下倡。卒能推一省之治，以利全國，因一時之宜，而策未來，其卓見遠識，誠不愧爲社稷之臣也。睽其當時所處，廷樞無鼎力奧援以助，甚切處處掣肘，以相國翁同龢爲最；督府無可以劃策解紛之人，甚者動輒僨事。處此兩難，之洞猶乘時戮力，發憤圖強，成萬世不朽之功，非大智大慧者，孰能出此。茲舉其影響及於後世鉅而且大者，誌之於後：

一、武備之改進

之洞於兩廣總督任內，經中法越南之戰，卽認中國武備不修，軍制不變，以土法與洋人戰，終是有敗無勝，故於廣東創武備學堂，汰除庸劣，聘請洋將洋弁，以爲訓練之師。及權攝兩江，經甲午之戰，更認舊制招募，已不適用，非採西洋兵制，操練西法描準射擊之法，兵工輜重之具，不足以與外敵爭勝。於是乃有江南自強軍之勁旅。而歷次爭戰，總爲購軍火，置槍礮爲難。外人更以我之必需，或抬高其價，或驕飭挾制，種種阻礙，影響於軍事之勝負至鉅。之洞以堅毅之志，於廣東省城創設槍礮廠，並以力之所及，購造兵輪。及移督兩湖，仍勠力盡心於軍隊之革新，槍礮之製造。之洞嘗謂練兵之一事，爲其身心性命之學。蓋痛於國力危弱，無日不以整軍經武爲念也。之洞初至鄂，見綠營制兵，疲惰頑劣，斷難接受新知，無法改練，卽舊日勇營，錮習亦深，難收更新訓練之實效。嘗謂綠營尚可以一裁字了之，勇營則殊無良策，由此見改革之難矣。然卒盡心竭志，使壁壘爲之一變，光緒二十二年五月十六日，甫返鄂督本任，卽將自江南調來之護軍前營，教習洋操，以開風氣。並以該護軍營一分爲二。分由張彪岳嗣儀充前後營管帶，以德將貝倫司多爾夫充當兩營總教習，選募津粵武備學生充當分教習，專肄西法馬步礮各隊陣式技藝，槍礮彈藥裝卸運用，機器理法，營壘橋道測量繪圖事宜，以期成爲勁旅。其軍制則德日兼採，設武備學堂以儲將校之材。並遴派優異將弁赴日考察陸軍編制情形，以資仿效。二十五年，續編一營，共爲護軍前後工程四營。二十六年，又擴充編練，改爲步隊左右旗各四營，馬礮工程各一營。二十八年，增募護軍前鋒隊四營。二十九年又增四營。三十年設營務處，分四處以轄分支。曰參謀處，司運籌；曰督練處，司訓練；曰執法處，司軍法；曰經理處，司軍儲。就鄂省兩翼常備軍，擴充爲兩鎮。三十二年改編爲一鎮一協，名曰陸軍第八鎮，第二十一混成協。將弁多以學生充當，入伍兵亦多具有知識者，仿照直隸武毅軍新練洋操餉章，詳加酌核，不惟勇額無一名短缺，即各項涓滴均歸實用，不蹈防營舊習。由是新軍之規制，乃告完成。

鄂中營制，至光緒中葉而弊更甚。官弁以爭額蝕餉爲能事，短缺之狀，至於駭人聽聞；而習尚迎送，兵卒兼營貿易，上行下效，且偏於吸食鴉片者亦甚夥。惟月應卯一次，即有操練，亦虛應故事而已。之洞深切體察，知舊防營絕不可久留，留僅虛靡餉項而已。二十三年，乃奏請將馬戰守兵七千七百一十五名，分五年遞裁，其入手之法則以裁散不裁整，裁兵不裁官。由是以後，兵之弱者既已汰除，而營中勇伍非認眞教練，不足以增其戰鬥技能。並於各營中，擇其強壯樸實，年在二十五歲以下者，就本營人數，挑選十之一，由各駐地集中省城，蓋造營房，同居一起，教以新式槍礮及體操。至半歲遣回本營，以之教練同營兵勇；仍令調一成來省學習。如是更番教練，化弱爲強，教頑劣受新知，此教練舊兵之法也。教將弁則令綠營候補營弁，輪班赴六營公所，聽洋教習講各種兵法，按月考校功課，分別獎懲。其武漢各標營，及操防練軍各營，防勇各營，所有營官、幫帶、哨弁等，亦輪班聽講，按月考校。不到及無進益者撤職。後又派武備學堂學生充各營教習及哨官、營官、以茲觀摩改進。之洞曾云：「……查練兵是臣專責，現爲此事日夕籌思，與各將領娓娓講求，設法激勵。變其油滑虛糜之心思，破其拘執懶惰不肯變通之妄論，省其有妨操練之雜差，總期力除舊習，有裨實用……」（註二）。

之洞知舊伍之不能盡除，故設策分別教練，期收事半功倍之效；知新軍不能驟然成立，故循序漸進，以求根深基固。當時鄂省新軍，爲舉國所稱道。至於兵器製造，雖鼎革之後，仍爲所賴之源，即今思之，不能不歎其思深而慮遠也。

之洞由粵抵鄂，以湖北地處長江上游，會匪伏莽竊發，而南北洋及沿海各地，演習槍隊礮隊多能熟嫻。湖北爲通商要岸，地方衝劇，營伍爲外人所屬目，然各營猶沿用舊式前膛槍礮，於後膛槍隊礮隊操演之法，多未通曉。之洞乃於光緒十五年十二月初十日奏請借撥粵省槍礮，黎意槍二千枝，槍彈二百萬粒；七生半克虜伯行營車礮十八尊，礮彈九千枚，隨帶赴鄂，撥給各營應用。(註三) 此蓋爲一時權宜之計，應急之法。之洞始終抱持軍旅之事，以自給自足爲職志，不可仰人鼻息，於中法越南之戰，已深致警惕，故於粵垣有槍礮廠之設。光緒十六年，奏明將於兩廣任內所訂購之各種機器，改運鄂省，擇地大別山北麓，建槍礮場，以蔡錫勇董其事，中東戰起，雖權攝兩江年餘，自分心於鄂政，故有添置礮架、礮彈、槍彈三廠之命。二十一年開機。又續添購壓礮鋼大汽錘、試槍礮鋼拉力，試槍礮速率各機器。後以各廠需磚過多，乃於漢陽廠內、武昌金沙洲及大冶陸材各地，修建磚廠，大量供應各地之需求。光緒二十四年復於漢陽府城外西北隅赫山地方，添設煉罐子鋼及製無烟藥兩廠，名之爲鋼藥廠。並向德國格魯森廠購無烟藥機，每十點鐘能出藥三十三磅；購煉罐子鋼機，每日能煉罐二三噸，後以經費困窘，開辦年餘即停。藥廠於二十七年冬開工製造，並附設硝磺，醋精各種強水，及依脫、火酒等廠，規模極爲完備。亦因經營支絀，歸併於兵工廠。湖北當時造槍之數，日可出五十枝，年共出一萬五千枝，非獨供本省諸軍，亦供他省之用。蓋兵工廠造端宏大，其始常年經費約三十六七萬兩，其後增至八十餘萬兩，仍感不敷。因其需廣而費少，添購機器之巨款，之洞屢請補助而不應，請部設法又不許。雖於江漢、宜昌兩關洋稅項下，加撥十五萬兩，終是杯水車薪，無濟於事。不得已，仍由湖北一省負擔龐大之經費，卒以財力支絀，不能如之洞初意，良可嘆息。然其後數十年，漢陽兵工廠所產之軍械，仍爲國內軍隊主要使用之武器。

於防禦工程，海陸均所兼營，且均精密詳細，巨細無遺，兩廣任內，諸凡海防陸防，勘定邊界，諸險要處所，設兵駐紮，築臺按礮，費少而固堅。之洞甫至鄂，即巡視諸軍防務，檢覈得失，於鳳凰山，修築礮臺，頗據形勢之勝。其上設巨礮一尊，以輪運之，可左右旋轉，成扇形以擊敵船，拱衛省城，扼長江險要。並用洋灰築成甬道，以貯彈藥，而敵艦礮亦不易得而破，在當時之臺礮言之，可謂爲最新式者。

鄂省廣濟縣屬之田家鎮，爲長江防衛上游要衝之一，光緒十年湖北辦理江防，曾於田家鎮南岸半壁山間修造礮臺四座，北岸馮家山修建礮臺一座。然概屬舊式，礮位按裝不但未得其法，應敵又不適用。光緒二十年，之洞再三察勘，乃於南北兩岸及中路當衝之吳王廟地方，建明暗礮臺十四座。並於兩岸開濠引水，培築土堤，以駐護臺步隊。又按設水雷木簰一切工程，俱參考西方營造。旋以礮位均係舊式，又復過少，乃向瑞禮洋行訂購十二生克虜伯礮一尊，九生克虜伯礮六尊。奧國新式四生七響快礮一尊，並配置子彈裝設。光緒二十二年，之洞由江返任，並以江南創例，復用之於鄂省江防，再有專臺專官之設。臺必有專官，臺必設專勇。汰庸劣，裁冗員，核實額，提專餉。如此，則權責劃分，事有專守，臨時方能運用靈活，壯士始克齊心効命。於是分作三臺，設總臺官居中調遣；專臺官三員，督率操練。二臺共募礮勇、護臺槍勇、及水雷勇五百人。更令臺官嗣後不准無故將礮弁，礮勇更換。礮弁礮勇亦不可隨臺官而去留。光緒二十二年正月二十二日，於自兩江返湖廣本任途中，檢閱田家鎮礮臺，指示詳盡。按該鎮爲鄂省下游門戶，形勢險要，南岸半壁山前，岡阜連綿，遠望二十餘里，因築憑高擊遠之礮臺；北岸馮家山，山勢參差，可資隱蔽，因築伺便進攻之礮臺。中路吳王廟，地勢當衝，近外臨港處，正對長江中洪敵船來路，因築迎頭攻敵之大礮臺。近內正對半壁山山根處，江面寬止一里零二分，勢如狹路短兵，因築據險腰擊之羣礮臺。並佈置水雷於重點險處。之洞每於海防要地，均親臨相度形勢，勘察精當。然後畫爲圖說，依次設置，再配以西洋構築之法，高處築明臺，低處築暗臺。因是有清一代，籌防築臺，之洞可爲得其術者也。

之洞慮及湖北一省，有江漢二水貫其境，且湖沼繁多，港汊縱橫，緝匪禦侮，惟水師是賴。然以鄂省雖有船隻，要皆木船舢板而已，於緝私禦敵，均無所用。清廷自平定髮捻之後，始有水師規制。長江分設總兵官四員，駐紮漢陽者一員，共轄四營，各分汛地，以嚴防盜匪爲重。至光緒時而營規蕩然。光緒十七年，之洞認湖北水師毫無實際，乃飭善後局造長龍一號，舢板七十五號，以備水師三營之用。同年，又以水師按汎分駐，地濶船稀，不能靈活調度，遇有事故，不克應即時之需。如無較強之水師，不能防遏肆應。於是募勇八百四十人，編爲三營，每營設長龍船一號，舢板二十號，每號勇丁十三名，並於省外江岸建造營房一所，令二營輪番於船執役，精練水師一營駐紮岸上，並令其精練陸路槍戰之法，每營一月，週而復始。如遇水陸何處需用，臨時調派，或三營均作水師，或三營均作陸隊，或水陸分用。頗似近世之海軍陸戰隊兵制。光緒十九年九月，又將漢、岳兩鎮師船，湖北鐵字三營水師，襄沙中前左二營及兵輪，調集青山操閱。之洞頗稱之。謂陣法嚴整，駕駛靈便。當時彈壓水面，頗收一時之效。

鄂省兵輪，舊僅漢廣一艘，嗣因觸礁沉沒，終未添置。之洞初涖任，卽以鄂省輪船無多，以之轉運餉項，巡緝江面，不敷遠甚。乃奏調粵省之廣昌兵輪，撥歸鄂省，更名楚材，專歸鐵路局調遣。光緒十七年，以漢口、荊州及宜昌等處，需兵輪彈壓，電南洋大臣劉坤一先後借撥測海、飛霆二艘來鄂。後測海歸鄂留用。嗣以不敷巡防，又商南洋將金甌一艘，併撥歸鄂使用。後又添礮艦江字四號，曰江元、江亨、江利、江貞，各載重五百二十五噸，乃鄂未設水師分隊時，與南洋協咨所置。光緒二十二年，之洞以鄂省戰艦太少，不足為南洋水師之分隊，乃向日本神戶川崎造船廠訂造礮艦六艘，曰楚泰、楚同、楚有、楚謙、楚豫、楚觀，各載重七百五十噸。又雷艇四艘，曰湖鵬、湖鶚、湖隼、湖燕，各載重九十八噸。如此，鄂省水師，乃克稍具規模。雖不足應巨戰，而緝私捕盜，彈壓水面，亦足可觀矣。

二、實業之提倡

之洞一生之政治主張以利民富國為大端，利民富國之本乃在開利源，開利源首在發展實業。彼自出任疆圻，在晉有開禁鐵鑛之奏，禁種鴉片，興修水利獎勸農桑之實，在粵所舉更廣，所開更多，除弊興利，無一不以國富為先，民利為重。然居之時少，利反不可及見。而外患頻仍，內憂無窮，大利未興，而謗先至。之洞居鄂最久，凡所興作，多能見其實績，所發展實業之項目，厥為當時中國之創舉。故外人稱武漢為中國之芝加哥。今舉其犖犖大者，如農業，工業，鑛務，商務四者，請分述之。

(一)農業

鄂省出口大宗之土產，為茶與棉兩項而已。茶葉一項，本為中國之特產，質味最佳。但因採摘不實，或種製未善，或攙雜不淨，以致銷數日少，價値日低，蓋因地利未盡發揮，焙製未能改良所致。光緒十七年六月初三日，札南北藩司飭各屬講求製茶，凡產茶州縣之地方官，宜剴切曉諭商民，實力講求，以期銷路日暢，生計日裕。並將湖北候補道曹南英製茶條議，頒發各屬體察情形辦理。其內容大意爲：

一、採茶宜時早也：紅茶以葉小而嫩爲佳。茶嫩有白毛尤爲上品，洋商最愛此貨。若遲至穀雨後，則葉老而色黃，茶粗而味淡，洋商不肯出價。推之子茶秋茶亦莫不然。

二、製茶宜趁天晴也：製茶若逢太陽，則茶身緊小而顏色光澤，若遇陰雨，必用火炕，則一味烟氣。

三、開莊宜禁陳茶也：洋商售茶，先看泡水。新茶泡出乃黃嫩之色，陳茶泡出乃是黑片。洋商最忌陳茶。

四、揀茶宜精細也：粗枝老葉最宜揀盡。若稍有不盡，則黃片加雜其中，而顏色不純。

五、製茶宜視火候也：太過則氣味毫無，火不足則香味又少，故掌焙炕之人最爲緊要。

六、茶箱宜較準也：洋商過磅，以輕者爲憑，退皮以重者爲據。

七、出箱宜防水濕也：箱面稍有水迹，則臨磅之時，洋商將此水迹之箱盡行提出，卽再爲裱飾，爲日久而價漸底，吃虧已屬不少。

八、出售宜勿作樣也：洋商看茶最確，每大堆與小樣不對，無不因之退盤割價。不如從大堆中取一小樣，定價後再從大件中抽一大樣，庶無不對樣之弊。（註四）

之洞並力言州縣有能實力講求，以致價高暢銷者，及膜視民生奉行不力者，必予分別奬懲。同年又札襄、鄖、荆、宜各屬，查明土性，誠種茶樹。並講求種、採、焙、炙各法，令各屬推廣，勸民種植，以阜民財。十八年二月初六日有勸諭茶商講求采製各法。謂：「……本部堂蒞楚以來，專意培養兩湖商民生計。熟察每年茶市情形，但患茶葉之不佳，不患銷路之不暢。……」（註五）光緒二十年四月十九日，致電駐俄使臣許景澄，擬由鄂自運茶數百箱銷俄，以拓展外銷道路，爲鄂省商民開擗財源。之洞爲民籌思謀求生計者如此。二十三年，再札江漢關，勸富商集股購機製茶，以成佳茗；購地試種，以期推廣。而商人以機器製茶滯銷爲言，無一起而應者，遂不復言，蓋商人亦偏執固陋之土法，不肯革新也。是推陳出新，尤難於創造發明也。

棉之大宗出產，多在中國北部，然質多不佳。蘇省之通州品質雖佳，但產地不廣。之洞於兩廣任內，鑑於洋布使中國漏巵日增，乃有購機建廠，大量織布，以裕民需並塞漏巵之計，機廠雖成，織機未到，移楚之命已下，然猶無時或忘也。光緒十八年，乃電出使美、日、秘國大臣，在美選購佳種，取其與鄂省氣候相若，土地相宜者，寄鄂試種。經寄來精選棉子三十四石，計分兩種，一宜於濕地，一宜於燥地。遂即頒發屬，令勸諭種棉之戶，分投試種。並命凡領種者，飭於收成之後，各繳土種，洋種棉樹各若干，轉送織布局，彙同考驗，詳其優劣。擇其培植最佳，花朵最旺者，由織布局給予該棉戶奬賞，以示鼓勵。光緒十九年，以上年所購棉子到鄂稍遲，發種已逾節候，且栽種過密，洋棉包桃太厚，陽光下射不足，結桃多不能開，是以收成反不如前。又電請出使美、日、秘國大臣，購美國棉子百餘石寄鄂，並考究外洋種法刋發種棉章程，分發曉諭，以冀如法勸種。二十年，又將所購棉子，分發各地方，再行試種一年，以資參考。終以奉行者不力，推行者乏人，人民又憚於改作，以致成效甚微。

(二)工業

之洞於鄂省所興建之工業，項目繁多，凡有關國計民生，中國所無，別人不敢興作者，之洞皆倡行之。今舉其大而得實利者，轉而述之。今請先言煉鐵工廠。

之洞於巡撫兩晉之際，曾疏請好平鐵可入海轉運，較陸路省費而運便，並咨詢北洋李鴻章，所見亦同。緣清廷於鑄鐵開鑛爲禁例，土鐵不能出洋，流通亦多所制限。然自海禁大開，洋鐵輸入中國日增，而其鐵質亦較土鐵爲佳。且其鑄型之時，分成各種不同尺寸之鐵條，民人製造器械，省工省時，用之甚便，土鐵幾無人問津。故單於鐵斤一項，歲漏千百萬。之洞有鑑及此，於兩廣任內，乃籌款購開採及煉鐵機器，以期杜絕外耗。廠址廠基雖均奠定，惟移楚命下，終未及開辦。新任李瀚章，憚其繁重，奏請量爲移置，李鴻章亦促成之。光緒十六年，之洞命候補道蔡錫勇總辦，命名爲鐵政局，在省城寶武局公所辦公，其機價及建廠，由部定每年兩百萬內劃撥。初勘定塘角及金鷄兩垸處，皆不合宜，嗣有議設黃石港者，奈因地勢不高，地形狹隘，不足以按煉鐵大爐。後始勘得漢陽縣大別山下，有一區長六百丈，寬綽有餘，南枕大別山，東臨大江，北濱海水，東與省城相對，氣局宏濶，運載合宜。之洞並督飭局員洋匠學生，詳加考核，認該地運荆襄之煤雖稍遠，而回船生意必多；鋼鐵一旦煉成運漢口銷售，或運槍砲廠製造，可省重運之費；鄂省鐵、布、槍礮三廠並開，各種鑛師及鑛化各學堂附於其中，人才可相爲通便，不愁精通洋務委員有饋乏之慮；員司虛浮，匠役懶惰，爲中國向有之積習，不可不防。廠距省遠，料物短數，煤斤攙雜，百人僅得八十人之用，一日僅作半日之工，出鐵不多不精，成本即賠，今設於對江，督察甚易。基於上述諸利，乃於光緒十六年十一月初六日，奏請奠基興建，十九年十月二十二日奏報煉鐵全廠完成，並附漢陽煉鐵全廠，及大冶鐵山鑛機運道水陸碼頭，江夏馬鞍山、大冶、王三石各煤井工程，仿照西法，製成圖說，共爲五十六幅呈覽。

中國吏治，非雄才大略之士，不能任艱巨，非勇毅果敢之人，不敢爲創舉。蓋有利時則羣相爭趨，有弊時則不能羣策羣力。人有茂才，已雖不及不能，輒相嫉忌，百般阻撓，千方破壞，懼彼之勝我強我也。人有善政善行，己所不及，而又不知進取，反且千方構陷之，栽巫之，終至茂才以去，仁者以死而後已。之洞雄才且勇毅之士也，每有興作，人必阻撓之，破壞之，非勇毅果敢，不克爲也！光緒二十年七月二十四日於鐵廠著有成效，請獎出力各員摺中云：「……伏查煉鐵一事，事理精深，端緒繁難，工作極爲艱苦，而機勢又極爲危險。微特煉鐵煉鋼之匠首各有專門之學，即審火候、司氣門、流炭、出鐵、烘鋼、拉軌諸人，周旋於洪爐烈火之間，手足稍涉遲頓，即有轟炸損壞之虞。……竊維開煤煉鐵一事，泰西英、法、德、俄各大國，無不視爲自強要圖，當務之急。講求新法，角勝爭長。官辦則以全力經營，商辦則爲多方保護。堅持定力，務底於成。由煉鐵而製器，由製器而練兵，用能擴充工商諸務，雄長歐洲。……鄂省奉旨設廠煉鐵，實爲中國創辦之事。光緒十五年十月，十六年正月，疊經承准海軍衙門電開：大冶下手，自是正辦。今日之軌，他日之械，皆本乎此。總以將來軍旅之事，無一仰給於人爲斷。雖不必即有其效，萬不可竟無其志。此舉爲強弱轉機，旁觀疑信由他，當局經營在我。……臣不敢不力任其難。激勵大小各員，務期以必成爲度。惟煤鐵兼營，用宏費絀，眞知灼見者，實罕其人。於是衆論紛紜，吹求疑沮。仰賴聖明在上，爲之不疑，俾臣得從容布置，廠工次第告成，開煉有效。所有在事各員，籌思辦法，安配機器，督工建廠，采鑛尋煤，跋涉山川，縋幽鑿險。加以修造鐵路運道，煤鑛井工，水陸碼頭各工程，多係創法新奇，驚駭物聽之事。撫輯羣情，綏靖謠諑，家喻戶曉，舌敝脣焦。艱險備嘗，始終罔懈。歷經四年，始竟全功。……」（註六）

鄂省鐵廠之設，非爲中國之創舉，亦爲東亞之創舉。即以當時日本論之，亦無如此龐大之煉鐵廠。之洞初意爲欲富國利民，塞耗於洋鐵之漏巵，後以倡議修築盧漢鐵路，需鐵軌甚多，利益不欲外人獨佔，乃設法兼營。斯時海軍衙門確有意於興作，故鐵廠之建立，乃以造鐵軌爲主也。既以采鐵、煉鋼，開煤三事合而爲一，所需經費非二百萬兩所能足。第一期工程估計需銀二百四十餘萬兩。十八年，添購機爐，又請增撥三十二萬四千六百兩，而部咨以勢難再添撥爲言，蓋部撥之二百萬兩，爲包辦性質也。不知此等創辦大舉，並無成式可循，事理既極精微，情形亦與外洋多異。隨時變通補救，續添料件，續增用款，實有意料所不及，思慮所難周，誠如之洞所言也。該廠自十七年八月開工，機器廠、鑄鐵廠、打鐵廠於十八年秋冬完成。煉生鐵廠於十九年二月完成。煉貝包廝鋼廠、造鋼軌廠、造鐵貨廠於四月完成，煉西門士鐵廠、煉熟鐵廠於五月完成。二十年爐工告竣，於六月一日開工化煉，初出鋼料，成色無異洋製，足爲造廠之用。惟煉鐵僅開一爐，每年僅出鐵一萬五千餘噸，虧折甚鉅；欲添開一爐，則須增銀五六十萬兩，無從籌措，加以所聘洋員一再更易，良工難得；又馬鞍山煤質含磺過重，不甚適用，而外來煤値過昂，煤鐵不能相輔爲用。不得已，於光緒二十二年五月十六日奏請鐵廠招商承辦，其中大意云：「竊惟湖北鐵廠兼采鑛、煉鐵、開煤三大端，創地球東半面未有之局，爲中國造軌製械永杜漏巵之根。開辦以來，鉅細萬端，而皆非經見，事機屢變，而意計難周，經營積年，心力交困。今廠工早已次第告成，各種鐵爐鋼爐、冶煉鋼鐵、製造軌械均能精美合用。以至鐵山煤井，一切機器運道，皆已燦然大備。惟是經費難籌，銷場未廣。支持愈久用款愈多，當此度支竭蹶，不敢爲再請於司農之舉，亦更無羅掘於外省之方。再四熟籌，惟有……招商承辦之一策。……」(註七)於是荐舉直隸津海關道盛宣懷督商妥辦。總計自開辦至改歸商辦，先後所用官款，共五百六十八萬兩有奇，由商局承認，陸續分年抽還。議定自鐵路公司訂購該廠鐵軌之日起，每出生鐵一噸，抽銀一兩，抽足還淸。並永遠按噸照抽，以爲商局報效之款。之洞並立定章程，官督商辦，不得洋商入股，以保中國利權。

其次言紡織。之洞於督兩廣任內，認洋布日漸充斥，侵我利權，乃決意自外洋購辦機器，由中國自織。非僅利商利民，亦爲一種開通風氣之新業。於是勸令韋姓商人，認捐銀四十萬兩，訂購布機千張，及照配軋花紡織廠機器之本；又令於光緒十六年冬接充新商時，另捐八十萬元，爲建廠及常年經費之用。廠基已成，布機亦於載運途中，之洞時有移楚之命，及新任督臣李瀚章抵粵，不欲有所興作，乃奏請將該項布機移轉鄂省，而於韋姓百姓認捐之八十萬元，靳而不予。光緒十六年閏二月十四日，之洞奏稱鄂省對江之漢口鎮貿易素盛，特闤闠輻輳，並無隙地可以設局，乃於省城文昌門外，勘得官地一區，高廣堅實，近在江邊，便於轉運。地基縱橫各百餘丈，間有民房，從寬給價購買。由是廠基底定，並委補用知縣薛培榕監修工程。開局之後，所織布疋甚爲堅潔適用，所紡棉紗，堅韌有力。每年需用棉花數百萬斤，皆用本省所產，間或摻用江南通州花。紡織工徒，需用二三千人，貧民多賴以資生。而江漢關進口之洋布，歲少十餘萬疋，挽回利權甚多。

光緒二十年，之洞以洋紗一項，進口日多。各省有難銷洋布之區，更無不用洋紗之地，開源塞漏，以此爲大宗。乃奏請設紡紗局於織布局之西偏，向上海良濟、瑞記兩洋行，訂購機器，紡紗九萬七千餘挺，官商合辦，股本各三十萬兩，二十三年開工。商董以官權太重，請專歸官辦。之洞乃另行籌款，收回試辦。先撥還商本十五萬兩，其餘十五萬兩給發印票，一年爲期，暫作存項，年息八釐。並稱俟一二年後，辦有成效，再行招商接辦。

其次言製蔴。之洞以鄂土產苧蔴，質地堅韌，貨多價賤，民間僅以之績蔴線，織蔴布。此外皆賤價售與外國，經洋商織成各樣疋頭，貴價售諸中國，以致利權外溢。乃於光緒二十四年，購地平湖門外，創設製蔴局。先購織機四十張，酌配梳蔴等機，分別織布織綢。統計機價連保運諸費，共英金一萬四千零四十三鎊，由銀元局盈餘項下撥用。開工後，聘顧日本工師。製品中有中西時花、各樣緞疋，芝蔴實地各紗，並細紋斜紋各色蔴布，新式各花大小蔴織、臺布，及粗細各號蔴紗等件。光緒三十年以前，購機器僅能製蔴爲絲，而織機尙未全備。此項全備機器，需銀二十餘萬兩，官商各半分認。後商廠力有不及，乃飭銀元局於盈餘項下，撥銀十萬兩，鹽道於要政加價項下，撥銀十萬兩，以充購機開織之用。三十二年，因稅司欲照章納稅，力爭暫免。謂所出蔴貨係爲抵制洋貨，廣興農工商業而設，創辦維艱，根基未固。因以獲允。

光緒二十年十月，之洞又奏請開繅絲局。之洞認湖北土產除茶葉係銷外洋，可歲獲巨款外，殊少暢行之貨。絲本亦爲中國出洋土貨大宗，只因固守舊法，不知改進，義、法等國乃淩而上之。近十年來，上海廣東等處商人，多有仿照西法，用機器繅絲者。湖北產絲甚多，之洞乃將所產之繭寄至上海，用機器繅出，質性甚佳，與江浙之絲相去不遠。乃於省城望門山外，購地設廠。並派工匠赴滬學習。其廠地、廠房、馬力、汽機等可供三百盆之用。而以善後局揚州紳士嚴作霖存款三萬兩，鹽道庫外銷款一萬兩，及商本二萬兩，作爲開辦費用。

以上布、紗、蔴、絲四廠基地面積，約一萬六千餘方。房屋機器購地費用，計共五百餘萬兩，經營六七載，始底於成。卒因官款支絀，不易維持，乃於光緒二十八年，議定招商承辦。由粵商韋應南稟准招股承租。次年稟舉其同鄉鄧紀常獨立承辦。三十三年春，又稟准其父韋尙文接辦，是爲應昌股份有限公司，每年納官租銀十萬兩。嗣因各局添購機器，領有官款，復議定加租銀一萬兩，以二十年爲限。

以上所陳爲其大者，其次焉者尙有光緒三十三年所設之造紙廠，建於城外白沙洲，機器均採自外洋，原料多爲竹木棉草，委候補道程頌萬，高松如辦理。三十三年在漢陽赫山所建之鍼釘廠應需機器，陸續辦自外洋，委候補道黃厚成規劃籌辦。之洞離鄂後，於宣統三年始開工。三十三年於省城保安門外南湖傍岸建製皮廠。同年於武勝門外下新河地方建氈呢廠。按商律股份有限公司條例，定爲官商合辦，各出資本三十萬元，官本當經如數撥給，商本僅收十萬元有奇。應需機器，由德商禮合，信宜兩洋行訂購。每日夜可出氈呢六百餘碼，用上等羊毛和棉料製成，以供本省及鄰省軍隊學堂之用。三十三年，於省城藺陵街建造模範工廠。分紡織、金木、製革各種工藝，招集生徒，分班講習。嗣因製品頗優，社會競購用之。同年於漢口僑口下首設貧民大工廠，專製普通簡易用品，爲教貧民自謀生計之用。

以上所述，皆屬官營事業。至商民設工廠，之洞亦竭力提倡之。緣其興辦各項實業之目的，旨在造成風氣，官倡而商辦也。光緒三十三年，商人宋煒臣集資三百萬元，呈請創辦漢口水電公司，之洞即允籌官款三十萬元作爲股本。其辦事、計利各章程，與商股無異。三十三年，道員程祖福集股銀三十萬兩，請辦黃石港附近地臺子灣水泥廠，稱三十年後，機器廠屋，全部報效歸官。之洞批謂：「本人意在提倡實業，暢銷湖北土貨，此條應勿庸議」。蓋其於商民開設工廠，無不力贊其成。所謂空谷聞足音而跫然喜者矣。

(三)商業

中日甲午之戰敗後，所議之約准日人於內地設廠製物，小民之利之洞恐被全奪，乃有速講商務之議。謂中國上下之勢太隔，士大夫於商務尤不考究，但有征商之政，而無護商之法。光緒二十四年八月，議設商務局於漢口。因上海爲沿海商務之總滙；漢口爲長江上游商業之要衝，鐵路之樞紐。之洞綜合情實，採擇可行之法，詳爲八條。一曰啓發。利用商報、商會、商學，啓發商智。商報可采訪沿江沿海各口岸及鄰省商情，並譯洋報所載商務並兼譯西書之有關商業者。商會可討論考校，聯絡協力，以成資本。商學係考求製貨理法，銷貨道路，綜合新式護商律例，以及中外盈絀，銀幣漲落，各國嗜好，各業衰旺各情形。二曰倡導。華商製貨需機器，而不知成本若干，除現有之紗、布、蔴、絲各廠已用機製造外，若牛皮、骨角、紙張、竹器、漆器、洋蠟等項，均可倡用機器製造。三曰合力。合交通不便諸省商紳之力，集於漢口購機設廠，較爲易成。四曰塞漏。因已准洋商在內地設廠製造土貨，可議與洋商合辦。既免佔我全利，並可學其工藝。五曰袪習。中國商賈積習，識陋見小，亦思依仿新式，辦運新貨。而偷減工料，貨質全非；以假亂眞，以劣摻優，種種欺僞。以致外人割價退盤，甚至無人過問。其貨眞價實之商，反爲所累。甚有招集股份，意存誑騙；事未辦成，資已用罄。遂至人人畏避，公司難集，商務莫興，實緣於此。必須明定賞罰，以示勸懲。六曰保護。凡曾倒塌之商，除嚴追懲辦外，並列諸報端，使不准更名充商貿易。七曰體恤。卽嚴禁稅關釐卡留難需索，土貨有可以抵制洋貨者，得減輕或暫免稅釐，並准其專利。八曰獎勵。新創機廠及捐資興辦商報商會商學，及在外洋學成工藝囘華可資實用者，得予獎勵。之洞對中國之商情熟知如此，則其針砭之處，亦至切要，在光緒二十七年致樊雲門電中云：「……看以後時勢，中國豈能以兵存，仍是以商存耳！……」之洞於鄂省商人，一方面勸導，一方面獎進，而其要歸，在期望商人破除舊習，具有世界之眼光，發揮商戰之能力，俾能挽囘利權，地方益臻繁盛。其於此念，蓋數十年如一日也。

商務局之設，旨在對之洞之此一思想，作進一步之施行而已。着手於內地商務之大端，由粗入精，由近及遠，有一專一之機關予以統籌規劃。並將以往設立之勸商局歸併於商務局之內，以玆事權統一。派委候補道王秉恩，程儀洛總理其事，並選殷實誠信，通曉時勢之商董數人爲總董，以啓發商智聯絡商情，次第舉辦商學會等事。所需經費，在整頓牙帖項下籌撥。後來漢口商務總會，卽由此演變而成。

之洞在籌議商務局之始，卽論及商會商學於商務之益。渠以爲泰西各國有商學，以考各物製法，各貨銷路，各國嗜好，各業衰旺；有商會，得以互相聯絡，廣設公司。故於光緒二十八年，飭商務局勸集商款於漢口，創設商務學堂，商會公所。並以報效鉅款之職商黃訓典，充商業總董。嗣後商務學堂、商會因之陸續成立。

光緒二十八年，之洞於省城蘭陵街創辦兩湖勸業場。南北長二十三丈有奇，東西深五丈有奇。內分三所：一曰內品勸業場。凡本省人工製造之品，分類羅列其中。一曰外品商業場，凡外省外國貨物、機器，切於民用者，分類羅列其中。另劃分一大間，名曰天產內品場，陳設兩湖各種土產、五金鑛質、煤炭各項。有用之土石泥沙，以及各種穀、菓、茶、蔴、油、漆、竹、木、藥材、皮革、骨、角、毛、羽、以備外人遊覽、考辨采取以及製造供用。又內分爲南北兩場，每場市屋各七十九間，分一二三三等，場前後擺攤共四十二處，亦分上下兩等。凡入場營業者，按等完納租金，並按照所定例則，專售國貨，標明定價，以廣招徠。

光緒二十六年，之洞奏請援照岳州成案，將湖北省城武勝門外，直抵靑山，以及濱江一帶約十里之一帶地方，作爲自開口岸。二十八年，之洞將所籌議之章程，再度奏報清廷。乃專設商場局，派湖北藩司瞿廷韶總辦局務，洋務委員候補道梁敦彥、武昌府知府梁鼎芬充當提調，督飭江夏縣妥爲經理。時武勝門一帶江隄築成，涸出官民各地甚廣。先已設江岸局，淸查官荒，收買民地，共計三萬餘畝。設淸丈局，給價立界後，將所有契據文卷，移交商場局管理。並募顧英國工師斯美利，飭令丈量地段。將建築馬頭，塡築礮岸，興修馬路，一應工程，詳切勘估、測繪細圖核辦。此爲我國有計劃建設都市之始。共計用過地價局費銀二十三萬餘兩。之洞謂武昌扼長江上下之衝，南北爲鐵路交會之所。商場旣闢，商務日繁，地價之昂，可坐而待，待數年之後，鐵路大通，北達歐洲，南窮香港，羣商必趨之若鶩。且洋商領租，主權在我，非若租界之不能聞問。此事之洞高瞻遠矚，計之實深，影響及於未來鄂省財政者，至深且鉅。

(四)鑛務

光緒十五年十二月，之洞履任不及一月，即派知縣高培蘭等分勘湘黔煤鐵鑛。令詳查鑛路，每日出產煤鐵數量，煎熬方法，銷售價格，運銷情形，逐一繪圖稟覆。又派知府札勒哈哩等，帶同鑛師往大冶，武昌、興國、廣濟、蘄水、確查煤鐵各鑛。十六年三月，派知縣梅冠林等勘察興國州錳鑛。十月派盛春頤辦荆，當煤務，令將金米觀鑛穴開挖煤層深處取驗。並稱窩子溝、大林堡、寧家灣、雙河口等處，煤質煉鐵最合用，應妥籌辦法。然以上距鐵廠太遠，皆未採用。是年又派州判王樹藩，勘辦大冶煤鑛，令將王三石地方鑛穴挖深察驗。並分勘金山店、勝山寺等地煤鑛。後經化驗煤質，不能煉鋼，只可供布廠鐵廠之用。後又勘得大冶產鐵甚旺，約計二千七百萬噸，百年採亦不盡，含鐵質百分之六四有奇。於是建廠購機，開馬鞍山之煤，以煉大冶之鐵。以候補道蔡錫勇總其事。然馬鞍山煤質，磺多灰多，取製焦炭，不易鎔煉。不得已，借資開平頭等焦炭，而又價昂，以之煉鐵，往往虧本。光緒二十二年，之洞以江西萍鄉所產之煤，磺輕灰少，煉焦最佳。惟用土法開採，僅得淺處之煤。宜置機設廠，開一大井，每日須出煤三百噸，方能維持鐵廠。乃派知縣惲積勛，帶同總鑛師馬克斯履勘後，卒告成功。即世所稱之漢冶萍公司者也。二十七年，洋務局專設鑛務提調一員，凡未經批准，輒即購地開鑛，或已稟准而暗入洋股者，即分別驅逐封禁。光緒三十一年，於省城設立鑛政調查局，派司道爲總會辦，督同局員切實勘採，照部頒表式造冊咨報。三十二年，擬訂中國鑛務正章七十四款，附章七十二條，頒發各屬，以關利源而防流弊。

三、財政之整理

湖北省自鹽釐抵還洋債以後，戶部撥補之款，不敷至銀數十萬兩。又益以加撥東北邊防五萬二千兩，加撥鎊價二十四萬五千兩，添撥兩關稅務司十萬兩。舊案四國洋款加價不敷一萬數千兩。卽使戶部撥補，以光緒二十五年計之，短絀亦在四十萬兩以外。由此可蓋見鄂省財政情形。鄂省在當時，本非財賦之區，而之洞涖鄂之後，所辦各項要政，皆規模宏濶，動需鉅款。既不恃之於庫款，又不搜括取盈，責民間以本無；且每辦一事，並非先有的款而後舉辦，往往一面舉辦，一面籌款。或指定之款，臨時無着，東西挹注，無日不在艱窘之中，亦無日不在籌措之中，然卒百廢，未嘗停滯者，端在清釐，整稅，去中飽，禁靡費、創幣制、諸端而已。

一曰整頓稅收：光緒十六年八月有整頓土藥稅項辦法摺。謂土藥出產日繁，各該省局卡徵收稅項，弊端百出。盡飽私囊，徵多報少，於國課毫無裨補。乃設南北兩路卡隘二十餘處，廣袤一千七八百里，派緝私巡勇，廣爲緝私。專辦各員有不利者，嚴予參辦。鄂省土藥稅由以往之二三萬兩，每年除局用外，約可增收銀二十萬兩。光緒二十五年十二月，又奏請議加三成。又釐金一項，向歸巡撫主政，他人不得參預。自裁兼撫缺後，之洞以鄂省釐捐局卡太多，商民困累，乃創議改百貨統捐，裁撤各州縣卡三十一處。官吏百般阻撓，怵以餉必大虧，竟不爲動，謂卽使短收至五十萬，亦必爲之。試辦之初，疏節濶目；試辦匝年，收數竟比上年增十萬緡。

光緒二十五年，除奏請議加土藥稅外，因財源無着，又請整頓田房契稅及抽收煙酒糖稅。三事並舉，可得有大宗底款，以資補苴。且整頓鄂省典當業，以爲財稅之源並去其弊。由是鄂省財政，乃得稍甦。

二曰嚴杜中飽：昔曾國藩請胡林翼理財之法，謂爲利國利民，獨不利於中飽之蠹。之洞理財之法，亦略師其意。於晉粵兩省已開其端，在鄂省復踵其行。如鄂省鹽務，向有五成公費，雜款公費兩項，爲各衙津貼辦公之用，之洞於光緒十六年，諭令一律三十年內按成裁減。以鮎魚套司巡任侵漁，將該局裁撤。後改辦統捐，又將從前掛號，照票，灰印以及划子錢等一切陋規革除。並舉辦新稅，除上述征收菸糖稅，房屋契稅外，並抽膏稅以供賠款。省城設膏捐總局，各地方設分局，招商承辦，每膏一兩，征膏稅一百文，歲收至六七十萬。二十八年奏設火車貨捐局，以及舖捐、車捐、歲入亦甚可觀。

三曰官營業餘利：之洞嘗謂理財以先賠錢爲主義。蓋投資實業，獲利無窮，可爲舉辦各事業之用。雖所設各局未能即見獲利，改歸商辦，而銀元局、銅幣局，則每年贏利甚夥。之洞抵任後所興辦之各項事業，其虧累之處，皆恃此爲挹注也。

四曰官錢局行使鈔票：當時鄂省各地方商店小販，皆發行市票，倒塌相仍，民間苦之。之洞乃發行制錢票、銀元票，而以官錢局爲兌換之處。其性質略似現在之銀行。一方面爲收支之金庫，一方面吸收現金，從事武漢不動產之收買，而準備金亦臻充實，在當時財政上、金融上之活動力甚巨。

五曰借款和捐款：借款如四局之借用商款，通商場之息借華洋商款，鑄銅錢之借撥釐金三萬兩等均屬之。至於捐款一項，如光緒十七年茶商捐助書院學堂經費，劉維楨之建鐵廠捐，建築學堂捐，黃訓典之商務學堂捐、質當捐三萬兩，爲銀元局開辦經費均屬之。

其他如武漢隄工成後之地畝收益捐、籤捐等，皆爲之洞所闢之新財源。民獲其利，故薄取而無怨言。惟嗣後膏捐奪歸部辦，銅幣之利又爲各省所奪，鑄量大增，而銷路壅滯，餘利極微，而省款亦日形支絀矣。

四、幣制之更新

有清光緒中葉，鄂省幣制之紊亂，至於不可收拾之境，時白銀外流之象益顯，而銅更甚之。於是莠商奸民，私將所通行之制錢銷毁，運至外洋，可獲暴利三倍有奇。非僅鄂省一地而已，江南各省亦然，惟鄂省較甚。於是私鑄之鵝眼小錢，流通市面，而完錢納稅，又須大錢，商民苦之，銀元亦未通用，皆以生銀兌換。因成色不一，市平不同，常受錢店之抑勒。光緒十六年閏二月，之洞莅任未久，即札司道籌議錢法，詳考情形，私鑄如何禁絕，以圖補救，後錢荒之患，終不稍減。之洞於是改絃更張，而籌鑄銀幣銅幣以救之。

光緒十九年八月，之洞於請鑄銀元摺中云：「……湖北各州、府、縣、城、鄉、市、鎭，不惟制錢短缺，卽粗惡薄小之現錢，亦甚不多，惟以一紙空虛錢條互相搪抵，民間深以爲苦，而無如之何。通省情形相同。近年鄂省商民生計維艱，市面漸形蕭索，此實爲一大端。……」（註八）惟有援照廣東成案，開鑄銀元。於是在省城洗馬池街，建立湖北銀元局，以補制錢之不足。所鑄銀元計分大銀元，重庫平銀七錢二分；兩開銀元，重三錢六分；五開銀元，重一錢四分四厘；十開銀元，重七分二厘。先是光緒十三年，鄂省開鑄制錢，曾奏撥借司庫質當銀三萬兩，換錢三萬串，借撥鹽釐五成外銷公費等項錢二萬串，發商生息，爲彌補銅鉛折耗之用。旋因停鑄，提還藩庫鹽道庫存儲，約合銀三萬數千兩。之洞卽以此爲購機造廠之經費。光緒二十一年，雖權攝兩江，然於鄂省大小事物，仍爲遙制。江南幣制，亦因制錢短少而混亂，因思有所改進，奏請鄂省銀元局暫歸南洋經理，餘利協濟鄂省。並採購外洋銀條，專募化學洋工師一人，較準成色，配合製造。於江南支應局撥銀二十萬，爲購買銀條之用。鑄成後，卽以銀元支撥各款。計每日可鑄五千兩，後每日能鑄一萬四千兩。三十一年，又以各國有幣制，如德之馬克；法之彿郎；俄之盧布；英之金鎊，多不相沿襲，乃欲籌鑄全國劃一之銀幣，當以每元一兩爲準。於是改籌庫平一兩重銀幣，先行試用。其次五錢，再次二錢，再次一錢。收發照藩庫三六庫平銀核算，出入均作爲十成紋銀。舊鑄之七錢二分銀元，作爲生銀，聽隨市價漲落。並改銀元局爲錢幣局。此項銀元計發出七千餘萬元。後因戶部改鑄一兩零六分者，不得不予收回，而舊鑄之七錢二分銀元，以成色較他省所造爲優，故暢行江、浙各地，而價值亦較他省所鑄者爲高。之洞創設官錢局鑄銀元，乃在固鄂省財政之本，並擴而充之，攬鑄東三省，雲、貴、四川各省小銀元，以收其餘利，歲入恒百餘萬。

光緒二十二年，之洞以鄂省錢缺價昂，如用土法鼓鑄，每串須賠二成有餘。於是將鄂鑄銀元運粵換銅運鄂應用。二十三年，始爲根本之計，於省城寶武局基地，建造銅錢局。以三萬二千三百餘兩向美購機，嗣以經費無從出，因以停鑄。鑄錢局併銀元局後，令銀元局試鑄十銅元，與制錢相輔而行。

其後行銷甚暢，日出三十餘萬元，尙不敷用。三十二年，以各省銅元增鑄日多，價値大貶，嗣用從事陳衍之言，仿造外國暗字銀紙，創鑄當十銅元，當二銅錢，行用南北各省，至數千萬，餘利至千百萬。繼而鄰省競利，分劃行用疆界，而閉塞滯銷矣！又繼而京師集權，禁限各省製造，而銅幣業已充斥，値已貶矣！議者咎銅元之漁利病民，値不足以當十。然因當時一文錢既已弊絕，如無銅元，即無以交易。其失乃在銅價既貴，當用金銀爲主幣，不當用銅也。有主幣、輔幣乃有限制，銅元乃在救一時之急。惟先鑄者得獲其利耳。

之洞又以錢少價昂，商民交困，因令官錢局製爲錢票、銀元票、蓋用藩司印信及善後局關防。錢票以制錢一千文爲一張，銀元票以大銀元一元爲一張，通行湖北省內外，與現錢一律行用，准完納丁漕釐稅，以官錢局爲發放兌換之地。後行銷甚廣，省外商民持票兌錢，諸多不便。乃於二十一年，在沙市、宜昌、樊城、老河口、武穴、安陸、岳口等處，各設分局，專司應兌。

湖北本非饒富之區，列在小省，而其攤京餉，攤賠款，幾與江南等。至於開鐵廠、勘鑛藏、辦教育、造槍礮、練新軍、治水師等項，所費至鉅。之洞所以能此者，乃在其財政之完善。湖北爲數省要衝，若鹽斤加稅，土藥加稅，釐釐金，行統捐，開富籤票，歲入增數百萬。益以沿江沙田，堤工堅實，漢口後湖漲灘，歲入亦多。至於大冶崇通煤鐵鑛，省城內外築馬路，闢商場，生活窮民無算，利源亦因之興矣。

五、交通之建設

之洞初主疆圻之際，在晉省修建驛道甚多，利民轉運，通暢有無，厥功甚偉。督兩廣則致全力於海上，權兩江則有寧滬兩地之馬路，小民稱便。光緒十五年，奏請停修津通移築蘆漢，倡爲築鐵路之說，朝野震動，於是有督楚之命。移楚，實專爲修鐵路也。下當詳論，今請先言驛路。之洞推行路政，除關及於全局之鐵路外，其有關於都會者，如武漢之各馬路是也。雖始作不易，未能推行於南北兩省，然亦開後來公路之權輿矣。

光緒十六年，之洞札飭司道，籌辦峽路。上自巫山縣交界，下至宜昌府城，計長四百八十餘里，一律修治。寬、平、高、均以一丈爲率，使輿馬並行，綷路無阻，水陸往來，化險爲夷。估計經費十五萬六千餘兩。十七年，又定一、二等峽路，改寬九尺，三等改寬八尺。並籌收峽路經費，凡川土不入鄂入湘，經過來鳳境，設局勸令捐助。所收銀兩，按季解善後局存儲備用。三十年，又於峽路經費項下，撥銀二萬兩開工修路，於往來商旅，加惠良多。光緒二十三年，又派道員朱惠之爲施南路工委員，修巴東舊驛路，及陽新路，費時六月，用費約萬八千串。又舊時省城街道狹窄，且歲久不修，每遇陣雨，或積水，或泥淖難行。之洞乃分年分段逐漸修整，卒使城內外改觀。三十一年，設漢鎮馬路工程局，將火油池報效之款，以爲修築大智門至玉帶門一帶馬路經費。並擬訂計劃，待經費充足，擴後街馬路直達江岸。三十二年，又令江漢兩縣、武漢三鎮，臨街房屋，於修建之時，無論舖面、住宅、公所，均應讓出官街三尺，展寬道路，以爲交通暢達之便。

蘆漢鐵路之興建，爲之洞所倡議，移督鄂省之前，曾先後電恰海署及李鴻章。謂造路必先有鐵鑛煤鑛，然後可購機煉鐵造軌。故粤省鐵廠移鄂，乃爲造軌也。光緒十五年間，國人思想，雖稍有進步，鐵路之利，漸爲士大夫及庶民所認識，較薛福成所云：「……中國士大夫不知鐵路爲何物，驟聞其說，不覺駭異。及目見之，則此事本甚平常，無足驚異。從前吳淞口鐵路若留至今日，則知其利者必漸多矣」(註九)爲佳，然於之洞致李鴻章電中所見「……再此事若見明文，宜云開辦陸路運道，以漕弊河患勞費無底爲辭，則題目平正易曉，是中法非西法，萬不可云創辦鐵路，此似是最要之義」之言，其梗阻艱困情形，似未稍減。及甲午戰敗，國人鑑於籌軍轉餉，運輸不易，軍未至，而城已失。敵行數里，而我移一步之情形，對鐵路之利，乃稍改觀。而之洞反復申言，謂鐵路之設，有形之利在商，無形之利在國；有限之利在路商，無限之利在四民。其可及見之利，乃在徵兵轉餉，通商惠工，暢土貨，出鑛產，增課稅，省差徭，廣學識，開風氣，速政令，去壅蔽。光緒二十二年七月，中日和議已成，之洞乃奏請蘆漢鐵路招商承辦，並與直督王文韶往返電商，保荐盛宣懷爲蘆漢鐵路總辦。之洞於光緒二十二年七月二十五日奏稱：「……當經臣文韶與臣之洞往復電商，就近詢問該員蘆漢鐵路有何辦法，即能剋日興工。……該員稱：蘆漢一路貫通鄂豫直三省，專重拱衞，而略於東南財賦之區，於商務利益較薄，若專指此路，剔開繁富近便之地，不入公司，恐東南各省紳商，必以本鉅利微不願入股，則招股更難，惟有合南北鐵路爲一局，庶可萃四方之商力，而注之一隅。蘆漢正幹，自應盡力先造。分路開工，不容稍緩，至現已奏定擬造之蘇寧鐵路，似毋庸另立公司，致礙蘆漢招股，應請准其歸併一公司，由蘆漢公司兼辦。……」(註一三)清廷諭稱：盛宣懷條陳一切辦法，均確有見地，准設鐵路總公司，令盛督辦。從蘆漢辦起，蘇滬、粵漢次第舉行，責成該員實力舉辦，以一事權，仍著王文韶張之洞督率興作。由是盛宣懷乃立公司，招商股，籌巨款，謀興工。先是光緒十五年八月二日，清廷諭令蘆漢鐵路，宜先從兩端試辦，並着張之洞，李鴻章會同海軍事務衙門，將一切應行事項，妥籌開辦。(註一〇)直隸總督及湖廣總督，既分任造路之事。之洞移楚後，即首開煉鐵廠，備修路之資料。光緒二十二年五月，之洞乃派知縣王廷珍査勘漢口以北之灄口、經黃陂、孝感、應山等縣，以達河南信陽州，詳考沿途情形，以爲造路之依據。同時派知縣張廷鴻，由灄口直趨北大路、歷隨州、棗陽以達樊城，至河南鄭州、滎澤一帶黃河南岸止。並西抵河南府城外，査勘沿途情狀，比較信陽一路道里遠近，工費難易，何者相宜。後乃決定由漢口至信陽州一路。及盛宣懷接辦蘆漢鐵路總公司，於光緒二十三年三月奏稱「……道路近三千里，費逾四千萬。……」(註一一)之洞會與盛宣懷熟商，官款難攤，而注意於商辦；洋股不准，而注意於華商，華商非但力所不足，而一時招股不易。惟有借外債一途。始則與美商紐約公司洽借，以其堅欲「由中美雙方同售股票，包利，並合分餘利，或借款包造」爲辭，乃作罷論。(註一二)後之洞認比國鋼鐵工作甚著，國小而無大志，利多害少，乃偕盛與比商瑪西等磋商，皆允如議，期以款到之日爲始，三年工竣。借款總額爲四百五十萬鎊，四釐九扣，期限三十年，以鐵路作保。九月約成，十月漢陽孝感段開工興建，並取直徑入豫。光緒二十六年，因北方拳亂，工作暫停。其後南北並舉，工程雖艱，因辦事得人，盛宣懷躬親督造，卒於光緒三十二年十二月二十四日，全路告竣，盛於奏摺中稱：「……此路跨越三省，二千五百餘里。……歷時七八載，事非經見，工非素習，卒能一氣貫通，暢行無阻，誠爲開物成務，致富轉強之絕大基礎。……」(註一三)溯自之洞奏停津通，興修蘆漢。前後凡歷二十載。渠於近代中國之貢獻，可謂既宏且深矣。路既成，清廷乃派之洞與直督袁世凱驗收。並更名爲京漢鐵路。

蘆漢鐵路之見著成效，使中國民智稍開，士大夫之見解稍變，而興建鐵路之議，阻力稍遏，風氣亦因之大暢。外人以大利所趨，乃百計籌謀，無所不用其極，侵奪路權。中國每因借用外資，授人以柄，干預壟斷，反客為主。之洞處此情境，仍本其一貫保護利權之主張，千方百計，籌謀自築。如力實有不及，非賴借外資不足以成事時，亦必預杜其奸，以為未雨綢繆之計。粵漢鐵路興建之糾紛及收回，即其一例也。

先是粵漢築路之議既定。督辦鐵路大臣盛宣懷，電託駐美大臣伍廷芳向美公司洽商借款，光緒二十四年三月，伍與美國合興公司訂約，約言明訂，路權不得轉售他人。然於光緒三十年三月，該公司將半數以上之股權售與比人，湘省紳民大譁，乃上書督、撫，請收回自建。之洞於是年三月廿九日，與湖廣總督端方，聯電致盛宣懷云：「……美公司將粵漢鐵路北段，分售比國，實與合同第十七條大相違背。此事非獨湘省紳民不願，大局所關，其害不可思議。鐵路歸公專政，務望按照合同，堅持力辯，立將此約作廢，以杜後患。……」(註一四)然美公司及駐華使領各員均否認其事，盛欲循外交途徑以解決之。四月一日覆之洞與端方電云：「……美公司暗售比股，伍使在美詰問，美公司不認。康使在京，葛利在滬亦不認。美董事柏生士，復以美公司售票他人例不禁。由駐美大臣梁誠照會美外部詢三事：一、美政府是否以為合興公司，實係美公司。二、美政府願否專權辦理該公司交涉事件。三、美政府願否對粵漢鐵路之定見，及保護之主義，宣布於衆。美政府覆電，以為合興實為美國公司，若照現在經理辦法，美國政府，獨自有權辦理該公司之交涉事件。……」(註一五)惟盛宣懷左袒美國，於同年致湖南巡撫趙爾巽電云：「……聞美律不能禁止美公司售票與他國人，但能爭到美公司借款他國人，雖有股份，他國不能干預其事。……」(註一六)與之洞電亦同。之洞對此，深致不滿，堅欲廢約。四月二日致外務部電云：「……美公司承辦粵漢鐵路，合同訂明不轉售他國。現聞美公司將此路分作南北段，以北段售與比國承辦，比用法款，法素助俄，合力侵佔路權，其害不可思議。前據湘紳公呈，已由爾巽電陳大部，並電盛大臣。按照合同第十七條，力爭廢去此約在案。……疊經電盛大臣，覆電謂：美律不禁公司售票於他國，但能辦到他國不干預其事，便無窒礙等語。查公司通例，以股份多者作主，股去權卽隨之。況美公司將此路北段，全部售歸比國承辦，尤非僅售股票者可比，安能不令人干預！縱使辦到仍由美公司出面，陰實聽比法指使，則中國之害，仍然不能稍減。……」(註一七)盛宣懷左袒美國，之洞雖力持定論，堅主收回，然盛一再引國際糾紛爲飾辭，屢阻其議。合興公司亦多方奔走，請美政府片面維持其權益，故此廢約交涉，一度陷入窘境。終賴之洞執定主見，力駁「約不可廢」之說。折衝經年，終於收回此路之主權。

美政府既受理合興之訴，主張保護及干預之策。俟經出使美國大臣梁誠反復言明，美始以「該公司如改其規模辦法，不合美國政府之旨，卽可不承認相助」。(註一八)惟梁電又云：「……現在查實合興底股，他人買得過半，已明改合同辦法，不待將來請復外部，卽可廢約。……」(註一九)當時美政府以合興現有辦法，尙無不合。盛宣懷乃謂美有保護之意，力主穩妥，且以美並無公司不准售股他國之例，惟重事權。四月初三日電外部云：「……哈華託律師云……譬如滙豐，遵英國律例，亦難禁其不售股他國。美已承認保護交涉，其責任均在美國。若欲因其公司售股，改議廢約，恐辦不到。只能認定第七款：「此鐵路實係中國產業」。第十七款：「美國人不能將此合同歸於他國人」爲一定宗旨，如要廢約，必須美政府應允。（註二〇）是盛百般駁難，將斯事委之於美政府。俾藉清廷苟且之心，卒達全約之議。而梁誠四月十一日致盛之電，恰與其意相左。梁電稱：「……美政府只有權認合興爲美公司，合興辦事，一切除關係國際交涉事件外，均有律例限明政府不得過問……合同廢否，由我自主，應由督辦與合興直接交涉廢約。惟廢約後，合興興訟，美必干預……」。（註二一）事實既明，湘鄂諸紳，乃屢電之洞，宣懷，請立廢約。盛意仍存兩可之間，之洞仍持速廢之議，而美商又往返疏通之。之洞知盛成見既深，顧慮尤多，乃決密電梁誠，命與美直接交涉。光緒三十一年四月十一日，致瞿鴻禨電云：「……粵漢路事，初以繫鈴解鈴，望之某公，乃延宕數月，總是拖泥帶水，不肯擺脫一切。繼悟此事，非將其撇開不可。乃逕電梁使，密籌機宜，切實與商。……現梁正在磋磨，大約無甚變局。非但不敢令袒美者得知，亦以事先無大把握，不敢輕率電達台端，此時時機已將成，難保無袒美者飭詞聳聽，以圖撓敗成局。公具有權衡，想斷不爲所動。總之，此事僘處既已力任其難，必當妥籌結束，收回主權。但必須袒美者不與聞，方免橫生枝節。……」（註二二）並於五月初五日電外部，勿爲美使領所惑。其文曰：「……粵漢鐵路，自奉旨交僘處籌議廢約辦法，已在美受人運動，干涉。……措置極爲棘手。又以局中人意見多歧，以致衆議紛騰，變端百出。僘處不得已，乃逕與駐美梁使直接電商，避廢約之名，籌收回之實。俾無旁撓，宗旨始定。無如合興力籌抵抗，變端百出，翻覆無常，經梁使操縱兼施，多方佈置，相持數月，漸有轉機。而搖撼者多，因恐事無把握，一切爲難情形，未敢輕凟清聽。玆幸美股比股，均允頂售與我，雖售價過昂，爲大局計，不便過於計較。……查頂售之議，合興尚未畫押，難保其並無翻悔，倘柔使到京後，果詢貴部饒舌，務懇嚴辭駁拒，自不能再生異議。…

……」(註二三)盛既不得預聞粵漢鐵路事，乃極力陰謀阻撓，以毀其議，以洩己憤。其不識大體竟至於此。逕電梁誠，謂欲收回合興已售出之股票。蓋深悉贖路之款，籌措維艱，而合興得以藉口拖延付款再毀贖路之約。之洞乃於光緒三十一年八月初二日，急電瞿鴻禨，請止盛之陰謀曰：「……頃接梁使艷電，今日合興股東，批准草約。美外部電稱：美決不阻撓等語。此事幸告成功，皆仗執事維持之力。……今事已垂成，盛忽電梁，議駁國票已售出之二百二十萬。草約載明：或交還，或收回，聽買主自便。今必欲逼勒收回，故拂外國商情，擠三省多籌現款，實出情理之外，似此故出萬不能行之難題，存意攪局，使梁無所適從，必致合興因此決裂罷議，咎將誰歸。務懇尊處切囑盛勿再干預粵漢路事，庶免掣肘，而毀成功。」(註二四)當此緊要關頭，之洞與宣懷之間，已因粵漢路事，而起政爭矣！然宣懷之徒逞私意，罔顧國家利益與三省紳民公意，幾致斷送路權，實非國之重臣所爲。軍機處乃於八月初五日電盛宣懷，不准再干預粵漢路事，俾之洞得專責其成。此事雖內外交困，卒因之洞堅定，且外人深體之洞之正直無私，陰謀破壞者亦無所再用其計，贖路之約始成。於光緒三十一年八月初八日，正式畫押。於是此一曠廢四載，爭議經年之粵漢鐵路所有利權，悉數收回。之洞奏稱：從此永斷葛藤，消弭後患。

粵漢路權之收回，端賴之洞一人籌謀之功，國人皆感其勛績，惟是益增袒美者之忌恨。先是初議粵漢鐵路廢約之時，決定不借用洋款，免爲外人所操縱，迨贖路之際，因需款孔急，之洞不得已，乃商借英款。英允息輕無扣，惟請之洞居間於築廣九鐵路時以援手。之洞以廣九未便與聞，如欲並議則借款作罷。然時以英代美之說，喧騰中外，袒美者更推波助瀾，造謠中傷。如御史黃昌年奏稱：「……

……路權至重，贖款難擔，借款修路，流弊滋多，應由三省集股興修，以保利權，不准借用外債。……」(註二六)是直詆之洞議借英款之失。時與英議借款事已成，光緒三十一年八月二日議定：「……如利息抵押等款，較他處相宜，先儘英國承借，用料除華產外，先就英商開價，擇便宜者訂辦。……」(註二七)是預爲不能自籌巨款退步也。之洞見忠心爲國，與民謀利者，乃被訾議若此，遂不得不發爲憤慨之言。光緒三十一年十二月二十七日，於覆陳黃昌年所奏粤漢鐵路各節摺稱：「……本年八月間，贖約議成，實爲袒美黨意料所不及之事，銜恨刺骨，既於贖路一端，無從置喙，乃於借贖路款一端，造爲去美來英之說，散布謠言，喧騰報紙，顚倒黑白，横肆詬病。……總之，廢約必先贖路，贖路必先籌借贖路之款，既借贖路之款，則此借款之國，必思攬以後借款造路之權利。臣既知籌款之萬難，則必預爲將來萬一借款之計。故趁此聲明用人購料一切權限，以杜流弊。猶恐專用一國人，萬一有逾越權限之弊，於是指定分用兩國人：鐵路工程師，一半用借款國之人，一半用日本人，以杜其專攬之謀。……如今既已成議，修路不再借用外款。……現在借款之說，早已化去。……此時不過籌議爲難耳！該御史不知艱難，不考事實，一味深文巧詆已罷之議，爲誣詆之題，顯然挾有成見。……」(註二八)蓋早在同年十一月間，之洞集三省官紳會議粤漢鐵路公共條款十四條，其中卽有「不借洋債，不招洋股，就本省自行籌款興辦」之文，詳而切要。是黃昌年之奏，已不辯而明矣。斯時留日粤、湘、鄂學生，不悉內情，亦以爲以美易英，債權修路權管理權皆屬之，害且加甚爲言，全體反對，是知辦事之難如此。

光緒三十四年六月二十日，清廷用陳啓泰墾遴派廉明大員督辦路政議，派之洞以大學士兼充督辦粵漢鐵路大臣。然以路款難籌，同年十一月，與英復議，英不認前所議之款目，欲攬包工與經費之權，之洞嚴辭駁斥。適德人示好中國，遂商之德國之德華銀行。後英人不甘，之洞允可照德商辦法，改派他商來議。英方提英法合資滙理銀行，允之。英、法、德三國銀行合借英金五百萬鎊，粵漢鐵路聘英國工程師，款約規定建造工程及管理一切之權，全歸中國國家自行辦理，訂用總工程師合同，亦由督辦大臣核定。於宣統元年四月十九日，立草約合同。美忽欲加入借款川漢路，之洞堅不許，後俄亦要求分認。此時之洞心勞力絀，應付維艱，借款築路之事，幾不可問矣！

除築路款項籌借不易外，即路政自身，亦端緒紛紜，蓋三省利益各殊，商董從中把持，尤以粵省爲最。故三四年來，無尺寸之進，後之洞倡議官督商辦，廣東紳民疑懼，尤以其中中飽自甘者。更煽惑之。之洞於光緒三十四年，致電粵省鐵路經理梁震東曰：「……鐵路乃國家大政，此事三省利害相關，必須聯絡貫通其間，如各存有意見，不顧公益，阻礙全局之處，國家豈能不問，……粵人於朝廷簡派督辦大臣之命意，未全明悉，遂生疑懼，務望將此宗旨宣布，以安衆心。……」(註二八)又以督導方便，便於執行，特於湘、鄂、粵三省各設督辦分局，派王秉恩主粵局，奧董竟聯電之洞，請予撤銷。之洞以事態嚴重，乃於宣統元年二月二十七日，急電梁震東等曰：「……粵省善堂行商，藉詞股商堅持商辦，致有撤銷督辦分局之請，謬妄無理，實堪駭異。……股東散處四方，僅任少數董事，糾結壟斷，多一分局代股商監視其側，並不干涉財權，衆情正喜有所仰賴，豈有反生疑懼之理。是必確有弊竇，久事欺矇，忽有分局，近在咫尺，勢難掩飾，實於經手董事大有不便者，是疑懼不在股商，而在董事數人耳！……」(註二九)之洞並特將籌設分局之旨，剴切曉喻。善堂行商見之洞之電，始知公司中人，冒名發電之事。乃於四月初四日，電陳之洞，詳明原委，並請將公司諸董事奏革。廣州總商會、善堂、紳董並揭發公司弊端，請查賬懲辦。之洞於是電請粵督張人駿，委員淸查。(註三〇)於是此一軒然大波，終以之洞洞悉入微，直抉董事等隱私，令粵省官紳，得明眞象，未釀禍端，否則，難保其不成川漢鐵路之風潮也。惜未及設施，而之洞薨於位矣！然粵漢路權之收回，誠斯人之功也。

至於鄂境川漢鐵路，之洞以爲在鄂境者，宜由鄂籌辦，於省城舊洋務局設立川漢鐵路總局，委總會辦及參議，籌畫一切。派知縣張延鴻查勘由巴東至宜昌，由宜昌至荆門州，由荆門州至襄陽，由襄陽隨州取道徑達信陽，直接京漢鐵路。光緒三十二年，派委員牛崇等，查勘由夔至萬路工。並派左左木勘峽後距江較遠之路，同時派委員鄧鶴鳴等測勘由蔡甸經仙桃鎭一帶路線。後以宜、沙循江而下，輪船火車平行，僅得半利。決定由宜昌入當陽、荆門、仙桃、蔡甸、以至漢陽。至修路經費，之洞初擬借英款，以外部堅持不允，乃罷。三十一年，又擬以借洋款之法，改借川款，年息六厘，共借一千萬兩，以宜昌以上至邊境鐵路爲抵，二十年還淸，卒亦不行。三十三年，電郵傳部，請其於籌贖京漢路借款總額內，代借千萬，或千五百萬兩，爲鄂境粵漢、川漢兩路借撥之用，鄂只作借撥部款，認息分還。又未見納。三十四年，之洞兼督鄂境川漢鐵路大臣，乃決定借款修築，以速其成。而鄂省士紳不諒，竟紛紛反對。之洞曾云：蓋鄙人深知鄂力薄弱，路款宏鉅，故不殫苦口力勸，乃鄂人不能度德量力，一味痛詆反對。明珠按劍，從古罕聞。其以德爲怨，不足較論，而其自生荆棘，坐失鉅利，則深可憫耳！之洞幾奉半生精力於鄂，事無巨細，無不爲鄂民詳求，而其所報如此，良可嘆歟！

七、隄防之修整

鄂省夙稱澤國，依隄爲命者，數十州縣。之洞由粵蒞任之時，即爲大水潰隄之年。故於堤工之設施興築，特加意焉。光緒十七年正月，通飭有隄州縣，趕修隄防，令於二月底一體竣事，稟報勘驗。並將搶救物料，豫備齊全，免至出有險工時，倉卒措手不及。十八年十二月，又通令有隄防各州縣趕修隄防，加意防範。且於重要隄工，嘗躬往查勘，或派專員監修，不惜重費，以隄工堅實爲主。而其圖百世之利，使鄂人沒齒不志者，厥爲修省城外南北隄及漢口後湖長堤二事。

省城之南，保安門外白沙洲至金口六十里，舊有堤，爲周天爵所築，年久荒廢，僅有隄形可按。省城之北武勝門外新河起，經紅關至青山三十里，舊亦有隄，無修建年月，隄址宛然，高於平地數尺，每夏江水灌入，數十萬畝悉成湖蕩，其間有撫標，江夏縣馬廠，各數十里，亦被淹沒。之洞於光緒二十五年，始計劃修築。而江夏職員傅啓浩等，以舊案不准修隄，又湖涸失漁利，稟呈修隄不便。之洞痛加斥責。初從紅關至青山之隄着手，分作八段，委知州李紹遠、副將吳元愷、游擊張彪等，分段承修，因地勢之低昂，定隄身之高卑。高一丈至丈七尺，隄面一律寬二丈。此隄告成，乃着手白沙洲至金口之隄，分作十段興修。隄內地段，東過東湖門，南抵八風山。內有南湖、湯孫湖、黃家湖、青林湖、巡司河，夏間江水內灌，則諸湖及河道連成一片。改作新隄，涸出田畝不可勝計。隄綿亙五十里，增築一丈餘不等，隄面一律寬二丈。沿江舊有石磡岸，增築加高，使內水可洩，外水不入。並於武勝門外未有石磡岸處，一律加修石磡。內湖之水，須有閘以資宣洩，乃於巡司河建築閘座。之洞每旬必親往查工一次。閘成，名曰武泰。北段亦設閘，名曰武豐。北段隄共費銀五萬三千兩，南段隄共費銀三萬五千兩，閘工二萬兩，均由賑捐局存款支撥。三十二年，又於南段之闞家河、袁家河一帶，建築石磯三座。南北隄成後，派員設立清丈局，按地勘丈，清出官地，或仍舊爲畜牧之場，或劃作通商場界址之用，或撥作農務局耕牧之需。其民地驗有契據糧劵者，照契管業，每畝繳二百文，無主無契者，分別發給執照，繳四百文，令其繳租墾種，以作歲餘隄閘經費。共計勘丈官民田地約二十萬畝。

漢口後湖一帶，春夏之際，江漢盛漲，動遭浸溢。之洞於光緒三十年，擬築長隄，以禦水患。乃飭江漢關詳細履勘，自鐵路第一號地方皇經堂之裕豐垸起，長三百三十一丈五尺，接築新隄四百四十一丈五尺，復從長豐垸舊隄，至該隄閘口止，長一千三百六十丈，由閘口自杜家灣，經寶蓮庵至觀音寺止，長一千一百丈，由觀音寺至戚家墩前，長八百二十丈，由戚家墩斜接戴家山西頭，長一千二百九十丈，從該山東尾起，過龍骨溝，藤子岡前，循王家嘴，直抵鐵路一百五十號，長七百二十丈。共計工程六千三百餘丈，三十四里正。至修築經費，至撥充粵漢鐵路購股，買地專款之賑糶米捐項下借撥應用。當始議修時，羣議皆以爲不可，之洞不爲所動，終將此隄築成。涸出田十餘萬畝，澤國皆化爲市廛。三十二年派道員桑寶覆丈後湖地畝，凡藉漁課舊契，指爲己產，與侵佔官地無異，應將涸出地畝一律充公，酌定章程，呈繳契據糧單，復加勘丈，彙送清丈局辦理。此蓋爲漢口人民造萬世不朽之基業者也。

八、警察之創設

光緒二十八年六月初二日，之洞奏請於省城創辦警察，謂警察一事，實爲吏治之實際，教養之初基。立法甚嚴，而用意甚厚，東西洋各國視爲內政之第一大端。於是裁撤舊有之保甲，創辦警察，設立武昌警察總局，並推及漢口。於省城內，分中東西南北五局。城外分設東西水陸四局，以稽察戶口，保衛生民，淸理街道，開通溝渠，消除疫癘，防火救災，查緝奸宄，通達民隱，整齊人心爲宗旨，並欲將從前汛兵、差役、地保需索擾民之事，盡行革除。同年五月一日開辦，先募練警察步軍五百五十名，警察馬軍三十名，淸道伕二百零二名，並由上海顧募曾充捕頭之英人頓藍斯充總目。經費則取給於房捐。凡賃屋而居，開設店舖者，按房租抽十分一，業主租客各任其半。創立之始，新募警勇，多未諳警章，所著制服，亦頗不類，手執木棒，蹀躞街頭，崗位又無定所，警士自視甚輕，亦不爲人所重。蓋倉猝創辦，規劃未就之故也。然街道漸較淸潔，而栄亭分地建設，舊觀不復見矣。同年，挑弁目二十人，赴日本學習警務。旋以所派弁目，僅備管束警察軍之用，不能用之於籌辦局務。又另派補用知縣廷啓，補用鹽知事石沅，赴日本警察學校，詳研警察本源精義，立法綱要，及一切警察法規。二十九年，在閱馬廠設立警察學堂，派日本畢業學生充當教習，教練識字警兵以規則、操法。三十年，選派文武員弁四十七名赴日本，入警視廳及警察學校學習。三十一年，就仕學院改建講堂齋舍，擴充學額，仿日本選募巡查之法，招募身家淸白，文理明通者，入堂分甲乙丙丁四班，每班一百名，聘日本高等教習三員，教授警察應用學科，定期兩年半畢業。是年令襄、宜各地方將警察停辦，所收舖捐解省，充警察學堂經費。三十二年，考遴候補正佐各官三十一員，入警察學堂學習，兩年畢業。三十三年，警察學堂畢業者三百又二人，一律派赴武漢各局見習，三月期滿，先後委任職務，自是武漢警察頗具雛形，且逐漸推廣於各屬云。

九、獄政之改良

中國獄政之酷，爲世界之最，刑罰之烈，更無倫比。自暴秦至於有淸，代代相因，民受其困。列朝雖有所改作，非刑法弊端之革除，乃因行之者而稍甦。及人亡政息，其刑罰之荼毒如故。於是濫刑株累之酷，囹圄凌虐之弊，無時無之。淸人以異族入主中原，以殘厲爲鎭壓之手段，證之順治、康熙、雍正三朝所興文字獄之酷烈，動輒牽連數百人乃至千人者，實亙古所未有。之洞督兩廣時親見僅有兩楹三楹之牢房，而拘繫數十人至百餘人之囚犯。粤地酷暑，一年之中，大半苦熱，穢濕薰蒸，疾疫易起，瘐斃常多。州鄉之惻隱者尚知禁戒丁胥凌虐，昏昧者則付之不問。而一獄之成未定則待讞，既定則待報，往往經年累月，爰書未就而死者纍纍。然有淸獄政之窳敗，尙不僅此。百姓凡興訟，每有訴訟差役家丁，必索訟費，視其家道，以爲多少，至少者制錢四千，薄有田產者，任意誅求。不滿其慾者，詭曰案未傳齊，致官不能過堂。其尤傷天理者，不論原告被告，有理無理，動輒敲扑呼謈，血肉橫飛。地方官相沿已久，漠不動心。至於反覆刑求，拷掠之慘，多人拖累，瘐斃之寃，更無論矣。之洞有鑑於此，懷矜憫之情，仁者之心，於光緒十三年將廣東省城內綏靖營舊營房改修完整，增添房舍，建設遷善所，潔其居處，裕其衣食。認愚民犯法，但應治以例內之罪，不應使受非分之苦。

宜清理監羈，矜恤罪囚。二十七年六月初四日，於遵旨籌議變法謹擬整頓中法十二條一摺，其於恤刑獄條中云：「……誠以獄爲生民之大命，結民心，禦強敵，其端皆基於此，非迂談也。……徒以州鄉有司政事過繁，文法過密，經費過絀，而實心愛民者不多。於是濫刑株累之酷，囹圄凌虐之弊，往往而有。雖有良吏，不過隨時消息，終不能盡挽頹風。外國人來華者，往往親入州縣之監獄，旁觀州縣之問案，疾首蹙額，譏爲賤視人類。……外國百年來其聽訟之詳愼，刑罰之輕簡，監獄之寬舒，從無苛酷之事。以故民氣發舒，人知有恥，國勢以強。……外國聽訟，從不用刑求，罪重罕至大辟。中國遽難仿照，然而明愼用刑，向爲中國舊章。……」(註三一)之洞乃提出九條改革之法：曰禁訟累；曰省文法；曰省刑責；曰重衆證；曰修監羈；曰教工藝；曰恤相驗；曰改罰鍰；曰派專官。去差累，則訟累可除免；寬文法，則命盜少諱延；省刑責，則廉恥可培養；重衆證，則無辜少拖斃；修監羈，則民命可多全；教工藝，則盜賊可稀少；籌驗費，則鄉民免苛派；改罰鍰，則民俗可漸敦；設專官，則獄囚受實惠。而此一理想之實行，則爲湖北監獄之改良。

之洞初抵鄂省，即訪求民隱，求解民困，其中尤壞者，厥爲獄政之窳敗。蓋鄂省當時地方官之酷者，往往濫用非刑，人民多以微罪入獄，案久不結，濫押久繫，漠視民命。而獄卒丁役，借端凌虐敲詐，私刑拷打，更不待言。牢獄汚穢，暗無天日，人民不死於罪而死於久繫不審。之洞於光緒二十年即嚴飭各屬，謂濫押久繫，爲虐政之大端，或疾疫凌虐，日久瘐斃，或廢業糜費，因而破家。此雖無殺人之迹，亦與殺人無異。之洞爲是言者，可謂痛心疾首。二十四年，以江夏縣監獄屋宇狹暗，人數擁擠，汚穢不潔，疫氣薰蒸，疾病瘐斃者，往往不免。乃札臬司大加修改，添購地基，采用西式，務期屋廣院寬，通風避濕，器具齊備，整潔寬舒。總須與平民住房無異。令被禁被押之人，不受法外絲毫之苦。三十年，又札臬司飭各屬選擇寬敞地基，建設遷善，習藝等所，選匠教習，振其懶惰之心，予以自新之路。其監獄待質各所，地板務宜升高，溝道務期通濬。並嚴飭獄丁，看役禁卒等，隨時打掃清潔，毋令穢氣上蒸。並捐廉多備藥料，不時焚薰，以防疾疫。光緒三十三年五月二十九日，奏明新造模範監獄詳定章程摺，於省城縣署之東偏，購買民地，經始於三十一年十月，至三十五年五月竣工。一切體制，仿照日本東京及巢鴨兩處監獄規模，其管理之法，兼采東西各國，仍體察中國情勢之能行者，量爲試辦，以爲通省模範。並謂監獄之設，其旨要無非先之以摩厲，繼之以訓迪。當其禁暴之時，已期恥格之效。雖在禁錮之中，而處處宜施以矜閔之方，並實有教誨之事。模範監獄並設專官以統轄，醫生以治病，教藝以謀生，設誨教師以訓迪，教以改過遷善之道。由是之洞對獄政所抱持之理想，乃稍得實現焉。

之洞此項新政之鵠的，在使犯過者悔悟其非。蓋中人之資，不貴無過，而貴改過。今於犯罪者加其厚待，存其廉恥，減除從前酷虐之習，寓勸於懲。舉例言之，若幼年犯並教以小學課程，以迪愚頑，期於滌染自新卽是。故綜其大要，不外管理、衞生、教育三事，使化莠爲良，民氣和樂而已也。

之洞督鄂二十年，無日不在羣疑衆謗之中，然舉凡設施，無不在人耳目，其功業之赫赫，固自不可抑掩也。上列諸端，僅誌其犖犖大者。其他如文武教育之倡興，則當專章述之，於此不論矣。

第三節　拳匪之亂與東南互保

之洞一生之事功，於國家貢獻至深且鉅者，蓋爲庚子拳變之堅主剿滅與東南各省之互保。斯時中國北方雖被異族聯合蹂躪，燒殺搶虜，而江南各省得以免遭塗炭，淪於浩刼，實之洞之功也。史家每論其得失，多語焉不詳，或闕而不錄，更於之洞之苦心孤詣，忠藎誠篤之情，不稍聞問，竊深疑其非也。

拳匪自稱爲義和拳，原出之白蓮教。始於元末之韓林兒，及明有徐鴻儒者率黨起事，明廷目爲教匪，遂剿討之。清人入關後，教中徒黨，遂有抱反清復明之宗旨者。乾隆末年，白蓮教紛起四川湖北，蔓延河南陝西甘肅各省，剿撫八年，始告平定。至嘉慶十八年，因清廷漸次腐敗，有河南滑縣李文成，直隸大興林清等，以復明爲名，稱八卦教，或梅花團、大刀會、紅燈會等名目，佈之各地，以山東爲最多。其黨性質，不歸統一，或利用宗教迷信，以惑愚民；或用黨徒，以拒暴吏；或潛圖不軌，欲乘機肇亂者亦間有之，然例無殺外人仇外教之主張。至光緒二十六年（西元一九〇〇）四月，有匪首朱紅燈，倡亂山東，以扶清滅教爲名，巡撫毓賢令知府盧昌詒按問，匪擊殺官兵數十人，自稱義和拳。毓賢不之誅，更名曰團，團旗皆揭毓字。教士請保護不省，匪勢寖熾。德使詰問，乃調毓賢撫山西，以袁世凱代之。匪不得逞，乃奔西北，發難於良鄉。旬日之間，定興至蘆溝橋鐵路盡毀，分其黨入山西依毓賢。於是京畿震動，蔓延各省。共殺外人與教徒數千，釀成八國聯軍入京之大禍。

溯自中國甲午戰敗，割臺灣，賠巨款。未幾俄據旅大，德據膠州，英據威海，法索廣州灣。甚且蕞爾小國，亦大肆要求。各國更於鐵道敷設，鑛山開採等權，絲絲需索，不可終日，國是日非，朝野驚駭。清德宗親政，急思發奮圖雄，適廣東南海廣有爲，以布衣凡五上書，痛論變法維新，思求一澈底改革之法。而光緒帝之處母后積威，守家人皃臣之禮。滿洲親貴，乃至宮中宦寺，皆知有太后，不知有皇帝，故此皇帝之威權，實屬不可信賴。且康梁變法，多超越政治常軌。其本身位卑職小，又不足以號召，令人悅服，當不克靈活運轉於朝野。加以政令太驟，所變過速，舊勢力之非難梗阻，其事不成，可想見也。既康梁逃奔海外，六君子同日被戮，太后復垂簾，其間不過百日。史稱戊戌政變。守舊派以德宗在，恐於已不利，乃陰謀廢立。光緒二十五年十二月二十五日，忽下謹遵慈訓，立端郡王載漪之子溥儁爲穆宗毅皇帝之子，以繼皇緒之上諭。當時中外物議沸騰。時兩江總督劉坤一對於廢立，電爭死不奉詔，英國公使亦向總理衙門忠告：萬一皇帝有意外之變，影響所及，歐西各國，將與中國以不利。先是穆宗崩無嗣，依序當立醇親王之子端郡王載漪爲帝，然斯時廟議以德宗繼文宗之統，異日德宗生子，撫爲穆宗之子，爲皇儲。端郡王敢怒而不敢言，惟待機而已。德宗既以維新招尤，王大臣乃勸皇太后仍依序繼嗣，以端郡王子繼穆宗之嗣。允之，此大阿哥溥儁冊立之因也。德宗勢既失，端郡王以皇子生父得攬大權。其性剛愎，排外又力。而軍機大臣剛毅、徐桐、榮祿等，皆與之深相結託，端郡王遂隱然爲排外派之首。適義和團起山東，毓賢又極稱之，謂能逐洋人，端郡王、剛毅皆迷信之，奏請保護，慈禧又銜恨各國干政，使陰謀廢立德宗不果，義和團起，蓋欲依之以洩忿也。

義和團之祖法，本非以排外忠君爲旨。於此忽標扶清滅洋之幟，天下響應，如影附形，無論是匪非匪，皆以殺洋人爲快。蓋自中日甲午戰敗，外人之割我土地，掠我鑛權，早發國人保家族外之思。而列國傳教士，更乘中國衰弱，橫行不法，凡與搆訟之士，不問是非曲直，不經地方官，乃逕言之於駐京公使，直接與總理衙門交涉，不達所欲不止。總理衙門避煩累，屢飭地方官於教徒爭訟，須保護其利益，以免貽累政府。因之地方官明知其曲，而必使之勝訴。於是地方奸民，多託身教會，魚肉鄉里，以爲護符。因之士庶人等，視外國宣教師與教堂爲蛇蠍虎狼之地。義和團既以扶清滅洋爲宗旨，於是殺教士焚教堂一時風靡全國。

先是廢立之議甚囂塵上之際，之洞力持穩重，既不贊廢立一辭，亦不輕言歸政，議者以其首鼠兩端，有觀望苟且之嫌，然就其對拳匪之痛詆，主速爲剿滅之言論，則又知其非懼慈禧與當政王大臣者。其意乃在朝庭新遭大變，如再發不豫之端，在列強虎視之下，恐有瓜分之禍。故力求穩定朝局，不使萌亂也。之洞斯時爲封疆重臣，中外景仰。時兩江總督劉坤一，督辦滬寧鐵路之盛宣懷，甚至李鴻章、袁世凱，多少均受其影響。故之洞擁護慈禧之志一堅，各督撫亦隨之矣。

光緒二十四年，匪摯猖獗，天津京畿一帶，到處設壇練拳，以妖言惑民，從者益衆。官紳資助，甚至北京王宮貴宅，亦有延聘太老師入宮，設壇教拳。四月十九日，易州殺教徒六十餘人，二十九三十兩日，連焚長辛店，蘆溝橋、豐臺諸車站，並拆鐵軌，斷電線。五月初四日，英美法日俄德伊七國水兵五百餘人進北京，保衛使館。同日，之洞致總署榮中堂，天津裕制臺電云：「疊接北路電，拳匪因鬧教滋事，勢甚猖獗。定興至蘆溝鐵路機廠車輛料廠盡毀，實堪駭異。滬南保正鐵路及保定料廠，均屬可危，如進兵稍遲，必致全路俱毀。糜款數百萬，如何修復。……此等匪徒，抗拒官兵，戕殺武職大員，擾近都門，毀壞國家所設鐵路，法所當誅。……此乃藉鬧教而作亂，專爲國家挑畔。且鐵路與教堂何涉？可見實係會匪，斷非良民。若滋鬧不已，恐豫東義和團匪徒，聞風響應，剿撫均難。且各國必以保護教士教民爲詞，派兵自辦，大局將難收拾。……再洋人於鐵路經過之地，皆欲自募兵保護，蓄謀甚深。……若直隸官兵不能保路，則湖北鐵路洋人必再申前說，自行募兵，無詞以拒之矣！將來自漢至蘆，沿路皆設洋兵，中原尚可問耶。洞爲大局起見，難安緘默，故敢抒其管見，不僅爲蘆漢鐵路也。……」(註三二)之洞認政府於拳匪姑息，實爲大誤，更信其能避槍彈，尤屬荒誕。至於欲恃拳匪攻逐洋人，眞可謂爲奇談。其於大局焦灼之情可知。光緒二十六年五月二十四日，之洞與李秉衡、劉坤一、鹿傳霖、王之春、松壽、于蔭霖、俞廉三等東南督撫，會銜電致總署，大意謂：「各國洋電皆以拳匪妄殺開畔，我不速剿，致動衆怒。……查拳匪符咒惑人，傳教煽亂，實不能避槍彈，……是爲邪教。……毀壞國家所設電線鐵路，値數百萬，……又毀壞京外洋房民房無算。……卽不與各國開畔，亦應痛剿，況無故戕洋洋人洋房，殺日本參贊。今海口已被占奪，都城布滿洋兵，增兵增艦，日來日多，禍在眉睫，直不忍言。從古無國內亂民橫行慘殺，而可以治國者，亦未聞一國無故與六七強國一同開衅，而可以自全者。……仰懇皇太后皇上聖斷，念宗社之重，速持定見，勿信妄言。明降諭旨，力剿邪匪，嚴禁暴軍，不准滋事。速慰各使館，力言決無失和之意。……明諭各省保護洋商教士，衆怒稍平，庶可徐圖挽救宗社安危，所關間不容髮，再過數日，大局決裂，悔無及矣！……」(註三三)

先是慈禧陰謀廢立之際，遭榮祿勸阻而止，榮祿實非反對，因懼外人干涉而出之也。由是慈禧深惡外人，屢思報復。適拳匪亂起，毓賢亟稱之，端郡王載漪、啓秀、剛毅又復推波助瀾，慈禧因思恃拳匪以抒舊恨。而五月二十五日向各國宣戰之機，乃由聯軍要求慈禧歸政之傳說而起。惲毓鼎崇陵傳信錄云：「……五月二十一日未刻，復傳急詔入見，申刻詔對儀鑾殿。……太后隨宣諭：頃接洋人照會四條。一、指明一地，令中國皇帝居住。一、代收各省錢糧。一、代掌天下兵權。……今日釁開自彼，國亡在目前，若竟拱手讓之，我死無面目見列聖。等亡也，一戰而亡，不猶愈乎！羣臣咸頓首曰：臣等願效死力，有泣下者。惟既云照會有四條，而所述只得其三。退班後詢之榮相，其一勒令太后歸政，太后諱言之也。……羣臣既退，集瀛秀門外，以各國照會事，質之譯署諸公，皆相顧不知所自來。或疑北洋督臣裕祿實傳之，亦無之。嗣乃知二十夜三鼓，江蘇糧道羅某，遣其子扣榮相門，云有機密事告急。既見，以四條進。榮相繞屋行，徬徨終夜，黎明遽進御，太后悲且憤，遂開戰端。其實某官輕信何人之言，各國無是說也。……」(註三四)再據袁昶亂中日記殘稿所記，上書榮祿之羅糧道爲羅嘉杰，其五月二十四日之日記云：「……決戰之機，由羅糧道嘉杰上略園相書，稱外人要挾有四條，相出示同列，其一條請歸政，不知確否，各公使無此語，豈出於各水師提督照會北洋耶！北洋不以上聞，而輕啓當國者，此人乃禍首也。致觸宮闈之怒。端邸、徐相、剛相、啓秀等，又力主懲治外人，推評之機遂決。……」(註三五)榮祿於戊戌政變之際，爲阻撓新政之首要，此時深計如歸政德宗，將不免於禍，故以聯軍之要求入告，以激慈禧之怒，藉無知拳匪之力，啓禍國殃民之端，置國家利益於不顧，亦私心之所致也。

外人要求歸政之說，亦非空穴來風，無所據按，此於各疆臣及使臣往來文牘中，亦可窺見一斑。

光緒二十六年六月初，德國憤使臣被殺，主張復辟。盛宣懷電告張之洞，並分電劉坤一、李鴻章、王之春、俞廉三、袁世凱等，將駐德大臣呂海寰，電告東南督撫，陳述德國政府要求慈禧歸政之主張時，曰：「……此電德外部語多離奇，萬不可轉總署，必干朝庭震怒，且東南大局，更將決裂矣。……」（註三六）宣懷並另電海寰曰：「……現內間正在主戰，外間與各國商議辦法，本是權宜之計，況德外部語多離奇，尊電若轉總署，必干震怒。現峴帥與各督撫議不轉去矣。萬望尊處，切毋電總署爲禱。外部若詢問，只可以渾淪語應之耳！……」（註三七）是知盛尙能顧全大局，較掌國鈞之榮祿，有足多者矣。八月十六日，之洞又接盛電稱：「……昨新使翻譯葛爾士來晤謂：德主英武，必欲換一般政府，則諸事可商。意在歸政也。……」（註三八）是則歸政之說，德已循外交途徑，正式提出試探矣。八月二十四日，出使日本大臣李盛鐸，電呈日本國書云：「……大皇帝如果切望和平，宜明宣諭旨，斷不舉用守舊頑固之人，極應簡選中外望重有爲者，派爲大臣，另立新政府。並望大皇帝不幸陝西，即回北京，以靖民心，而表自覺開罪友邦之過，則各友邦，豈有不允議和之理。……」（註三九）此一國書中未言及太后，反主立新政府，其意不難概見。雖和議已開，自不忘其探詢意也。之洞於光緒二十六年八月十九日，致東京留學生監督錢念劬電云：「……東人語，問和後如何立國，不知其意何指，或是問如何治理之法也。……」（註四〇）是之洞明知日人意在探詢歸政一端，乃故作遁詞以諉之世。同年六月十九日，李鴻章獲出使英國大臣羅豐祿電云：「……德外部畢魯，通行會盟各邦牘云：德無瓜分中國之意，亦並不乘取權利，德國之條件，在華擬辦之事有四：㈠保德民在華身產工程。㈡救在京被圍歐人性命。㈢助中國眞正國家定亂保法。㈣責中國賠償已毀身產等語。……」（註四一）其第三項隱指

歸政德宗之議甚明。故於當日鴻章電之洞謂德人欲助中國眞正國家定亂保法。含蓄頗大云云。(註四一)

其後英、日、法等國，亦因其駐京使館被圍，公使僑民多受傷害，相繼對淸廷提出警告，之洞於六月十四日致電李鴻章、劉坤一曰：「……各國最憤傷使，攻津洋兵，俱以救使爲言，羅使電：若害各國使臣，要政府抵償。呂使電：德主甚怒，派鐵艦四，快船一，矢取北京。裕使電：若傷各國使館人員及商民，要政府償命。上海英領事霍倫電：奉英外部電：如各國欽差，各色西人受傷害，必將其罪歸於北京主謀之人。……語極兇悍，實堪髮指。……」(註四二)綜上以觀，各國於拳匪肇亂之機，殆有歸罪慈禧之意，並以惡語脅淸廷，隱有歸政意也。蓋欲德宗歸政之後，政治形態丕變，中國將緩其排外舉也。

當「罪己詔」下之後，上海「中外日報」以「讀七月二十六日上諭恭註」爲題，評其事曰：「……天下之持論者，內自臣民，外至各國政府，與其通議人士，蓋莫不痛恨於夫己氏！咸欲食其肉，而寢其皮，而於我皇上，則萬口一聲，初無異詞。益以嘆我皇上之潛德弗耀，不克親操政柄，宏濟艱難，以大造我國家。而初不因時事之阽危，大局之糜爛，謂於聖德，或有所損也。……」同年閏八月初八及十三兩日社論評及歸政之事曰：「……東西各國能採而行之，非特各國之利，抑亦中國之利，不得以其爲外人所言，遂疑其無裨於中國也。……」該報並屢申歸政實利國利民之機，切望掌實力之各疆臣聯銜會奏，力爭此着。且認慈禧不恤割地賠款，惟懼歸政一事。此等輿論，自拳亂之日起，聯軍入侵以來，幾無日無之。而睽諸當日情形，如各疆臣支撐，庶幾有望。其意念特堅，鼎力支持於慈禧者，以之洞爲最力也。

拳匪既藉廷樞王公大臣與夫慈禧之勢以肆亂，各國聯軍更復以救使為名，集海陸軍力以進攻。時排外派勢大熾，光緒二十六年五月十五日有旨，以端郡王載漪管總署，禮部尚書啓秀在總理衙門王大臣上行走，刑部尚書趙舒翹為軍機大臣，並召董福祥率甘軍入衛北京。溫和派慶親王奕劻、廖壽恒等俱退職。在此內外交煎之下，大局阽危，為國之重臣者，當以穩定局勢為重。故之洞於拳匪則主痛剿，於慈禧則主安穩，同年五月二十九日，致電錢念劬曰：「……大局難料，欲存中國，總須慈聖安穩為第一義，不然，中國不能久矣。……」(註四三)於外人則主力保北京使節，維護洋人生命財產。除反對歸政一端，餘皆干慈禧與舊黨之怒，故七月初三日，載漪矯旨殺許景澄、袁昶等，亦頗令之洞慌恐。許同莘張文襄公年譜有云：「許、袁皆門人，聞訊駭悼，西人以此慮江、鄂督終將不安於位，深以為憂。」(註四四)之洞之政見既與守舊黨距離甚遠，又深惡彼輩愚昧之舉，自不見容於若輩，則己身能否免禍，實難逆料。其一意不贊成歸政者，乃為國家計，非為本身利害計也。

北京之戰局既開，東南各省之督撫，以之洞為首，倡議所有洋商教士，力任保護，江督劉坤一和之，各省督撫亦鼎助之，卒使洋兵未入東南一步。並以五月二十四日以後之上諭為偽詔，辭不應命，並密而不宣，免生意外枝節。除張、劉二督外，其他如兩廣總督李鴻章，閩浙總督許應騤，山東巡撫袁世凱，湖南總督俞廉三等，皆能洞悉大局，未有盲昧誤事者。五月二十一日致長沙俞撫臺錫藩臺電云：「拳匪橫肆，西保定，東天津。北京城到處焚殺教民，毀鐵路，壞電線，派民間供糧。洋工師、教士斃數名，董軍助之，殺日本參贊。京內東城洋房教堂全毀，殺教民數百。……政府總不肯勦。京畿鼎沸。……慶邸出總署，端邸進總署。各國兵艦到大沽四十艘。十九日奪據我礮臺，各國同時開衅。津保到京電線均斷，大局危急。鄂電署電奏力請主勦共三次，上密告，望勿盡情宣布。」(註四五)二十二日致江寧劉制臺電云：「……昨英領事來見云：英政府電令渠來告，欲派水師入長江，幫助彈壓土匪。鄙人力阻之。謂鄂已添重兵，出告示，飭州鄉禁謠拿匪，敢有生事，立卽正法。所有洋商教士力任保護，並云已與台端商妥，意見與我同。長江以內上下游有我與劉峴帥，力任保護之責，必可無事。若英水師入江內，恐民間驚擾生事外，恐各國援例效尤，轉爲不妙。……英水師欲據長江，若我不任保護，東南大局去矣。」(註四六)是知之洞高瞻遠矚，中國北方糜爛之際，東南生靈却免遭塗炭，之洞之功也。然倡其事者，實爲徐致祥劾之洞疏中所云之細人趙鳳昌也。

趙鳳昌惜陰堂筆記云：自五月初良鄉車站拳匪發難，京津響應，各省人心浮動。或信以爲義民有神術。上海各國軍艦連檣浦江，卽分駛沿江海各口岸，英水師提督西摩擬入長江，倘地方一有衝突，大局瓦解，立召瓜分之禍。憂思至再，訪何梅生商之。予意欲與西摩商各國兵艦勿入長江內地。在各省各埠之僑商教士，由督撫聯合立約負責保護。上海租界外人任之，華界保護華官任之。總以租界內無華兵，租界外無一外兵，力杜衝突。梅生極許可，惟須有任樞紐之人。盛杏生地位最宜，請卽往言之，並云：此公必須有外人先與言，更易取信。當約一美國人同去。杏生尚慮端剛用事，已無中樞，余謂可由各督撫派候補道員來滬，隨滬道與駐滬各國領事訂約簽字，公不過暫爲樞紐，非負責之人，卽定議。由其分電沿江海各督撫，最要在劉張兩督。劉未覆。余約沈藹蒼赴寧、再爲陳說。旋得各省覆電，派員來滬。盛擬八條，予爲酌改，加漢口租界及各口岸兩條，並迅定會議之日。議時美國總領事因五月二十五日上諭，飭全國與外人啓衅，開口卽云：今日訂約，倘貴國大皇帝又有旨來殺洋人，遵辦否？盛告滬道，答以今日訂約，係奏明辦理。美領謂已荷俞允，卽簽約。(註四七)東南互保之意旣立，其旨在使華洋各民之生命財產得以保全。之洞更與各國領事交涉，並電出使各國大臣，婉商於駐在國之外部，均荷俞允，江督劉坤一又齊心協力，卒使半壁河山，無絲毫之損。光緒二十六年五月二十八日，乃致電上海領袖大西洋總領云：「上海租界歸各國保護，長江內地各國商民產業，均歸督撫保護。本部堂與兩江劉制臺意見相同，合力任之。已飭上海道與各國領事迅速妥議辦法矣，請尊處轉致各國領事爲禱」。同日又致電江寧劉制臺，上海盛京堂云：「……請卽刻飛飭上海道與各領事訂約。上海租界歸各國保護，長江內地均歸督撫保護，兩不相擾，以保全中外商民人命產業爲主云云。並請申明敝處意見相同，如有應列敝銜之處，卽請峴帥酌量轉飭。再杏翁思慮周密，敢懇杏翁幫同與議，指授滬道，必更妥速，尤感，但恐各領事必須敝處派員，擬卽派陶道申甲迅速赴滬與議，惟請告上海道及盛京堂，先與速議，不必候陶」。盛宣懷亦深以爲京畿天津之戰，決不能久，終必大壞，宜趁未宣戰之先峴帥香帥督同地方官保全外人民命產業，如有亂端，卽責成文武彈壓，以靜人心。東南三大帥以救社稷蒼生爲務，似非從權不可。若一拘泥，不僅東南同毀，挽回全局卽難。是知疆臣謀士，上下一心，其事當無不成。卒於五月三十日，由上海道余聯沅爲代表，沈藹蒼爲幫辦，盛宣懷從中折衝，卒達成協議九條。六月初一日，盛電之洞云：「卅會議章程呈核：

一、上海道余現奉南洋大臣劉，兩湖督憲張電示，與各國駐滬領事官會商辦法，上海租界歸各國公同保護，長江及蘇杭內地，均歸各督撫保護，兩不相擾，以保全中外商民人命產業爲主。

二、上海租界公同保護章程，已另立條款。

三、長江及蘇杭內地各國商民教士產業，均歸南洋大臣劉，兩湖督憲張允認切實保護，現已出示，禁止謠言，嚴拿匪徒。

四、長江內地，中國兵力已足使地方安靜。各口岸已有各國兵輪者，仍照常停泊，惟須約束水手人等，不可登岸。

五、各國以後如不待中國督撫商允，竟至多派兵輪駛入長江等處，以致百姓懷疑，藉端起衅，毀壞洋商教士人命產業，事後中國不認賠償。

六、吳淞及長江及各礮臺，各國兵輪切不可近臺停泊及緊對砲臺之處，兵輪水手亦不可在礮臺附近地方操練，彼此免致誤犯。

七、上海製造局、火藥局一帶，各國允兵輪勿往遊弋駐泊，及派洋兵巡捕前往，以明各不相擾。此局軍火專爲防勦長江內地土匪，保護中外商民之用，設有督撫提用，各國毋庸驚疑。

八、內地如有各國洋教士及遊歷各洋人，遇偏僻未經設防地方，切勿冒險前往。

九、凡租界內一切設法防護之事，均須安靜辦理，切勿張皇以搖人心。」(註四八)

當時北地糜爛已甚，京城混亂不堪，南北交通斷絕，電線亦爲拳匪所毀，音信不通。之洞數度上書，皆由東撫袁世凱轉寄總署，無一次獲覆。六月初三日，接保定局三十日轉來榮祿電報，字裏行間，俱見情實，其人雖自私利己，然大局至此，亦感慌忙難安矣！其電略云：「……來電敬悉。以一弱國而抵十數強國，危亡立見。……祖宗創業艱難，一旦爲邪匪所惑，輕於一擲可乎！此均不待智者而後知也。上至九重，下至臣庶，均以受外人欺凌至於極處，乃既出此義團，皆以天之所使爲詞。區區力陳利害，竟不能挽回一二，後因病不能動轉，假內上奏片七次。無已，勉強力疾出陳，勢尤難挽。至諸王貝勒羣臣內對，皆衆口一詞，諒亦有所聞，不敢贅述也。且兩宮諸邸左右，半係拳會中人，滿漢各營卒中，亦皆大半。京中數萬，來去如蝗，萬難收拾。雖兩宮聖明在上，亦難扭衆。天實爲之，謂之何哉！嗣再竭力設法轉圜，以圖萬一之計。始定在總署會晤，冀可稍有轉機。而是日又爲亂匪將德國使臣擊斃，從此則事局又變。種種情形，千廻萬轉，筆難盡述。慶邸仁和，尙有同心，然亦無濟於事。區區一死不足惜，是爲萬世罪人，此心惟天可表，慟慟！……時局至此，無可如何，沿江海勢必戒嚴，尙希密爲布置，各盡其心，祿泣電復」。（註四九）由此可見當時拳匪之猖獗，京城王宮貴邸，亦多延聘太老師入宮，設壇敎拳，其毫無忌憚之情，蓋可想見，而欲阻其勢，實屬不可能者也。

五月二十五日上諭宣戰旨既下，之洞於二十九、三十等日奉廷寄廣招義民，布置戰守，相機審勢，竭力辦理。之洞奏稱現今只有亂匪而無義民。東南互保之約方就，而淸廷宣戰之諭旨又下，承其事者因其影響太大，不免有所恐懼，並引起各國領事之懷疑。故之洞於六月初二日電致江寧劉制臺，上海盛京堂，余道臺云：「此間並未奉到宣戰諭旨。無論北事如何，敝處與劉峴帥一力承擔，仍照原議辦理，斷不更易」。次日再致電劉、盛、余三人云：請速致意各國領事，如見廿八日宣戰上諭，不必疑慮。鄂寧已奉到廿九、卅等日廷寄，有現在京城仍極力保護各國使館，及相機審勢，保護疆土等語。督撫自當恪遵此旨，執守滬約，盡力保護，以全東南大局。……」（註五〇）之洞之決心於此電中可窺全豹，然當時朝旨既下，東南疆臣亦必宜遵守，其中如有一省一州不輸誠同心，戕害敎士或洋商，東南互保之約，卽成具文。是以之洞反復與各省軍政大員勸諭商討，百計籌維，並以其忠勤之聲望，予各大員以影響，卒能維護東南互保之約以實現，睽諸當時情形，實非易事。在其致江寧、成都、蘇州、安慶、南昌、長沙等地撫臺電中陳明利害，並申明拳匪在王公府第兵民皆有，勦之則患生肘腋，兩宮不免爲所挾持。「……弟遂與李傅相、劉峴帥暨沿江各督撫，仰體兩宮苦衷，謹尊相機審勢，保守疆土，接濟京師等諭旨，電外洋駐使，切商各國政府暨派員在滬與領事會商，力任保護洋商洋教，囑其勿擾東南。現各國已允，如內地安靜，實力保護，洋人定不擾及東南沿江沿海各省，然已頗費周旋。現各領事尙頗多疑，慮萬一長江一處稍滋事端，卽立成變局，南北同時糜爛矣！是以各省會商，所有近日開戰賞拳各諭旨，一概暫勿宣播。內防奸匪藉端，外免洋人口實。顧全東南大局，方能接濟京師也。迨奉招集義和團禦侮之旨，更未敢宣布。並已會峴帥奏明，長江只有會匪，並無此項義民。……」(註五一)之洞並馳電駐外使臣，與各國外部婉爲解說，並囑各使朝廷如無促歸之意，萬望妥酌勿遽回國，留爲日後轉圜之地。十月初四日，英水師提督西摩來訪，欲派艦入漢深水，之洞言水淺不可。西並詢接濟董福祥軍否？之洞力辯，並告以懲董難行之故，西意始解。是知所謂東南互保之維護，其艱巨之情乃在上抗守舊黨之令諭，次與各撫臣會商，必得互諒，行動始克一致，如一處不善，卽予洋人以口實，大局立可瓦解，再次與驕橫跋扈之各國領事帶兵洋將婉轉商酌，方能令彼等就範。之洞之苦心孤詣，深謀遠慮，卒保中國東南半壁，免受兵燹荼毒之苦，拯億萬生靈於塗炭之中也。卽以洋商教士言之，彼等之生命財產，因之洞等之極力保護，乃得以全。時沿江居民，雖因私人暴動，虐殺外人之舉尙不能免，然眞正排外團體，終不得見也。其他各地則不然，京、津、大沽姑不論矣，直隸灤平縣生埋教士一名；景州教民多被殺。京正路之技師與家族被攻擊。大名、元城、南樂諸鄉之教士，多受虐遇。山西因毓賢爲巡撫，排外特甚。太原殺洋人四十名；汾州殺教士以下十名；河津殺教士家族七名；大寧殺女教士三名；孝義殺女教士二名；忻州殺外人十餘名。歸化殺教士以下十四名。隰州殺教士一名。曲沃殺教士一名，家族三名。和林格爾城，托克托城，共殺外人與教民一千五百名。此外大谷、寧遠、呼蘭，皆有殺害。盛京省殺教士四名，中國教師二名。黑龍江省齊齊哈爾殺教士三名。呼蘭城殺教師之頭懸於廟門。巴彥州殺教師二名，殺教民多人。蒙古搭拉特王殺教民八百餘人，蒙古喀拉善王驅逐天主教民出境。蒙古中醫爾王亦殺害教民甚衆。而在東南沿海沿江各省，因私人之仇外而肇禍者，僅浙江之衢州殺外國男女七名；湖南衡州刮教師之雙目；江西南城縣破壞教堂；南豐縣殺害教民等等，事將發，地方官卽予平定，或予合理之解決，損失均屬輕微。故之洞所倡議之東南互保之約，收效旣宏且大焉。

聯軍旣陷大沽礮臺，天津屛障已失，光緖二十六年六月十七日，天津城陷，北倉、楊村、通州、相繼失守，七月上旬，進逼京城，二十一日城破，兩宮西狩，依居庸關盆道方面蒙塵。隨駕者端郡王、慶親王、肅親王、倫貝子、剛毅、趙舒翹、溥興、鹿傳霖等。閏八月初八日，由太原西幸長安。

聯軍旣陷北京，乃大肆掠奪，各利其私，所管區域內官有民有之金銀寶物，無一存留。一時利慾薰心，相互猜忌。其大者如俄法二國軍，佔有景山萬壽山與沿北海南海諸宮殿，大起英日將官之忌刻。而日軍收戶部之金銀，與占領皇城東北西三門，亦大起各軍之紛議。於是皇都之精華，與數千年歷史相傳之寶物，全爲刼奪而去。八月，俄軍儘佔我東三省。除官軍死傷不計外，並將我布市無武裝之商民三千餘人，驅入黑龍江，老弱男女，一同溺斃，其慘無人道之狀，實堪髮指。

之洞見大局糜爛如此，乃於七月二十六日，電李鴻章請自任議約，阻各國勿進兵追襲。八月一日，鴻章奏行在請旨，派奕劻、榮祿、劉坤一、張之洞同爲全權大臣，便宜行事，卽與各國開議。奉旨派劉坤一、張之洞函電會商。然當媾和談判開始之際，德外務大臣畢羅提和局未開之前，須令中國政府，將國際法上犯罪之元兇，先行交付之議，各國無以應。適李鴻章、劉坤一、袁世凱會之洞聯銜奏請旨將統帥拳匪之莊親王載勳、協辦大學士剛毅、右翼總兵載瀾、左翼總兵英年、及縱庇拳匪之端郡王載漪、查辦不實之刑部尙書趙舒翹等革職撤差懲辦。二十六日，之洞與兩江劉坤一，又電致全權大臣，請旨優卹被戕德使及日本書記官。閏八月初二日上諭莊親王載勛，恭親王溥靜，貝勒載濂、載榮、均着削去官職，端郡王載漪從寬撤去一切差務，並着停俸，交宗人府議處。輔國公載瀾、都察御史英年，着交該衙門嚴加議處，協辦大學士剛毅，刑部尙書趙舒翹，着交部議處。斯時在京各國公使，恐議和之際，各國要求不盡一致，有礙談判進行，乃先開公使會議於北京，會中議懲禍首，皇太后之處分，政府改造，賠償金額諸端，終議決媾和案十二條，卽光緒二十六年十一月初二日各國公使交付中國媾和全權大臣之媾和案是也。至二十七年七月二十五日北京和約議成，其條款主要者如左：

一、德公使被害一事，中國皇帝欽派醇親王載灃爲頭等專使，往德國表歉意。

二、端郡王載漪、輔國公載瀾、加恩禁錮新疆，永不赦免。莊親王載勛、英年、趙舒翹、均賜自盡。毓賢、啓秀、徐承煜均正法。剛毅、徐桐、李秉衡追奪原官革職。徐用儀、立山、許景澄、聯元、袁昶均開復原官。董福祥革職。各省地方獲咎官吏，依本年三月十一、四月十

七、七月初六各上諭，所定各罪案懲辦。又虐殺虐遇外人之城市府縣，均停止文武考試五年。

三、日本書記官被戕一事，由中國皇帝簡派戶部侍郎那桐爲專使往日本，表惋惜之意。

四、外國墳墓被汚瀆挖掘之處，由中國政府給費建立滌垢雪侮碑坊。

五、中國政府，允准二年之內，將兵器彈藥，與製造兵器彈藥之材料，禁止入口。

六、中國皇帝允付諸國償款海關銀四百五十兆兩。

七、中國政府准依附圖，劃淸各國使館境界，使館區域內全歸公使管理，不准中國人住居。且各國爲保護公使館，得置護衞兵於使館區域。

八、中國政府允將大沽礮臺及有礙北京至海濱間交通之各礮臺，一律剷平。

九、中國政府承認各國占領黃村、廊坊、楊村、天津、軍糧城、塘沽、蘆臺、唐山、昌黎、灤州、秦皇島、山海關等處，以保北京至海濱，無斷絕交通之虞。

十、中國政府，對於各府廳州縣，二年之內，頒佈左記各上諭：

甲、永禁加入排外團體，違者處斬。

乙、列舉懲辦犯罪人罪案。

丙、虐殺苛遇外人之府縣城鎭，停止考試。

丁、各省督撫文武大吏及有司各官，倘遇有傷害外人之事，不能立卽彈壓懲辦者，革職永不敍用。

十一、中國政府，承認襄辦白河黃浦江二水路之改善方法。
十二、中國政府將總理各國事務衙門，改爲外務部，班列六部之首，又更定各國欽差大臣謁見皇帝禮節。

右述之媾和條款十二，於七月二十五日批准。之洞反復與訂約全權大臣電商，始將第五條稿約之「中國政府允依各國協定之條件，禁止兵器與製造兵器彈藥等材料之輸入」改爲二年之限制。並於賠償戰費貢獻意見亦多，電商各國請減賠款，製造軍火之機器物料進口者勿禁。英美答覆機器物料可不禁。美允減輕賠款，英謂所索必少於他國。更請乘機商限制教士教堂辦法，尤以俄約之延期簽訂與最後不了之局，之洞與劉坤一致力更宏。

溯自拳匪倡亂，聯軍入據北京，慈禧脅德宗西狩，主事守舊王大臣等禁錮伏誅，前後一年有餘。除東南沿江海各省未遭蹂躪外，北方諸省多至十室九空，屍橫遍野，加以京畿附近原本旱災嚴重，經此一亂，民何聊生？且賠款四億五千萬兩，百姓血汗早盡，此款更何從出？是知清政府已日薄崦嵫，縱有如之洞、坤一等忠藎之臣，亦不能起其沉疴，惟延時日而已。政治腐敗，自私短視，禍國殃民，一至於此，良可痛也！

第四節　結　論

縱觀之洞政治貢獻，功在國家者三。曰中法越南之戰。曰督鄂之治績。曰東南互保之助成。而中法之戰雖勝，因當國者不察，終喪藩屬。其最可垂範久遠者，厥爲後二者焉。之洞督鄂達二十年，視鄂省爲第二故鄉，諸凡興革設施，均爲國家立百年之大基。武昌十年革命所以起於是者，在該地基礎穩固，可據以爲根本故也。至於東南互保條約之簽訂，更可流芳千古，永垂靑史。微之洞，以當時情況言之，倘外人率艦入江，東南富庶之區，必至糜爛，一發不可收拾。中國瓜分之禍當不能免，以後中國是否能生存於世界，恐將成爲疑問。是之洞非僅忠於淸廷，亦有利於後世也。

光緒十五年十一月，之洞蒞鄂之時，正淸廷粉飾太平之際。文恬武嬉，百務廢弛，士大夫篤守故常，諱談洋務。上下欺蒙，虛誕矯枉。而鄂省自胡林翼而後，繼起無人，泄沓成習，視同傳舍。官吏更因緣妄進，政不在民，魚肉鄉里，上行下效，廉恥道喪。學子則但習帖括，斟酌於筆墨之間，於時務一無所聞，淺陋不經，頑固難馴，欲期此輩經國家，定社稷，實緣木以求魚。重以讎教四起，拒斥外人，凡關洋人事物，不論其良否，一概視爲蛇蠍。似此諸端，不惟富強不可期，且幾如亂絲之不易理也。

有淸一代，採行中央集權之制，疆吏外任俱皆拱手聽命於中央，一紙詔旨，生殺予奪，或去或留。雖洪楊亂後，疆吏多以功高者居之，或議其季世爲外重，實不盡然，與往昔無稍軒輊。官吏一命以上，皆由中選，財政軍政人事諸大權，皆由中央控制，外省縱有興作，必先奏明而後始能舉辦。奏銷案，部中又多方挑剔，故疆臣多以不作一事爲固位之方。之洞當時被譽爲巍科名流，號稱倚畀甚隆，能行己意，然夷考其實，却日日在憂讒畏譏之中。徒以小心翼翼，中立不倚，得明哲保身之道，非淸廷之眞能信彼也。且淸制督撫同城，隱有互相牽掣監視之意。之洞督兩廣時卽深以爲苦。甲申易樞之後，高陽李相，戶部尙書閻敬銘相繼去位，奧援頓失。當國者如翁同龢輩，事事與之洞爲難，排擠惟恐不力。故之洞乃有十年以來，千辛萬苦，衆謗羣疑，皮骨僅存，生意已盡；徒以生性不合時宜，政府事事督過，皆坐待以空言糜費四字，詬厲叢集之嘆！是知辦事之難，忠藎之招謗也。

之洞官鄂最久，視鄂事如家事，昕夕經營，思爲鄂省公私謀永久之福利，苟有利於楚地者，不恤竭全力以爭之。首實業，次武備，次教育，或齊頭並進，或次第舉行，以富強爲治病之藥，一點一滴，銖積寸累，作一分有一分之益，脚踏實地，重力行而不務空談，故在鄂之政，百廢俱興，實業工廠逐一建立，學校上自省城，下至縣屬，無一無之。武備則汰冗員，去庸劣，綜覈名實，官必有職，兵必受訓，一時爲全國之冠。至於興鐵路，開鐵廠，造槍礮，理財政，更其犖犖大者，世人皆知，毋庸贅述也。之洞治鄂尤堪令人注及者，其一在其遠識超人。之洞治在一方，而能統籌全國之利害；治在一時，而嘗爲數十百年後世之功。即以築鐵路言，議者僅謂其能運軍轉餉而已。之洞却以盡地利，通財貨，暢風氣，抵洋貨爲言。理財者，總以搜剝商民爲長策，之洞却以理財以賠錢爲主義。當舉國鼾睡粉飾太平之際，之洞却以購機器，籌工廠，去侵蝕，製槍械爲務，惟恐時之不及而後於人。議修川漢粵漢鐵路，舉國以借外債爲飲鴆之計，之洞獨主借款以修路，以速其成。庚子以前，之洞則提倡西法、西學，開風氣之先，及上下爭言變法，之洞又以保存國粹爲言。此所謂高瞻遠矚，先知先覺者也。其二爲毅力。俗謂凡事因者亦爲力，創者難爲功。而之洞之所措施，皆屬創舉。每著手之初，羣疑衆謗，阻力橫生；即左右共事之人，亦且慮其難成。如稍不堅持，則一事不能舉辦；即舉辦矣，或中途廢阻。之洞認爲宜作之事，雖險阻艱困，非堅忍則不能克其成。如漢口之後湖隄工，海署以爲工艱費鉅，難以竣工，挻修時士民阻撓，官吏非笑，工徒驚駭，以爲必不可成，而之洞不爲所動，卒爲漢口市民立子孫萬代不朽之基。又如改辦百貨統捐，官吏百端阻擾，忧以餉必大虧，而之洞乃毅然行之，不獨無虧，抑且有餘，利便商民，人口稱頌。所謂舉世非之而不悔者，之洞當之而無愧色。其三曰縝密。吾國爲政者，要皆疏濶不經。精密者僅識其大端，疏懶者仰賴於部屬。凡所興作，多事倍而功半，勞費而效微。之洞之治鄂則不然。其建工廠則應用科學方法，一磚一瓦一綀一釘，皆計劃精密，妙合無間。循此以久，乃借之於治事之則。觀其疏奏條陳，與夫手頒條諭，均能詳分屢析抽絲剝繭，層次井然，條理次序，無一紊亂。更於事之利弊，洞悉無遺。奉行者但秉成規，率履不越而已。人但驚其規模之宏大，而忘其計劃之周匝也。而其治事之精勤，附以過人之精力，遇有要事，輒數夜不眠。庚子拳亂，凡所電奏於清廷，與夫各督撫將帥間往返之文電，從不假手僚幕，甚且一字之易，塗稿凡三數次者。當時共事者如譚繼洵、余蔭霖輩，或爲承平官僚，或守腐舊不善改作，皆不能有所助力。其他司道各守，亦多碌碌無所取法，奉命惟謹而已。惟梁鼎芬之於學務，蔡錫勇之於交涉與鑛業，之洞倚畀甚重。然梁去職過速，蔡又病逝，是以棘手之事日多，幫助協策之人甚少，之洞推行新政，前無所承，又復孤陋，議下，僚屬皆驚愕無所措手；凡百庶務，皆仰成於之洞一人。是故一生精力，悉盡悴於鄂矣。

之洞才大志高，未出主疆寄時，號爲清流，巍然赫赫，天下仰之。若嚴繩限界，斯時實無可與共名者。之洞用人行政，均取該人之長而恕其所短，但能期其成事，而不苛求於小節。之洞又天性愛才，凡有所長，皆蒐羅以致之，或荐之於當道，雖稍有瑕疵，多能原之諒之。其自身一生以廉潔自持，而屬吏之所好貨者，自供指臂之使。其生性又復寬宏，自信亦深，平生最惡革命，然學生之歸自外國者，仍仕之不疑，其寬宏如此。之洞一生行事，篤守儒家義法，採取執兩用中之說，不爲偏激之論。故每革一弊，亦必體貼人情，不爲已甚。生平最惡老莊之說，因其見道頗深，功用較博，而開後世君臣苟安誤國之風，致陋儒空疏廢學之弊，啓猾吏巧士挾詐營私輭媚無恥之習，其害最鉅。之洞每自詡爲范文正，爲秀才時即以天下爲己任，有持危扶顚之心，抱冰握火之志，故雖遭萬難，歷無窮險阻，終能達成使命，誠所謂知其不可爲而爲，一以貫之者也。

蘆漢鐵路、粵漢鐵路，議由之洞而起。旣荐盛宣懷於廷樞，盛乃得銜朝命，踵成其事，其功亦謂高矣，位亦尊矣，究其實，之洞助之也。然於粵漢鐵路之收歸民有，與美國合興公司之訟，盛之爲人與處事，槪可見也。中國士人初起，或於畎畝之中，或於閭巷之間，均抱持一爲國盡忠爲民謀命之思。旣其得干高位，曠日持久，利慾日益薰染，終則亡棄聖人之教，靈明蔽障，不可自持。盛宣懷如此，李鴻章何獨不然，惟之洞一人，皎然若當空之月，無纖細之塵。此非豪傑之士，實難能也。盛之督辦鐵路，頗現忠勤，及合興興訟，幾置國家利益於度外。迨其所主之漢冶萍公司與日本小田切於光緒三十年訂結三百萬圓借款起，至民國二年止，該公司名雖中日合作，實已落入日人之手。盛之爲人，亦可於辜鴻銘理財一題中見之，曰：「昔年滬上報章，紛傳盛杏蓀宮保補授度支部侍郎，余往賀，及見，始知事出子虛。坐談間，余謂宮保曰：今日度支部爲財政關鍵，除宮保外，尙有何人勝任愉快。宮保欿然自抑曰：理財我不如張宮保。余曰：不然。張宮保不如宮保。宮保曰：於何見之？余曰：張宮保屬吏至今猶是勞人，草草拮据不遑，而宮保僚屬卽一小翻譯亦皆身擁厚貲，富雄一方，是以見張宮保不如宮保多多。宮保聞之，一笑而解。」（註一）雖曰詼諧，亦可玩味也。而李氏與曾左並稱，功業彪炳，而竟爲人所疑，謂於辛丑與俄使議約時，受賄若干萬金元，晚節不忠，爲天下訕笑，是其乏識之洞之書生氣所使然耶！蓋光緒庚子，之洞參與和議，合肥所講條款，之洞每有所糾正。合肥乃與人曰：「不圖張香濤作官三十年，還是書生之見」。孰不知此書生之見，眞其可愛處也。梁任公曾比李鴻章爲漢大將軍霍光，謂其不學無術也。

昔辜鴻銘論曾國藩與張之洞，稱之洞爲儒臣，國藩爲大臣。所謂儒臣者，如三公論道，以教爲主，關乎人類之存滅。大臣者則異於是，計天下安危，論行政之得失，關乎國家之興亡。故同光間，清流黨非特不滿於李鴻章，實不挾於曾國藩所定天下之大計也。蓋其僅及於政而不及於教。李氏步趨曾氏，更不知有所謂教者。故一切行政用人，但論功利而不論氣節；但論材能而不論人品。此清流黨所以憤懣不平，大聲疾呼，亟欲改弦更張，以挽回天下之頹風者也。蓋當時濟濟清流，似漢之賈長沙、董江都，尙知六經要旨，以維名教爲己任。是以之洞爲京曹時，精神學術，莫不致力於此。即初膺封疆外任，亦以清明廉潔爲治事之方，砥礪氣節爲教化之道，凡所措施，皆欲達此志而後已。洎甲申馬江一敗，天下大局一變，之洞思想宗旨亦一變，其意以爲非效西法圖富強，不足以保中國。在粤之一切行政措施，概可見也。而其眞意惟保中國，始可保名教。故之洞之效西法，非慕歐化也；之洞之圖富強，非惟圖富強也。蓋欲借富強以保中國，保中國即所以保名教。此即儒臣之目也，而之洞門下，如康有爲輩，誤會之洞之根本宗旨，實不知其一片苦心之不得已，遂倡言變法行新政，卒釀成戊戌庚子之禍。使中國幾陷於萬刼不復之地，如謂禍出頑固守舊與夫慈禧者流，康梁之急功求進，不審情度勢，甘冒天下之大不韙，豈其過又甚乎！而三月之間，所行新政，雖古之號稱哲王英君，縱在位數十年者，其堪紀之政，尙不及其十之一，迨究其實，亦僅一紙詔書而已也。有爲弟有溥與人書：伯兄規模太廣，志氣太銳，包攬太多，同志太孤，舉行太大。是功罪之間，有待言者也。東坡所謂其父殺身報仇，其子必且行刦。此之洞勸學篇所由作也，誠然，勸學一書，及今覯之，亦實有其荒謬不經之處。然易地而處之洞之時代與地位，亦有其不得已者也。

拳亂甫肇之際，之洞知其必爲大患，屢上疏奏陳，宜痛爲勦滅。後北方大局日非，與東南督撫，倡爲互保之策，卒保東南半壁繁富之區，免遭塗炭，名垂靑史，不可誣也。然淸廷上至慈禧，下至守舊臣僚，均銜恨極深，如非大局糜爛，恐早已除之矣。既和約在議，偏處稍安，淸廷乃有江鄂兩都移易之說，是知之洞所處實危，而其忠藎却不稍變，維護慈禧之權力猶不遺餘力，並破維新黨之總部於漢口，殺唐才常等數十人，使復辟運動，歸於消滅。然淸廷實懼張劉二督，擁據實權，於是復有遲不奉詔應援京城之謠傳，非偶然也。後遂又有入調軍機之說，時舊黨如榮祿輩，均不能容物，唐宴庚子西巡記云：「……蓋拳匪一局，士大夫知其不可者甚多，然能阻之者竟無一人，且皆相率而入於險，時相之於人才也，又陽尊之，而陰忌之，必使之自敗而後快。心偏廷臣，如出一轍，而置國事於不問，其致敗宜也。……」(註五三)移易之說，甚囂塵上，乃至外國使臣，相互責難於淸廷，且有武力支持之言。是張劉二督，聲望素隆，外人信仰有加所使然也。時之洞與坤一望重權高，威名震主，又鑑於孫保維之上書，復怵於英、日之議創新局，如非列國干預，自以去此心腹之患爲愈，更無待於守舊派之傾擠也，然之洞謀國之忠，固未嘗因是說而興異志焉。既辛丑和議立，歸政德宗之說亦寢。此皆歸之洞聯絡日、美，游說英、德，運動俄國，影響東南督撫之功也。又力勸兩宮勿提早回鑾，以免入於險地，爲人挾持，安淸廷之政權，固其社稷，影響及於大局者，比之議和之李鴻章，不遑多讓也。

拳匪之亂既靖，禍首載漪被謫，其子大阿哥溥儁，法不當立。抱冰堂弟子記云：「外人來言，諸禍首雖已治罪，但某要事未辦，名位如故，到京後各國必力要之。得請乃已，乃密電樞廷，勸其面奏。趁兩宮未回京之先，出自慈斷發之，以全國體，此議遂定，時乘輿尙在汴也。」(註五四)洎己亥建儲之後，王大臣罕言廢立事，懼罹禍也。惟之洞公忠體國，敢言直諫，去此不法之儲，以安德宗之位。光緒二十七年四月，回鑾至開封，乃宣詔廢之。吳永庚子西狩叢談記之洞謀黜溥儁之事頗詳。時永奉派赴東南各省催督糧餉，至武昌謁之洞具言兩宮西狩及行在事。之洞謂之曰：「禍變至此，皆以大阿哥故，而猶居儲位，何以服人？且禍根不除，不能無意外之慮，和議立多窒礙，宜速遣之出宮，不然，外人開口，更失國體。君聖眷方隆，若覆命日，造膝陳之，宗社之福也，但言張之洞所說，看君有此膽量否」？固知非之洞之膽識，不計個人之利害，不敢爲此非常之議也。是以其維護兩宮，並無偏袒，總以朝政之良否，端賴帝后母子同心。然之洞謀國之誠，終未能化除慈禧私心狹隘之見，良可嘆也！

議者每以之洞雖巍科名流，却銳意仕途，並窺探朝旨，廣結黨援，捷往驟進。戊戌新政事敗，又謂之洞但保祿位，巧言令色，取信朝廷。然證其用人行政，無論在晉在粵，督鄂督江，凡所莅止，必有興作，且龐然可觀，中國實業之雛形，實爲斯人所創建。而其荐舉之人才，遍布天下，固多非其素識者也。至於耿耿忠藎，盡瘁朝廷，歷代皆然，而展措懷抱，爲萬世開不朽基業，更非當局之信託有加不爲功。果爲人臣者，心懷二志，如袁世凱者流，爲千古留詬名，未知其可也。其尤要者，固不能以今日之尺度痛下針砭於古人也。卽其廉介不苟取一端，亦足可爲天下法矣。惟辜鴻銘論之洞若荀子大醕而小疵，務外自高，未脫於功利之念。爲國則捨理而言勢，爲人則舍勢而言理，亟圖國家之富強，未及個人之私利之言，庶幾近之。然爲官數十年，未嘗造一屋，置一田，徵之史册，未之有也，遑論於衆人皆醉舉世皆濁之晚淸乎！至其謀國爲人之方，亦可於其致陳嬇之函中見之：

　　鄙人立身立朝之道，無臺無閣（執政皆臺之屬，言路皆閣之屬），無湘無淮，無和無戰。其人忠於國家者，敬之；蠹於國家者，惡之。其事利於國家者，助之；害於國家者，攻之。中立而不倚，論卑而易行。當病而止，而不爲其太過，奉公而不爲身謀，期有濟而不求名，此則鄙人之學術也。易曰：「澤滅木，大過君子，獨立不懼」。惟其獨立，所以能不懼也。論語曰：「君子和而不同，羣而不黨」。惟其獨立，所以既和又能不同，旣羣又能不黨也。此鄙人之解經，卽鄙人自處之道也。（註五五）

而其治事之強毅堅卓，又非其同時者可比。與王廉生書云：

　　弟今年以來，終日勞頓，甚於在楚時數倍。非不欲少自攝養撙節，無如事繁道遠弊多，非如此振刷，竟不能料理妥當。前月考西陽一棚，山行十餘站，大率荒山絕壁，盤路一線，險不可言。天氣嚴寒，大雪迷路，不敢投足。舁夫顚蹶，從騎隕斃，不知凡幾。此外水程，則處處皆灘，驚心動魄，絕無從容怡曠之地。……若非學臣鞠躬盡瘁，則惟有草率敷衍而已。（註五六）

是知之洞乃強毅而行者也，雖生乎洪流混濁之世，亦不爲餔糟啜漓之思。子程子曰：「不偏之謂中，不易之謂庸。中者，天下之正道，庸者，天下之定理。」若之洞者，可謂得中庸之旨者耶！

附註

註一：張文襄公全集，卷二十五，奏議二十五，頁十一至十九。
註二：張文襄公全集，卷四五，奏議四五，頁六。
註三：張文襄公全集，卷二九，奏議二九，頁一一至一二。
註四：張文襄公全集，卷九八，公牘十三，頁四至七。
註五：張文襄公全集，卷一二〇，公牘三五，頁七。
註六：張文襄公全集，卷三四，奏議三四，頁二一至二四。
註七：張文襄公全集，卷四四，奏議四四，頁二。
註八：張文襄公全集，卷三三，奏議三三，頁二三至二四。
註九：薛福成庸盦文集，卷二，頁十三。
註一〇：清德宗實錄，卷二七三，頁一。
註一一：愚齋存稿，卷一，奏疏一，頁二三。
註一二：愚齋存稿，卷四，奏疏四，頁五。
註一三：張文襄公全集，卷四四，奏議四四，頁二四。
註一四：愚齋存稿，卷六四，電報四一，頁十三。
註一五：愚齋存稿，卷六四，電報四一，頁十五。
註一六：愚齋存稿，卷六四，電報四一，頁六。
註一七：張文襄公全集，卷一八九，電牘六九，頁二七。

註一八：愚齋存稿，卷六四，電報四一，頁十七。
註一九：愚齋存稿，卷六四，電報四一，頁十八。
註二十：同上。
註二一：同上，頁二四。
註二二：張文襄公全集，卷一九一，電牘七一，頁二五。
註二三：張文襄公全集，卷一九一，電牘七一，頁三十。
註二四：張文襄公全集，卷一九三，電牘七二，頁二一。
註二五：同上。
註二六：許同莘張文襄公年譜，卷九，頁一九五。張文襄公全集，卷六六，奏議六六，頁一。
註二七：許同莘張文襄公年譜，卷九，頁一九一。
註二八：張文襄公全集，卷二〇一，電牘八十，頁三。
註二九：同上，頁二三至二五。
註三〇：東方雜誌第六年（宣統元年）第四期，記事欄載：粵路最新之風潮。
註三一：張文襄公全集，卷五三，奏議五三，頁十三至十四。
註三二：張文襄公全集，卷一六〇，電牘三九，頁一〇至一一。
註三三：張文襄公全集，卷八十，電奏八，頁二二至二三。
註三四：惲毓鼎崇陵傳信錄，頁十八。
註三五：大陸雜誌，第二十三卷，第七期，李守孔「八國聯軍期間慈歸政德宗之交涉」。

註三六：張文襄公全集，卷一六一，電牘四〇，頁二三。
註三七：同前書，卷一六一，電牘四〇，頁二三。
註三八：同前書，卷一六四，電牘四三，頁三六。
註三九：朱壽朋光緒朝東華續錄，卷一六二，頁四五三五。
註四〇：張文襄公全集，卷一六五，電牘四四，頁八。
註四一：吳汝倫編輯李文忠公全集，電稿二三，頁三九。
註四二：同前。
註四三：張文襄公全集，卷一六〇，電牘三九，頁四〇。
註四四：許同莘張文襄公年譜，卷七，頁一三七。
註四五：張文襄公全集，卷一六〇，電牘三九，頁十四至十五。
註四六：同前書，卷一六〇，電牘三九，頁十六至十七。
註四七：胡鈞著張文襄年譜，卷四，頁一六八至一六九。
註四八：張文襄公全集，卷一六一，電牘四〇，頁一至三。
註四九：同前書，卷一六一，電牘四〇，頁五至六。
註五〇：同前書，卷一六一，電牘四，頁四。
註五一：同前書，卷一六一，電牘四，頁十三至十四。
註五二：張文襄公幕府紀聞，卷上，頁十。
註五三：唐宴庚子西巡記，頁三。

註五四：張文襄公全集，卷二二八，弟子記一，頁十五。
註五五：張文襄公全集，卷二一四，書札一，頁十九。
註五六：張文襄公全集，卷二一四，書札一。

第六章　權攝兩江之貢獻

第一節　中日戰前於江南防務之佈置及對和議之諫阻

日本自明治維新，國勢稍振，欲步列強後塵，極思對疲弱之中國染指，而欲得而後甘者，厥爲朝鮮。是故扶持勢力於朝鮮，必得使朝鮮脫離中國之宗屬，成一獨立國始可。然朝鮮之於中國，始於周之箕子，歷代以還，均未脫離宗主關係，此中日甲午戰爭之主因。光緒二十年（西元一八九四年）七月初一日，淸廷乃對日宣戰。同年六月二十日，之洞致電天津道盛宣懷稱：「日來情形若何？內意及傅相意若何？彼使尙在京否？祈密詳示」。盛回電稱：「上主戰，派翁李會議，內外臣尙合拍。惟倭勢猖獗，不受調停，恐弄假成眞。使未下旗，宣稟」。（註一）據此，時淸廷實不欲戰，亦無力戰，蓋當時國勢疲憊，上下交困。外無可用之兵，內無宜籌之餉，槍礮彈藥，皆須重金，購自外洋。觀之洞籌軍轉餉，焦思勞心之情狀，知淸廷戰亦敗，不戰亦敗。全國上下，如物之腐，如木之朽，不待人推，自必倒也。光緒二十年十月初二日，之洞於添購槍砲片中云：「湖北省籌辦江防，修築田家鎭等處礮臺，原有臺礮甚小，中等後膛洋礮只有二尊，餘俱係舊式，爲數亦嫌太少……，至鄂省局存前膛槍，疊經奉旨籌撥北上諸軍應用，搜羅一空。所有新募各營，直無槍械可用，亟須趕緊添購，以充軍實。……」（註二）由此可見槍礮短絀情形，再如該年十月初五日籌給北上諸軍餉械摺中云：「竊臣等前以倭氛不靖，天津需陸營塡紮，於本年七月電奏請旨敕調湖北提督吳鳳柱統帶襄陽馬隊三營，共五百名，馳赴天津，聽候北洋大臣李鴻章調遣。……該提督來電奉旨，山海關一帶緊要，吳鳳柱帶隊抵津，著卽飭往駐紮……。復經臣電奏請敕該提督就近在天津募步隊四營，爲所部馬隊之助，……又奉旨馳往奉天遼陽州堵勦。……又奉旨飭調熊鐵生鐵字五營北上。經臣電奏鐵字營必須添足十營，方能自立。……湖北差委廣東崖州協副將吳元愷統帶愷字礮隊營，派赴山海關協防……。」（註三）據此知行戰之軍，皆非久訓之兵，多爲臨時募湊之勇，以此以臨強敵，其不挫敗幾希。其最堪浩嘆者，則爲餉需之籌謀。淸季自咸同軍興，內憂外患，交相侵蝕，民財已窮，官廩亦空，加以與外洋爭戰輒敗，賠款之巨，動輒千百萬。國家有急，只有賴借外債度之，直是飲鴆止渴，剜肉補瘡，卽或稍蘇，離死亦且不遠，此淸廷當日之實情也。加以中法之戰後，之洞曾奏議大治海軍，又不用其言，乃將百計籌措之海軍經費，供慈禧一人之逸樂，用之於修建京城西偏之頤和園，治史者每見及此，輒置筆三嘆焉。

朝廷對日既已宣戰，令沿海沿江各省，聯爲一氣，妥籌防務。初十日，之洞特派湖北按察司陳寶箴赴江寗會商防務，並自出省至沿江各地佈置防務。而當時軍械之奇窘，由之洞與劉坤一往返之電報中略可窺見。光緒二十年七月初四日致江寧劉制臺電云：「鄂省沿江應遵旨籌防，然並無一臺一礮，何從措手！聞上海製造局有八十磅子之礮十數尊，四十磅子之礮數十尊，又三丈長之礮二尊，皆係不用者，……可否將三丈長之二尊暫借用，並暫借較大臺礮十七八尊，彈藥照配，以應急需。……」劉復電云：「……電悉，長礮已安獅子林礮臺，滬局礮位僅存十四尊。倭事日緊，沿海沿江各要隘節節布置，各營紛請添撥礮位，苦無以應。尊命不敢不勉，擬於滬局存礮內酌撥四尊……。」一（註四）同年九月十日，奉旨張之洞來京陛見。然時値諸軍北上，之洞籌餉籌械籌運，日以繼夜，輪番不停，乃至疲極而病。十月五日，奉旨劉坤一來京陛見，兩江總督著張之洞署理，迅速赴任等語。十六日之洞至江寧接篆視事。十二月初一日，帶同洋弁及出洋學習礮臺之員，出省閱視海口沿江各礮臺，逐一查閱，並親加指示，凡不如法者，飭速改正。且嚴禁水陸各營剋扣攤派、携眷、吸煙諸積弊。光緒二十一年二月初四日，於布置江南防務摺中云：「竊查倭寇滋擾以來，沿江戒嚴，江南本省防軍及安徽江西協防之軍，疊經奉旨飭調北上，先後已數十營，亟應募補塡紮。且從前事勢稍鬆，各路未及布置，目前尤須增兵嚴備。臣到任後，查中路江陰、獅子林等處，雖有守礮臺各營，甚爲單薄。且並無防護後路及遊擊策應之師。……由署長江提督臣彭楚漢，募湘勇十一營；令調署瓜洲鎮總兵高光效，分統四營；已革提督沈茂勝，分統四營；調置長江水師江陰營副將許雲發，分統三營，扼紮江陰南北兩岸，以寶山縣之獅子林，爲由海入江南岸首衝，設有礮臺，……雲南提督馮子材，來江南辦理防務，現已募粵勇十營，……擬商令駐防獅子林以上，沿江擇要駐紮，以護該礮臺後路，且可備援應沿江上游之劉河滸浦等處。又飭記名總督李先義，募粵勇六營；副將林保，募粵勇三營；遊擊黃守忠，募粵勇四營，共十三營，現已到江，令紮江陰南岸之盤龍山等處。該處爲由常熟上行之路，如南岸浦滸一帶有警，則沿隄下行赴援，與馮子材軍相應挾擊。若北岸通州泰州一帶有警，則乘輪渡江赴援。查賊踪詭譎無定，防不勝防。惟有居中扼駐重兵，相機策應。現於中路江陰南北岸，屯紮粵軍湘軍兩枝，較爲活便。鎭江圌山關南北兩岸礮臺八處，相隔六七十里，原係提督陳基湘新湘營分撥駐守，共只五營，實屬不敷，已飭添募湘勇一營，專守鎮江南北岸礮臺。並派提督楊文彪所部湘勇五營，專守圌山關礮臺。其江陰南北兩岸礮臺，本係蘇松鎮張景春所部八營駐守。張景春現經病故，……即委李先義接統。……其獅子林礮臺，本係駐防吳淞口之總兵曹德慶，於所部內分派一營扼守。現查吳淞之勢較緩，已撥吳淞三營歸副將班廣盛統帶，駐守獅子林礮臺。……所有各臺礮手，向係由各營輪流派撥，並無專責，以致技藝生疏，器件彈藥無人經理，實屬無此辦法。現飭派洋弁將各臺礮勇另行挑選，優給口糧，專派礮弁管理。責令日夜長川駐臺，飭洋弁教習操練。……崇明孤懸海外，爲長江咽喉。又飭提督王衍慶，募湘勇五營，並督率原有土勇兩營，駐防崇明。其南洋現有木質兵輪五艘，蚊船四艘，……總兵吳奇勳爲統領。另選管帶趕緊操練，全行駐泊崇寶沙尾，以與獅子林礮臺互相輔助，此中路布置之大概情形也。南岸則上海之製造局，最爲敵人所忌，雖不必由吳淞而入，可由金山衛至奉賢、南滙川沙廳一帶，襲滬局之後。沿海可登岸之處甚多，而金山水深，與浙江之乍浦相接，距松江蘇州甚近。尤關緊要。……現飭……總兵朱洪章，募湘勇十營，駐紮金山衛與浙省乍浦防營聯絡。如奉賢南滙一帶有警，則沿海塘回援，憑隄截擊，隨方策應，與現紮柘林之道員黃立鰲撫標三營，互爲聲援。……原駐上海之提督蕭鎮江，添募湘勇二營，……防守製造局。飭原駐上海之遊擊鄒理堂一營，並礮隊兩哨，塡紮川沙。此南路布置之大略情形也。北岸則海州有青口、灌河口二處，口門較深，防其乘虛闖入，窺伺淸江運道。現已電商湖南提督婁雲慶，將所練湘勇四營，添募一營，共成五營，令總兵杜嵩齡統帶來江南，扼守海州之灌河口一帶。又飭前贛南鎮總兵王得勝，募海州勇五營，扼守海州之青口及贛榆一帶。海門州濱海通州，爲入江北岸首衝，亦防其由北岸裏下河一帶以襲揚州，現飭總兵張騰蛟撥給張仲明湘勇三營，並添募兩營前赴海門廳，擇要駐防。又飭長江水師金滿，募陸勇三營，水勇一營，扼紮通海之交，相機戰守。並派候補道李鎮邦、陸元鼎、錢德培會同運司江人鏡，分辦海州、泰州、通州、海門三路民漁鹽灶團練，以資協助兵力，藉清內匪。至清江浦以至邳徐一帶，爲南北運道所關，伏莽尤多，現在與山東接界地方，游勇甚多，與河南接界地方，土匪漸起，亟應駐軍防遏。現飭安徽差委總兵王心忠，募江北勇五營，駐防宿遷沭陽一帶，以扼由海州趨清江之路。又飭副將唐高斗，總辦桃源、邳州、宿遷三屬團練，並選募該處團勇三營，……以固清江浦及淮北運道。……徐州鎭程孔德、徐州道沈守謙……一律照馬步營制補足，共補馬步勇丁八百數十名，即名爲徐防馬隊營、步隊營。……此北岸布置之大概情形也。至江寧省城下關一帶，向有提督楊文彪五營。玆楊文彪已飭赴圖山關礮臺，現飭提督張仲春所募湘勇兩營，屯駐下關。又向有護軍三營，衞隊一哨，本任督臣劉坤一帶去兩營一哨。現飭記名總兵署中軍副將兪厚安，募補原有護軍兩營，衞隊一哨，添募護軍一營，以資彈壓。並飭奏調差委提督劉鶴齡，募湘勇五營來江，以備相機策應。……」（註五）之洞以巍科名流，得任封疆，歷經淘冶，乃知兵事。有謂其懷志遠大，幼即稍涉獵之。及中法之戰起，觀其籌軍轉餉，不分界域；定謀劃策，皆中窾要，非偶然也。既權攝兩江，佈置江南防務，層次井然有序。並分其輕重，衡其緩急。且深謀遠慮，非僅空談者所可比擬。而事事皆能高瞻遠矚，洞燭機先，此李鴻銘氏所以稱之洞爲儒臣也。然縱觀上述布置情形，不與敵接則可，若與敵接，必敗無疑。蓋當時之爭戰，已非刀矛劍戟之力戰，乃爲精練技巧整體之羣戰。各軍所召募之勇，要皆烏合之衆，而倉促成軍，何言精練？洋槍火礮，殺傷之力，勝過刀矛百十倍，然皆須取準方能發揮其功效，必也知所持槍械之性能，使用之技巧，裝彈發射之步驟，羣體進退之典令，所募之勇，安得有暇操練！卽令有暇，亦非一朝一夕所致功，明乎此，知中日甲午之戰，中國之所以敗也。而將弁積習，以少報多，剋扣糧餉，識見愚魯，率皆鄙視洋槍洋礮，以及西洋戰法，終至屢戰屢敗，一蹶不振。再於之洞整頓南洋礮臺兵輪片中，可以窺見中國當時軍隊武備，腐化到若何程度！其言曰：「臣去冬親閱海口沿江各礮臺，大率皆疏謬無法，實出意料之外。嘗經在臺指示，各將領似皆聽之茫然，實堪詫異。長江爲南洋門戶，江蘇形勢雄劇，物力殷富。每年南洋海防經費，例撥數十萬。不知二十年來，何以無人講求及此。……承辦局員全不通曉，守臺將領一味糢糊，以致礮臺如此乖謬，實不可解。各臺洋礮多係舊式，前膛或間有，後膛者亦甚小甚舊，種類尤雜。……若外洋克虜伯二十一生、二十四生等巨砲並無一尊，不特無十年以內之新式長礮，卽舊式後膛大砲亦且無有。……至造臺不合之處大率數端：鎮江、圌山關、江陰等處，地勢皆好。江岸有高崗長嶺，雄視江干，山勢盤曲起伏，正好築臺。乃造臺不於山巔山脊，而或作於平地低處，以致失勢受敵，或作於山坳，以致旁多阻礙。江寧城內外山勢高低得中，正臨江路可建臺者不少，乃於內河口低窪處作之，礮安營房之內，礮口專向對面，不能轉動。敵船在一里之外，則束手以受敵礮攻擊，不能迎擊一礮。各臺或在平地，或在山半，往往後靠山巖，敵礮隨意擊中山上，則山石炸裂——滿臺，是自爲敵人多添礮子。……多礮密排一臺，不思高下參差，以免敵人攢擊，一臺毀，則多礮廢。……其明臺則將大礮平列一平坦大臺上，中間相去尚有餘地，乃並不作隔堆。敵礮橫擊，各礮必有傷者。……子藥庫不知深藏，卽在臺旁造一小屋，過於淺露，上蓋不厚，但中一彈，立致摧壓焚毀，全臺之礮，皆成無用。……礮臺例有兵勇藏身暗房，搬運子藥往來暗道，此間各臺皆無之，有戰事時，斷不能接濟藥彈。……礮以環擊四面爲貴，故洋礮皆帶有銅鐵軌道，以供旋轉。乃各暗臺一砲作一小門，又不知開裏外八字，礮爲門束，每礮只能打一兩度，不能旋轉多擊，自礙礮路，尤爲荒謬。吳淞口之大礮並於臺外前面，築極厚土牆阻之，更爲可怪。……臺前宜作斜坡，敵彈方能滑走。乃各臺前面作平臺，長數十丈，寬四五丈，適以留敵人礮子。敵砲不必取準，而礮彈紛紛皆落我臺上，足以炸傷全臺。……壕溝最是礮臺營壘要著，乃除獅子林礮臺外，多無壕溝。各臺距江太近，亦並未留開壕之地，礮臺後路更無壕壘布置。……子藥任意抛置，或早經霉壞結塊，或數短少。護臺之小礮，零件不免鏽澀，有事如何應用。……營房與礮臺不知分爲兩事，臺之左右前後多作房屋草柵，易於引火受礮。……營房圍牆多作白色，夜視分明，徒爲敵人之的。……」（註六）至於前所云及之礮手並無專人，僅以各營勇輪流充當，時或兼執雜役，更無論矣。而兵勇之更換，以致生疏雜亂，諸事廢弛。如或有警，則孰司其事？眞乃將惰兵疲，苟且偸安，歲糜巨餉，置江防海防於不問。故執其一端，即可見其全豹，淸軍全體如何，蓋可瞭然。之洞不得已，乃將上述最最荒謬處，量加修改，力圖補救。並選募洋弁，專挑礮弁礮勇，優給薪糧，常川駐臺，教習操練。至南洋各兵輪之礮勇管機人等尤鮮好手，只有汰裁柔弱巧滑之人，多方蒐訪耐勞氣壯之士，陸續更換，並責令認眞操練，以期有所補救。

布置江南防務，支援北上諸軍，購買槍械彈藥，在在需要財源。戶部早已捉襟見肘，財無從出，惟有仰賴於攤捐。於是援咸同成案，勸令鹽商集捐百萬，照海防例給獎，專備江南海防之用。之洞並疊電出使俄德大臣許景澄，謂倭事日急，重兵東征，渠以大枝陸軍內犯，北洋尤爲緊要。所患在無軍火，宣戰過速，無從購買。聞德國不禁軍火出口，請與各廠設法密商，購毛瑟二萬枝，彈千萬，六七升車砲百尊，彈藥兩萬等語。並謂重價不惜，新舊不居。光緒二十年八月二十九日，之洞再電許使云：「此時惟購船最急，不添船瀋陽榆關危矣。……」(註七) 並申言可商之南美洲諸小國，如秘魯、智利、阿根廷等，可餌以重利，以購快船。再如當時餉項之拮絀，於李鴻章光緒二十年十一月初二日致之洞一電中可見：「……出使經費無多存，鴻所深稔知，智力之船，議購未成，刻需千萬以外，非借洋款不行。滙豐已借千萬，係戶部借以發餉，與北洋無干。現總署另議借，亦尚未就。此事不了，債負山積，將來如何歸還，可慮之至」。(註八) 準此以觀，國家財源之枯竭，蓋可想見。卽如借洋款論之，中國所與借之英德二國銀行，息竟高達七釐，亦不借予實數，多爲九六扣，並以數省之鹽釐抵押。且戰時補給線路過長，交通工具不足，軍用物資之運輸，皆不能及時運抵戰地。故所募各軍，不待敵人之攻擊，只須斷絕其補給線路，自身卽可崩潰，且可成爲地方上之災禍，燒殺搶掠，無所不爲。光緒二十年十月二十四日，敵軍陷旅順，繼之海陸二軍皆潰。二十一年正月二十四日，李鴻章奉旨與日議和。二月初七日，之洞致李鴻章電云：「聞台駕赴旅順議約，何以現又赴倭，究因何故？倭索條款得聞其大概否？可密示否？倭兵目前注意何處？傳聞各國公使有出京之說，確否？均請明示，至禱」。在初九日，李回電云：「……馬關會議，內意允從。所索賠款讓地其大者，倭兵往何處，無確信。各使無出京之說。」同日，之洞再致電李氏云：「……讓地係指何處？賠款索若干，可密示否？……電言借助英國事，有可商否？祈示復」。李回電云：「賠款索若干，讓地指何處，均須會議時方知。臺灣必不准抵換。借助英，以局外，謝，難成」。又同年二月初九日之洞接汪喬年電報云：

「倭要割地，上意勿許。初六太后召相議，以遼東或臺灣予之。如不肯，則兩處均予。事甚密。相今日請訓，明出京，十一日可到津，乘公義禮裕兩船逕赴廣島」。（註九）之洞聞此，痛心疾首，屢電疏奏，詳陳利害，惜不被納。二十三日中日和約定議，四月初十日，聞將以十四日換約，會各督撫電奏，請由各國居間切商展期。十四日和約互換於煙臺。十九日，之洞電奏再陳補救之方，終不報可，之洞爲政之道，事事以國家爲重，處處爲庶民謀利。中日和議成前，乃致電駐英、法、俄、德大臣，盡其所能，許以重利，挽彼等出面調停，終不可得。之洞尤痛恨英人無道，蓋中國利益，彼十居其九，一旦請其臂助，則以嚴守局外爲辭。和議告成，中外咸驚，江督劉坤一亦屢屢奏陳利害。光緒二十一年三月二十七日致電之洞云：「坤於念二日中，始知和議確有賠款割地之說，即於申刻電奏力阻，竟寢不報。念四日復代丁鎮電奏，請停和議，並求陛見面陳，奉旨不許。無所爲計，公謂何如」！之洞以爲，此約一成，將爲子孫萬世之害。蓋中國如北無旅順，南無臺灣，則中華海面，全爲彼邦所扼，此後雖有水師，何從施展！梗遼瀋之路，扼津登之喉。臥榻養寇，京師豈能安枕！北洋沿海三省水陸之軍，永不能撤，國用如何能支！更有甚者，之洞深信，畏懼日人如此，則虎視眈眈之列強，必將肆意要挾，如何能拒！更償數萬萬巨款，此後中國非但不克再論自強，直恐自立皆不可得。故之洞每思及大局敗壞若此，實切齒而痛心。在渠三月二十三日與唐景崧之電報中云：「……倭寇止有此數，中國甚廣，豈能百道並攻，懸軍深入。彼所恫愒，惟在犯京。暫時巡幸，以避凶鋒。關內援軍日多，軍械漸集，二百餘營，何至不能一戰！即有敗挫，豈能盡掃諸軍。彼陸路深入，數百里軍火餉需，皆須來自海外，截其歸路，一潰即不可支矣。英俄各國以我空言求助，故藉局外爲辭。旣肯以地予倭，何不以邊遠之地賂英俄，於全局尚無妨礙。至商務等事，更可通融。有助則必勝倭，勝倭則兵威振，各國仍不能窺覦，何至甘受倭之吞噬哉！自去秋至今，屢次電奏瀝陳，深遭時忌。近已與王之春電商，購得兵輪十艘，洋將琅威理，洋兵二千，三月到華。船價二百萬磅，用費一年約二百餘萬兩。款係王借，已電奏，但和局已定，恐難允矣。時局如此，愧疚憤恨，聊爲公發之」（註一〇）。忠藎之士，類皆如此。

第二節　之洞阻止割讓臺灣之奮鬪

中日馬關議約既成，此約第二條之附項，爲中國割讓臺灣之條文。其原文云：

第二條　清政府於左記土地之主權，及地方之城堡，兵器製造所，及官有物等，須永遠割讓與日本國。

附項二　臺灣全島及其附屬諸島嶼。

三　澎湖列島東徑一百九十度（以英國格林維基之子午線爲標準）至一百二十二度。北緯二十三度至二十四度間之諸島嶼。

五　清日兩國政府於本約批准後，各派大臣一人，赴臺灣辦理授受事宜。批准後兩日內須授受完畢。

先是光緒二十年六月二十四日，閩浙總督譚鍾麟，轉致總理各國事務衙門電諭，著南澳鎮總兵劉永福酌帶兵勇前往臺灣，隨同邵友濂辦理防務。時邵友濂爲巡撫，在臺北兼督辦全臺軍務。唐景崧勁邵辦理臺灣不善，乃罷去。淸廷乃以唐署理臺灣巡撫，兼督幫全臺軍務事宜。是時劉永福在臺南，唐景崧駐臺北。劉唐雖於中法越戰時爲舊識，然二者意多不合，且常齟齬，知臺灣之防，敵未至而將帥已有隙，故不能推誠戮力，無必死之志，氣則先餒矣。劉唐皆之洞所拔識者，當不慮於此也。光緒二十一年三月，馬關議約，停戰二十一日，而臺灣不在停戰之內。二月二十九日，敵陷澎湖，之洞乃密謀接濟，撥槍一千六百餘枝，彈一百餘萬，並籌在臺諸軍之餉，電令駐外使臣，許以重利，廣結與國，尤以英、法、俄、德爲最，盡力交涉，期能於臺灣有所助益。之洞於光緒二十一年三四月間，疊電駐各國使臣，三月二十三日致許景澄電云：「……尊電及爵堂電皆云，俄允俟倭索太過，約鄰邦勸讓。……倭占韓、占遼，盡據東方海面，俄亦事事受制。此乃地球實事，並非縱橫虛談。請閣下急速面謁俄皇，瀝懇相助……。」三月二十九日，之洞又致中國巴黎欽差王之春云：「……請閣下與外部密商，如法能以兵力助戰，脅倭廢約，臺遼不割，賠款減少，我必以厚利相報。問其所欲何在。或越南、廣西、雲南界務；或代法收撫越地游衆；或各項商務，不令英國獨覽東方利權；或別有願得之處，切實與商。如彼有意，速電復……。」(註一一)既和約已成，遼東因俄國之干涉與法德之支持，迫日本放棄。在日本致俄政府之照會中云：「日本帝國政府，經俄、法、德三國政府友誼之忠告，願將遼東半島永久占有權，全然抛棄」。此蓋非爲中國之利益，乃爲俄國自身。因遼東如爲日所據，則俄人永絕進出東海之望焉。(註一二)中日和約原文因遼東之歸還，約文必得重寫。在此短暫時期，之洞乃疊電王之春與法國議商臺灣事。不意因私見竟爲駐英使臣龔照瑗所梗阻，殊爲可怪。王四月十七日電云：「臺事屢奉旨催覆，不料自初六龔來巴後，春與外部消息阻絕，至今屢次照會不覆。慶言反覆，未敢遽奏。徒深焦灼，旨令龔回英，逾四日無行意。此事首重神速，法既允許，當先定約稿。請旨龔慶匿不令知，故電臺展緩。洎諭旨屢頒，復輾轉宕延，直待換約而止，可為痛哭！春駐此無益，乞婉陳召歸」。(註一三)於臺灣之事，法先允後拒。於法援之望已絕。之洞再電使臣求助於俄德英三國，亦無以應，後復有將臺押與美國之議，終不果行。不得已，臺灣乃自行負其抗敵之責。

臺灣孤懸海外，為中國南海之堡壘，臺島喪失，中國南部海疆，頓遭敵脅。且斯時日人欲於掃滅北洋艦隊之後繼滅南洋艦隊，而臺澎正可為其基地，而日人所需食米，亦多仰賴於臺灣，並暢其南進中國之路。如此南北並進，雙管齊下，此所以奠日人侵華之基，得與列強爭一日之長短。之洞所以屢電廷樞，瀝陳厲害，亦基於保中國利權，固中華子孫萬年之基。然清廷昏庸，王大臣痲木不仁，並為自身之利害，置國家大局於不顧，良可嘆息。光緒二十一年三月二十六日，臺灣巡撫唐景崧致之洞電云：「總署來電謂臺絕地難守，戰亦徒損生靈，京師視臺尤重。定約兩月交臺，以全大局等語。遼臺俱割，大局何望。臺民憤恨，一時哭聲震天，無可撫慰，慘不可言。防營勢應立撤，但一撤則奸民立起，官紳先受其害，何能交割。劉宋二帥來電，均稱願戰，而內間不理。今無可呼籲，惟望公邀同劉宋二帥及各疆臣電告各國公使，轉商其政府從公剖斷。賠款而又割地，太不得情理之平。臺本未失，今民又不服倭，皆公法所爭者。且聞各國極有違言迎機，懇之或有一線轉機，舍此別無良策。非常之變，破格與各國商辦。若請總署轉商，斷不行矣！儻竟難挽回，遣勇運物，非多轉不可，乞公濟之」。(註一四)朝廷既決意割臺，之洞亦無可如何，只有暗中籌謀之一途，而其自身之處境，亦多遭時忌。在之洞四月初四致唐之電中有云：「……電悉，深為焦灼。欲懇英保臺，商襲無益。僕自正二月疊電奏並商龔，擬將臺押與英國，懇其派輪保衛。電旨已允，而龔復云英外部守局外，如英商願押臺，英廷亦不阻。復電詢英公司，屢催不復。龔與合肥親厚，斷不肯翻和局。惟有電奏請旨設法，然斷不可與僕聯銜。因僕素爲要人深惡，半年來籌劃戰守之電奏太多，嫉惡尤甚，事事爲難。……」初六日再電唐云：「臺民必留公，宜速與臺之巨紳大豪若林朝棟林維垣等商定辦法。臺民既有主腦，方不致亂。各府縣官吏及電報驛站，須令安堵勿動，擅動者以軍法從事。力以必能保臺。……衆情略定後方能從容設法。蓋條約本言兩月內交臺，兩年內可任聽臺民去留。若約必不能廢……奏懇倭勿遽來偪索，以便從容曉諭軍民，此兩月中盡人力圖之耳」！(註一六)時臺灣守軍，舊有並新募者約八十營，戶部並撥銀百萬兩濟之，多不能按時繳解。之洞乃於南洋款中，先爲濟急。並勸令劉永福唐景崧和衷共濟，以渡艱危。語唐云：「……公之才略忠勇，必能禦倭，劉鎮永福此時自不便調其人，雖有偏處短處，究係曾經百戰之將，較之尋常提鎮未見戰陣習氣太深者，勝之遠矣。且素有虛聲，藉以定民心、壯士氣。且此時事機緊急，切望略其所短，曲意聯絡，優加鼓舞，當能爲公效臂指之力。其人吝嗇而重利，此病甚易治。公長於馭將，籠絡一劉永福何難哉！渠此次係幫辦，公似宜稍予以面子，彼便顚倒奔走矣。……」又語劉云：「……麾下忠勇性成，兵民信服，立功報國，正在此時。處臺爲難情形已知梗概，已電囑唐撫院和衷優待，亦望麾下忍小任大，和衷共濟，建立奇功，是所盼禱。鄙人與麾下及唐薇帥，皆係舊交，兩君同處海外，支持危局。鄙人不能奮飛相助，晝夜懸念。惟盼兩君同心，則必能破賊成功矣」。(註一七)

光緒二十一年二月二十七日，日海軍十二輪犯澎湖大城北，被我軍擊沉兩艘，壞兩艘，旋退。二十八日，復來犯，登陸。之洞乃電上海製造局速撥林明敦彈三十萬助之，又急電令無論何槍，配足彈子撥數千枝往援。二十九日全島陷敵，圓頂半島管帶郭潤馨率兵將六百出降，戰事因以結束，澎湖列島既陷，日艦遂直指攻臺。

光緒二十一年五月初一日，唐景崧電之洞云：「奉旨，唐景崧卽開缺來京陛見，其臺省大小文武各員，並著唐景崧飭會陸續內渡，欽此。只言撤官，未言撤兵，論甚囫圇。或以此旨應付倭人，了中國公案耶！次日紳民聞之，又蜂擁畢集，萬難離臺。日內臺民卽立爲民主國。只可隨民去做，無可奈何矣！……」（註一八）遂改臺灣省爲臺灣民主國，臺民並立爲大總統，任命劉永福爲大將軍。一面電奏清廷，一面電之洞乞援，籲請各國致力。終無效果，清廷令內渡，免生枝節。先是永福抵臺，見防地工程甚草率，兵亦疲弱，欲重予布署，請移駐臺北，助景崧理軍務，唐以臺南地方險要爲由，非威望大員不足鎭攝，永福不以爲然。認唐不諳軍旅，徒聰明自用，必敗事。五月初，日艦抵基隆，九日，與敵接戰，諸統兵者懼獲咎，竟諱敗爲勝，輒向唐傳捷報。唐大喜，旋聞敗訊，知事已不可爲。乃電之洞云：「基隆血戰六日，將士傷亡不少。統領張兆連重傷，全軍頓散，基隆不守。教民四起，省城瓦解，事不可爲矣」！之洞於五月十三日電唐云：「屢電悉，初聞獲勝，甚喜。不意忽敗，焦急萬分！……全臺地廣，待倭深入，然後以兵截其歸路，斷其軍火。彼軍火不繼，終必敗竄也。……三十萬已全交賴道，尊處已收到否？聞魯麟洋行可滙銀，祈示如公在他府他縣亦能交到，敝處仍可隨時接濟。船不便派，此外雖不易辦，當相機爲之。基隆早知不可守，勿以此爲恨。總之，臺地廣，倭兵少，但存一府一縣，卽有生發，相持三月，各國必出頭者，僕當力籌。臺北府卽爲倭占，仍可自存，何遽云事不可爲耶！若至糜爛過甚時，可將總統印付與劉淵亭公，在臺南設法內渡，聽劉與士民爲之……。」（註一九）後亂民肆刼總統府，五月十二日晚，率官僚奔滬尾，將內渡，爲兵士扣留。十四日晨附雅達商輪內渡，滬尾礮臺攔截，經德兵輪放礮救之，始開去。後唐景崧至江寧謁之洞，爲請陛見，不可，令致回籍。

唐去後十餘日，淸廷諭旨始至，令全臺大小文武各官內渡。臺民聆玆惡耗，俱皆驚憤，遂召開全臺人民大會，宣佈獨立。時唐已去，百姓無主，遂公舉黑旗將軍劉永福爲臺灣民主國大總統，由臺省各地代表，簽字公佈。永福於危難之際受職，並告諸代表曰：「我中國人也。生當國家危難之秋，惟以拒敵保民爲己任。至於名位，本不在意。苟國土能保，自當讓賢，諸軍聽之：吾先在安南時，曾三次與法人大戰，皆大勝之，彼時我何嘗佩帶大總統印綬？所賴者爲將士用命，與人民愛戴而已。區區名位，於我何有！諸軍倘能踴躍籌餉，我劉某當有布置。否則，此印綬有何用者，敢請諸軍將印帶還」。時日軍已薄臺南港，永福乃分其兵於臺南、恆春、旂店、鳳山、來港、白沙墪、布袋咀諸要地，以俟敵之來攻。惟永福查核支應善後糧餉，僅二十萬有奇，之洞與譚鍾麟均密濟之。後淸廷下令與臺斷絕各項應援。之洞密濟之五萬元，因李鴻章查悉阻撓，乃中途折返。永福雖盡情蒐羅，亦僅能維持至七月上旬。時沿海要港，均經日艦封鎖，日艦巨砲，守軍不能敵，遇此，則後退十數里，日軍不堪陸戰，守軍與民團俟日軍稍深入，輒殺傷之。日軍受挫則急退向沿海，不能進。無如糧餉皆困，軍輒有譁變者。子成良度情勢不可以持久，力請內渡，永福亦以事不可爲，惟自去難對臺中百姓。之洞在五月十三日致福州邊制台電，亦有此意，實不欲永福離臺也。其電云：「……劉鎭懸軍孤島，繫念之至。惟五月內奉旨查禁接濟餉械，自未便再爲協濟。……渠忠勇可敬，孤危可憂，然事已至此，只可任其自爲之。成則爲鄭成功，敗則爲田橫，皆不失爲奇男子。聽之於天，聽之於數而已！即使終歸身殉，總可殺倭賊數千，斷不能令倭賊垂手而得全臺，較之越南游勇力量，總較大也。來電云：渠素有威名，爲洋人所憚。若渠此時忽然舍臺而去，則威名頓損，洋人亦不憚矣！……」(註二〇)後永福歷經萬難，始由臺至廈，途中幾爲日人所得。唐景崧劉永福內渡情形不同，其目的則一。而二人皆爲之洞所拔識，却未能深得之洞本心者。故雖朝廷大員，百戰勇將，欲其成鄭成功田橫，難矣！而劉似又較唐爲難能也。永福瀕行，念臺灣之土地淪喪不保，不禁潸然淚下。永福參軍記室吳桐林有詩誌痛，並繫小序云：劉淵亭將軍在臺南與日人大戰，苦餉彈不繼。時余居幕下，奉命內渡乞援，淸廷柔懦不振，命再堅守兩月，卒不一援手，模稜兩可。又不下詔徵將軍內渡，遂令日人得逞。余與將軍雖全軀返里，每每東望而隕涕也。其詩曰：

話到君山涕淚多，秦廷愧我幾番過，三千士卒埋荒塚，百萬生靈醉海波，漫說興亡歸氣數，休憑強弱論中倭，兵窮食盡孤城在，空使將軍喚奈何！(註二一)

第三節　甲午中日戰後之軍事革新

甲午中日之戰，對之洞影響之深且巨，較之中法越南之戰爲尤甚。中法之戰，中國先敗後勝，雖朝廷昏庸，謀事者識短不臧，於戰陣之際，海疆禦侮，終較尚能支撐。既甲午戰敗，割地賠款，軍未戰而自敗，敵未來我先逃，將帥有苟且之心，士卒無必死之志，上下凌替，相與效尤。之洞每於接敗訊之傾，輒扼腕長嘆，痛心疾首。而其人又不合時宜，常遭時忌，雖欲有所作爲，實難能也。之洞於馬關條約簽訂之前，曾屢電清廷，瀝陳厲害，只以言輕術淺，終不爲用。之洞指出此次日本之和與西洋各國迥異。臺灣資敵，威海衞駐兵，則南洋之寇在肘腋之間，北洋之寇在門庭之內。而賠款之害，如人受重傷，氣血大損；通商之害，如配酒止渴，毒在臟腑之內。之洞以爲，處此內外相逼，裏外相迫之際，若再游移因循，則中國此後大局，實不堪設想矣！而賠巨款則國用無所出，必至百方掊克，直至百姓窮無所出，民必藉之爲亂；準日人於內地設機器，製土貨，奪小民一線生機，小民必憤，與洋人定啓畔端，畔亂一生，兵事立起，此通商之害也。日人曾揚言，此一馬關和約，欲令中國五十年內不能自振，斷不能再圖報復，並聲言十年之內，與西洋各國將中國瓜分。以我剝膚之痛，益彼富強之資，逐漸吞噬，計日可待。且此戰之後，西洋大國，盡窺中國虛實，肆意要挾，事事曲從，則無以立國，稍一枝梧，則立見決裂。「……故今日事勢徼幸無事者，或以爲偷旦夕之安，而愚臣獨以爲不久即將有眉睫之患，夙夜憂懼，不知所出，僅條陳九事，願聖明決而行之：一曰宜亟練陸軍也。中國自剿平髮捻以來，軍威頗振，何以此次軍務竟不能支？查髮捻雖甚猛悍，然究係流寇，與敵國不同。日本用兵，皆效西法，簡練有素，餉厚械精，攻取皆有成算，弁兵皆有地圖，以及登山涉水之具，餱糧禦寒之物，無不周備。……我軍則倉卒召募以應之，心既不齊，械亦不足，技又不習，以致動輒潰挫。且十年以來，宿將上選所存無多，其次者暮氣已及，積習已深。將領以剋扣爲故常，以應酬爲能事。其自愛者，亦僅能約束不擾而已。至於忠義奮發，訓練精強，銳意滅敵者，則實罕見其人。故非一變舊法，必不能盡除舊習。……」(註二二)之洞體察詳密，剖析切要，當時軍事失敗之因，乃爲之一語道破，衡諸斯時列強，無一國不汲汲於兵事之講求，淬厲奮發，以相角逐。中國若狃於和局，從而罷兵，不復爲振作之計，是中國將永淪於刀俎之下。且舊習之變，必須革新，革新始能盡除暮氣與缺失。英將戈登嘗言：中國之民，耐勞而易使，果能敎而練之，定能成極強極佳之陸兵。之洞認今日之局，必宜趁一年之內，於海疆各省，效德人練兵之法，募洋弁洋將，除日夜訓練以外，並命其爲管帶，急練得力陸軍三萬人。悉照洋法操練，其行軍應用軍火器具營壘工程轉運醫藥之法，俱仿效之。其次第乃爲洋將訓練華軍之際，令中國武官，從旁見習，其後習見習聞，定能捐棄故技。如有傑出之才，當可觸類引伸，本其精熟之法，參以運用之妙。是數年之後，華將多解洋操，即可擇其廉潔切實者，以接統此洋操之軍。

復次，之洞以爲欲求備爲將來將帥之才，更爲深切瞭解西洋軍隊訓練之法，以及應戰之方，營壘礮臺之事，必須選派年輕力壯明敏有志者百餘人，不分官階，遑論文武，派赴外洋，附入學堂營局，或專門技藝之科，分途肄習，觀摩既便，領悟必速，較之在中國學堂所練，必更切實。學成回華，視其階資才藝，分別充補營哨之官。並可擇其尤優者，充任學堂敎官，以接洋將洋弁敎習之職，再次爲各省陸軍學堂，延西人爲師，擇強壯樸實之少年子弟入學，學成亦發各營，量加委用。如此展轉敎練，相輔而行，數年之後，中國練成能戰精兵十萬人，不特永無內患，必可不憂外侮。依據此一理想，之洞乃於光緒二十一年十一月十二日疏奏選募新軍創練洋操，在江南擬練陸軍萬人，其體制大率如次：「……擬先練二千數百人爲一軍，照洋法分爲三十營，即名爲自強軍。俟成軍半年以後，操練已有規模，即行推廣加練，酌增人數一倍，統以增至萬人爲止。……取其距金陵皆不甚遠，年籍身家易於淸査，以杜遠省招募、淆雜勞費、遣散流落之弊。而各處分練，冀以廣開風氣。此卽略寓西洋東洋舉國之民，人人皆可爲兵之意。各營皆選擇土著鄉民，年在十六歲以上，二十歲以下，體氣精壯，向不爲非者，……聲明情願效力十年，只准開革，不准辭退。……更用西醫驗其身軀壯健，並無隱疾，目光及遠者。厚給餉糈，編爲新軍。至一切飯食肉食，冬夏衣履，居住房屋，西法均由官爲籌備。……舊日餉章，自不能一律仿照辦理。委派洋員德國遊擊來春石泰爲全軍統帶，其營官哨官均以洋將洋弁爲之。別設副營官副哨官名目。選武職中壯健有志，不染習氣者爲副營官，選天津廣東兩地武備學堂出身之學生爲副哨官。其帶兵操練之權，悉以委之洋將弁，而約束懲責之權，則專歸華官。一以通新募勇丁之情，二以事權互相維繫，三以逐漸觀摩，俾華弁儲營官統領之材。……其部伍人數，俱照德國營制。計現設步隊八營，營二百五十人，分爲五哨；馬隊二營，營一百八十騎，分爲三哨；礮隊二營，營二百人，分爲四哨；工程隊一營，營一百人。西例隨營有醫官、槍匠、獸醫等項。……」(註二三)總計之洞所練之江南新軍，除雜役人等不計外，共馬、步、礮隊十二營，工程隊一營。並派後補知府沈敦和與錢恂爲自強軍洋操提調，爲之經理各事，一切仍歸營務處考核。正勇餉銀每名每月給庫平銀三兩六錢，勇目遞加，其官給飯食衣履在外。洋員薪水外洋訂有合同，華官副營副哨，既無絲毫霑潤，亦無公費名目。故所給薪餉，均足自贍。之洞雖處經費短絀之際，仍不稍事刻啬，必得西洋兵制精髓而後已。且時常親自督率，觀新軍操練攻守之方，圖繪測量之學，必至詳教熟練，不准徒襲口號步伐之皮毛，俾成有用之勁旅。

之洞於莅任之初，巡閲長江防務之際，曾詳陳兵勇之疲惰，臺礮之窳敗，乃購西洋新式巨礮五十餘尊，建臺二十餘座，是爲江南有後膛臺砲及西式臺礮之始。光緒二十一年十一月十七日，奏請礮臺編設專勇，其疏云：「……長江戰守之道，著重首在礮臺，……礮臺禦之於水，能毀敵船，是守而兼攻，……礮臺扼之於門戶，守約而費省。……故一臺之功，可敵十營，一礮手之功，可勝千人。然礮臺之勇，必須專精訓練，有礮而不得其用，與無礮同。新式洋礮日新月異，非諳悉礮機運用，鋼性漲縮，藥力等差，炸藥裝配，線路測量，朝夕演練，斷難純熟命中，甚至動輒毀礮誤事。……」（註二四）之洞認爲兵勇稍知講求機括者，多被礮廠或輪船所招，身價頗高，餉項亦豐，是以宜優給薪糧，使專司砲臺之事。典守者如各有專責，弁兵定會日日操練，臨敵之際，不致荒亂無章，且能立時開戰。並於每臺，設一專臺官，體制與哨官等。礮勇均由該專臺官督率，並於三四臺設一總臺官，略如陸軍營官體制。然但論其技藝，不論其官階。派充該項職務者，不論礮勇臺官總臺官，雖仍歸各該總領考核節制，但不准自行撤換。所選之礮勇概由洋弁檢校，不得徇用不習礮法之人。其薪糧由洋弁委員公同當場給發，籌防局隨時稽核，以除積習。是爲江南礮臺設專兵專將之始。

之洞除建自強新軍，妥立長江各礮臺專將專勇外，並澈底改革江南諸路防營積習。江南諸軍，素爲各統將把持，有如世業。之洞於是乃察南北營政廢弛者，盡行更撤，如壽春、蘇松、狼山、徐州各鎮統領，收諸路兵權，歸之督府。並奏調馮子材率粵軍防海州，朱洪章防金山，沿海於風雨飄搖之際，謠諑紛紛之時，得以屹然，恃以無恐。江南於中東戰事緊急之秋，之洞仍能規劃其他事業。如鐵路之計劃興修，商務局之設立，紗廠建設之完成等，皆由防務之鞏固所使然也。

第四節　實業之積極振興與社會福利之謀求

之洞所至之處，雖費用短絀，阻礙萬端，困難重重，必有興作。而其異於同光諸臣者，非僅注及船堅礮利而已。梁任公於論李鴻章文中曰：「……知有軍事而不知有兵政；知有外交而不知有內政；知有朝廷而不知有國民。……」(註二五)曾國藩亦云：「……輪船之速，洋礮之遠，在英法則誇其所獨有，在中華則震於所罕見。……」是曾李之輩，皆認自強之道，惟制器而已。故彼等所窺西學之範疇，僅其皮相，實未得其全貌也。而「……以爲吾中國之政教風俗，無一不優於他國，所不及者，惟槍耳！礮耳！機器耳！吾但習此，而洋務之能事畢矣。……」(註二六)之洞則不然，彼認非僅槍礮機器之學宜學，諸凡西洋之典章制度亦宜學。而興修鐵路，振興實業，暢通風氣，更爲刻不容緩之事。尤以甲午戰後割地賠款侮國傷財之實績，中國非事事振奮不足以圖存，尤以講求商務爲最。光緒二十一年五月二十七日於籲請修備儲才摺中有云：「……一曰宜講商務也。自中外通商以來，議者或言通商便，或言通商不便，此皆一偏之論也。大約土貨出口者多，又能自運貨赴外洋銷售，不受外洋挾持，則通商之國愈多而愈富。土貨出口者少，又不能自運出洋，坐待外人收買操縱，則通商愈久而愈貧。考日本與西人通商，專講精造土貨，自運外洋。兩端商本虧累，則官助之，不以賠折而沮。……商務盛，則交涉得手，國勢自振，其明效若此。中國上下之勢太隔，士大夫於商務尤不考究。但有征商之政，而少護商之法。西人常論中國商人最工貿易，惜國家不爲保護，任其羣起逐利，私作姦僞，不顧全局，以致百業皆衰。至護商之要，不外合衆商之力，以厚其本；合國與民之力，以濟其窮。今宜於各省設商務局，令就各項商務，悉舉董事，隨時會議，專取便商利民之舉，酌劑輕重，而官為疏通之。勿使傾軋壞業，勿使作偽敗名。凡能集鉅資多股，設一大公司者，奏請朝廷獎之；藉招股坑騙者，重治其罪，勿以瞻徇而寬之。並准其各派董事出洋學習，由使館代為照料。……總以公平均正為主，……不可稍存自私自利之心，而後商務可興矣！……」(註二七)此論精切而至當，尤能道出中國士大夫輕商之觀念，與政府加諸於商人之種種桎梏。致使聰明才智之士，聞商却步，一心嚮往於仕途，此中國商業不振之因也。工商凋敝，生齒日繁，外人窄取，民人焉得不貧，國家焉得不困。而一般朝野名望之士，又皆恥言商。之洞乃破除陳規，發為新聲，為生民立不朽之基，雖曰成就有限，然踵其後者，如張謇輩，却能發揚光大之。光緒二十二年正月初五日，奏陳籌設商務局，與蘇州紳富集股合為一大公司，設繅絲紡紗廠各一。並開辦蘇滬杭及江甯小火輪船公司，一併歸為商辦，遇有商人於創辦營運各節，有為難之時，官必為之保護。之洞並照會蘇州在籍紳士前國子監祭酒陸潤庠，經理蘇州商務局；鎮江在籍紳士前禮科給侍中丁立嬴，經理鎮江一帶商務局；通州在籍紳士前翰林院修撰張謇，經理通海一帶商務局。此外，之洞命由各局給予各紳照會，均會商地方官相機鼓舞，設法振興，是蘇滬一帶實業之日漸興旺，華商華民生計之日有起色，殷實為全國之冠者，之洞之力也。

一、籌設紗絲廠

蘇省產棉最盛之區，為通州海門各地，且通海所產之絲亦漸向旺。而西人考究結果，亦認為中國之冠，無不垂涎欲於此等處所設廠謀利。而中日新約有允其於各口岸城鄉市鎮任便製造之條。中國如不謀求發展，則利權之不保，乃在旦夕之間。之洞有鑒於此，立謀紡紗繅絲兼舉，統畀責與通州紳士張謇。張謇向來講求實務，於當地情形亦較熟習，經之洞與之函商，力籌護持小民生計，杜塞外洋漏巵之策。並囑其邀集紳商，剴切勸導，厚集股本，就地設立紗絲廠。光緒二十二年正月初五日，之洞奏陳將湖北原訂紗機移蘇州商務局，由陸潤庠接管，覓地建廠，因是省款甚巨，後陸氏允而復辭，乃轉囑張謇集股開辦，因力不足，與盛宣懷同於上海通州各設一廠，設通州者曰大生，世皆知張氏為實業大家，不知實肇基於此也。

二、鐵路之籌建

之洞始終認為，國家之強弱，關乎交通之暢塞至巨，尤以鐵路為全國之命脈，此於奏開蘆漢鐵路一疏中見之。及甲午戰敗，更深切體察鐵路之重要。其言曰：「……宜亟造鐵路也，方今地球各國，無一國不有鐵路千條百條，交錯縱橫，軍民農商，事事稱便。至各國專設有鐵路學堂，並設有各國鐵路公會，每兩年大會一次，互相講求。卽以日本而論，該國變法才二十年，而國勢日強，幾與各大國抗衡。尋其收效之著，實莫如鐵路一端。蓋版圖旣廣，其利不能興，弊不能去者，皆由地勢阻隔，不能相通故也。鐵路成，則萬里之外，旦夕可至；小民生業，靡不流通；朝廷耳目，靡不洞達；山川之產，靡不盡出；風俗之陋，靡不盡除。使中國各省鐵路全通，則國家氣豐大變；商民貨物之蓄息，當增十倍；國家歲入之數，亦增十倍。至於調兵捷速可省，多營轉漕無阻，可備海梗。民間省差徭科派之困，官吏無驛站辦差之累。……」(註二八)與鐵路有百利而無一害，之洞所以亟亟謀求者在此。光緒二十一年十一月十二日疏奏籌辦江浙鐵路。此路由吳淞口起以達上海以達蘇州，由蘇州以達鎮江，由鎮江以達江甯。另於蘇州橫接一枝以達杭州，所歷皆富庶之區，貨物行旅既蕃且多，加以內地新准通商，凡機器生料之運載以入，與夫製成貨物之運載以出者，皆將絡繹不絕。之洞認如悉心核計，獲利必豐，乃委補用道黃遵憲、江蘇候補道容閎會同總辦，募集商股，官商合辦。後商股難籌，之洞乃擬分段築造。先吳淞至上海三十餘里，歸官創辦，以開其端。商人見有利可圖，必能踴躍參與其事。如此續行籌議，籌一段之款，成一段之路，成一段之路，即能收一段之利，不比他路必須全局修成，始見利益也。之洞雖於此路未能完成，然奠始基者，籌謀策劃者，實其人也。

光緒二十二年正月初五日，爲江西紳商請辦小輪，於江西境之內河航行，以免洋輪奪我利權。該省紳商爲免土貨爲洋商把持，乃請減免釐金，製造西式瓷器，行銷國外，並請試種蠶桑，設蠶桑學堂，教學生於種類異，培養之方，飼養之法。惟桑秧蠶子必須購自鄰省，之洞乃奏請免徵稅釐十年，以體小民購辦之難。其爲民興利者如此。

三、社會福利之謀求

之洞爲政之道，多以國家爲重，尤以民衆爲先，所至之處，無時不爲民籌謀。觀其爲政之法，則以懲貪頑獎賢善爲主，故其於盜匪擾民者，往往動輒處以重典。甫由漢至甯，經發現制錢短絀，小民行用不便，乃籌銀二十萬兩購銅，請廣東代爲鑄造；並請湖北鑄銀元，驗其質地，得能與洋元並用，除便民者外，並陰收錢幣利權行用之效。光緒二十一年十一月，張謇爲通海請統捐。復云：「……包捐事如果上不虧餉，而下不累民，鄙意極所樂爲，……」又同年十一月十四日致俄京許景澄，請爲洽詢將玉米之核製糖之機器，以便製糖，爲民謀福。十七日，興辦上海南市各工程。首先修築自十六鋪至南馬路長約六里之馬路，使與租界相接，得能行駛馬車手車，該地且爲上海界薈萃之區，交通一便，市面因之興旺，而商民稱便焉。滬上無兵輪碼頭，於是就造路之便，亦鳩工興修之，使中國商輪，均可停泊。尤有進者，該馬路之興築，適得阻法租界擴張之野心，杜日本欲闢爲租界之狼口。市面既興，地價必高，地方受益，亦復不淺。

光緒二十一年十二月十九日，乃於金陵設立躉船，修造馬路。金陵本非通商口岸，故下關地方來往輪船，均於江中停泊，用小划渡客到岸，其時必値四五更之交。江流奔湧，風浪昏黑，往往失事。上岸後又須渡一河，始能入城。其水卽秦淮河入江之處，水勢湍急，商旅苦之。之洞有鑒及此，當卽派委候補道桂嵩慶，倣照洋式，增置躉船一座，由江岸登浮橋一道及碌岸等項，並於傍岸建造舍宇，爲往來候船下船行旅暫時棲息之所。一時民客皆頌其便，又金陵經洪楊之亂，兵燹過後，遼濶城內，市廛蕭索。城內有居民者三之一，空曠者三之二。之洞以爲利民之方，修路卽爲要義，必須運載迅速，信息靈便，人貨流通，則街市日增，民生日富。於是乃飭道員桂嵩慶自儀鳳山外下關淮口以西新設碼頭起，修造馬路，至城內碑亭巷止，計長十五里。自斯而後，貧民食力者，競造手車，以爲生計，往來如織。馬路兩旁小民購地造屋者日多，來日之繁華可見。

光緒二十一年十二月二十八日，之洞籌撥巨款，疏濬江皖豫三省河道以濟三省之民。緣黃河支流之減水河、洪河、自虞城夏邑永城，經江蘇之碭山蕭縣，以達於安徽宿州靈璧；泗州之睢河而注於洪湖。其間支河湖港紛歧四出，而皆下滙於睢河。後黃河日益淤淺，漸將改徙，豫、皖、江各河，亦逐段淤阻。春夏水潦，大至無從宣洩，泛溢爲害。各屬災民，蕩析離居，不堪擊目。之洞以爲自咸豐之初，迄於當時，遷延三四十年，屢議屢輟，毫無成功，而小民懼於水患，亦垂三四十年而未能已。之洞深體災民迭年困苦之情形，乃派江蘇後補道李振邦與各守妥議詳勘，籌商辦法。經議全部工費約需銀十三四萬兩。之洞乃奏請將查抄已革總兵衛汝貴之產業變賣，充作工費，得能成功此一拯生救業之大事，活民數千百萬。

之洞於權攝兩江任內，不足兩載，而其於籌謀社會福利者實多，此但舉其大者，餘不及備述也。

第五節　結　論

之洞謀國之忠，每於紛亂中見之，籌措之遠，又多於平日見之。其言伊黎界約，史家皆認書生之見，微其言，縱紀澤不世出之才，亦將無所爲力；論海防於中法越南戰後，旨大而精深，非徒託空言不足以行者，然恃權者昏庸，竟寢其策，致有中日甲午之敗。甲午戰敗，予之洞創痛更深，乃有籲請修備儲才之奏。條其竅要，詳其得失，與夫革新振興之計，凡所爲言，皆切中時弊，惜乎淸廷已腐大局靡爛，縱令扁鵲復出，亦已不可救藥。是故之洞之一番悃忠，雖甚可嘉，然大勢所趨，亦無可如何，實七年之病，求三年之艾也。之洞初猶若咸同諸臣，似專一諸求船堅礮利者。及甲午戰後，思想爲之丕變，除猶致力於軍事兵工諸事外，尤復注及於工藝之講求，政治之修明。其所終始鍥而不捨，興辦文武學堂之志，時復又擴而充之。其論學堂之要云：「……人皆知外洋各國之強由於兵，而不知外洋之強由於學。夫立國由於人才，人才出於立學，此古今中外不易之理。不蓄而求，豈可倖致。惟敵國愈強，則人才愈不易言。泰西諸大國，皆取之專門學校，故無所用非所習之弊。今外洋各國與我交涉日深，機局日逼，若我仍持此因循之習，固陋之才，浮游之技藝，斷不足以禦之。應請各省悉設學堂，自各國語言文字，以及種植製造商務水師陸軍開鑛修路律例各項專門名家之學，博延外洋名師，教習三年。小成，乃擇其才識較勝者，遣令出洋肄業。……」(註二九)此實一針見血之言。綜以上各節言之，朝廷之昏庸，大臣之腐敗，將帥之疲惰，兵勇之漫散，民心之靡靡，社會之窳敗，上下相效，積習相延。黑者則同流合污，赤者亦僅束身以自好。至所謂攘利不先，竊義恐後者，不可亟得。而士大夫又類多抱殘守缺，不識時務，凡所爲言，往往爲中外所竊笑，之洞所以於教育上謀改革，乃欲正本清源也。其次又論及工政之事：「……世人皆言外洋以商務立國，此皮毛之論也。不知外洋富民強國之本，實在於工。講格致、通化學、用機器、精製造。化粗爲精，化賤爲貴。而後商賈有懋遷之資，倍蓰之利。……百工爲足財用之本，……三代之聖人，其開務前民，未有不加意於此者。後世迂儒俗吏，視爲賤業，不復深求。於是外洋技巧，遂駕中華而上。查西洋入中國之貨，皆由機器捷速，工作精巧，較原來物料本質，價貴至三四十倍不等。……中國生齒繁而遺利少，若僅恃農業一端，斷難養贍。以後日困日蹙，何所底止。故尤宜專意爲之，非此不能養九州數百萬之游民，非此不能收每年數千萬之漏巵。今宜於各省設工政局，加意講求。……」(註三〇)此之洞蒞任之處，必亟亟講求各種實業之所由也。之洞認爲中國人數之多，甲於五洲，但能工藝一端蒸蒸日上，何至有憂貧之事，而此又爲養民之大經，富國之妙術，行之亦不甚難。且寓抗敵禦侮於其中。惜中外文武臣工，多昧於一偏之見，不知刻意講求，以致迂闊不經，乃至民窮財盡！蓋不知外洋各國之所長，遂不知外洋各國之可患。拘執者狃於成見，昏庸者樂於因循，以致國事阽危，幾難補救，追思往史，實可痛心。尤有進者，國家取士用人，首重科目，局限八股。而公卿大吏，皆出其中。之洞以為，士人畢生，困於考試，甚至老耄之年，仍試之不爽。故皆見聞陜隘，精力銷磨，以致未嫺經世致用之學，甚且文理不通，小如對人處世猶不可知，遑論洋務軍務乎。此蓋為之洞後來籌議變通科目取士之濫觴也。清季自乾嘉以降，納貲之例開，迨咸同而冗濫益甚。是以仕進之途，百餘金得佐雜；千餘金得正印，即道府亦不過三四千金。家非素封，人思躁進，以本求利，故官場貪黷之風日盛，奢侈之習日張，其時有以洋行排水夫而為糧儲道者，其冗濫如斯，其官方可想，而其政治之良窳可知也。

清廷自乾隆中葉以次，貪黷奢靡之風，與日俱增，各省虧欠累累，加以內憂外患，國用浩繁，及咸同軍興，籌軍轉餉，已至無所籌措之地。甚而非賴舉外債不克維持國用。旣洎中日甲午之戰，僅江南一隅，計息借商款蘇州藩司所借銀一百萬二千六百兩；江海關道經借銀一百二十六萬二千五百兩；兩江甯官銀號結借銀四萬六千二百五十兩。此外又有瑞士地亞士等洋行，軍火鎊價抵借之款，共計英金三十四萬八千六百九鎊十八先令九本士，按照訂購時市價核算約合庫平銀二百十八萬兩；又信義洋行軍火借銀抵借之款共計德金八十六萬二千二百八十二萬馬克九十分，按市價合算約合規平銀三十一萬七千一百一十九兩零。總計商借及外債約為四百八十萬八千四百六十九兩。而其他捐募款項不包於內。兩江如此，其別地息借之洋款可知，有清財政之靡爛，竟至於斯極。而連年爭戰，喪師辱國，割地賠款，民財本已竭盡，且更加益之，餉何從出。中日甲午之戰，清廷本無必戰之決心，後竟倉促宣戰，其必敗之因，非一端也。之洞於戰爭初開之際，籌軍轉餉之忠直，前已詳論，戰敗之後，和議又如許之苛，更屢疏奏陳，詳析其害，終不爲用，惜哉！然持平論之，以當時各軍之疲惰，朝野之漫散，民生之凋敝，國際之環境，縱戰，其勝數亦鮮。何則，外患未靖，內憂又起，方中日之戰尙未議和，甘肅省境之回匪又復蜂起，蔓延及於青海陝西等省。中日和議成，之洞乃籌槍械兵勇，派吳元愷軍援奎順。光緒二十二年七月，關內外及青海各地方始肅淸。其次爲關內各省，荒旱水潦，連綿不絕，盜賊無處無之。是以戰事如持之日久，民必譁變。此之洞所以倡築鐵路，通貨財，興學堂，勸工藝，獎遊學之由也。雖然，彼於世事推移之大較，則闇然不知也。彼或有所知，因所處之地位不同，有所顧忌，此於後之鎭壓康梁黨徒有以見之，是知其不得不然也。

西人富強康樂之業與夫致之之道，誠不越船砲工鑛數者，然其政教修明，民生樂利，亦在其中矣。中國秦漢以來治平之盛軌，其源亦皆出於政教修明，風俗純厚，百姓家給人足，以成國家磐石之基，而所謂富強也者，始可表之於外也。事實無百姓窮困，國家富強之理！環觀之洞之世，官俗頹敝，盜賊肆行，水旱頻仍，官民交困，民人如此，富強又何所從出。之洞以爲國之本在民，如倡爲夸誇之言，謂國家富強爲根本，與百姓無與，則如無根之木，無源之水，福尙未至，禍已先來，之洞始終抱此，惜其眞知灼見，多被視爲迂遠不經之論，不合時宜之言，以至鄙棄不用。

之洞權攝兩江，凡一年又四閱月。首於蒞任之初，籌理防務，既卸任之際，辦理善後，其間無一日或息。於兩江吏治民生，力謀所以整飭裨補。之洞治事之勤，於乙未年除夕二鼓，猶在幕府治事；丙申年元旦，亦辦公竟日不息，此兩端可見一斑。其於官邪吏蠹，則釐剔必嚴，查覆文武大員各參案，均據事直陳，無所廻護。於商務正人則壹意振興維持，滬商葉成忠、何端堂一案中可得梗概。葉何二人聲譽素著，御史張仲炘言其運糧濟寇，密旨嚴拿懲辦。之洞疏言兩人素有身家，且或爲各路軍營，或爲臺灣後路，糧臺委以采辦軍米重任。則其平日爲人，必當爲各該軍營人等所深信，似不致悖謬若此，並遴委司道大員三次詳查密訪，不能得其影射私售之實證。此等違禁濟寇重情，既無確據，礙難以展轉流傳之詞，率興大獄，株連商民。之洞因請毋庸置議。此事保全甚衆，滬商不知也。

之洞於兩江任內，所宜述者尚多，諸如整頓江南製造局、整頓太湖水師、擇定蘇州日本租界地段、淸查吳淞灘地變價升科等要政，不一而足。今僅擇其要者，明其端續，申其條貫耳。

附註

註一：張文襄公全集，卷一三八，電牘十七，頁十。

註二：張文襄公全集，卷三五，奏議三五，頁六。

註三：張文襄公全集，卷三五，奏議三五，頁二三至二五。

註四：張文襄公全集，卷一三八，電牘十七，頁十五至十六。

註五：張文襄公全集，卷三六，奏議三六，頁二至六。

註六：張文襄公全集，卷三六，奏議三六，頁六至八。

註七：張文襄公全集，卷一三八，電牘十七，頁三二。

註八：張文襄公全集，卷一三八，電牘十九，頁七。

註九：張文襄公全集，卷一四三，電牘二二，頁四至六。

註一〇：張文襄公全集，卷一四四，電牘二三，頁二十至二一。
註一一：張文襄公全集，卷一四四，電牘二三，頁三一。
註一二：中國外交史，劉彥著，六章，頁一八三至一八六。
註一三：張文襄公全集，卷一四五，電牘二四，頁十四。
註一四：張文襄公全集，卷一四四，電牘二三，頁二八至二九。
註一五：張文襄公全集，卷一四五，電牘二四，頁一一至一二。
註一六：張文襄公全集，卷一四五，電牘二四，頁五。
註一七：張文襄公全集，卷一四三，電牘二二，頁十七至十八。
註一八：張文襄公全集，卷一四五，電牘二四，頁三一。
註一九：張文襄公全集，卷一四六，電牘二五，頁十一至十二。
註二〇：張文襄公全集，卷一四六，電牘二五，頁二一。
註二一：劉永福傳，李健兒證述，頁一九八至二〇六。
註二二：張文襄公全集，卷三七，奏議三七，頁一八至一九。
註二三：張文襄公全集，卷四十，奏議四十，頁二至四。
註二四：張文襄公全集，卷四十，奏議四十，頁十二。
註二五：論李鴻章，梁啓超著，六章，頁三九。
註二六：論李鴻章，梁啓超著，六章，頁四一。
註二七：張文襄公全集，卷三七，奏議三七，頁二九至三十。

註二八：張文襄公全集，卷三七，奏議三七，頁二四至二五。
註二九：張文襄公全集，卷三七，奏論三七，頁二八至二九。
註三〇：張文襄公全集，卷三七，奏議三七，頁三一至三二。

第七章　張之洞之教育理想與實際

第一節　督學蜀鄂時期之功績

滿清以外族入主中原，武力遠勝文治，自不待言，而天下底定之後，懼漢人之反側，復不思於教育之百年大計上有所展布，深以漢人文化，一脈相傳，卽或不克斷其根本，亦以阻其繼續成長爲鵠的。故在教育上仍然因襲明朝八股文章科舉取士之舊章，使天下才智之士，皆集其聰慧於考試，蓋士人之出路在當時僅此一途，別無選擇，而滿清朝廷政治之主旨，亦僅指此爲正途，箝制士人思想，不使旁騖也。清初諸大老，懍於亡國之痛，深以經世致用始爲士人讀書爲學之終極，然於狹隘部族統治下，乃不得不走上徵實之途，鑽研於故紙叢碎之中，雖於名物訓詁小學聲韻考證諸學，貢獻良多，然於民族思想之奮發，政治宏謨之啓示，與夫思想之激揚，均無可足述者。而與宋明以來之書院講學之風相較，不若遠甚。如謂私人講學仍有明季東林諸賢之可觀者，要不外家學或相互私淑，稱某家某派而已。是書院之風已爲清廷所忌，清初文字大獄之屢興，不外消除漢族文化之繼續傳布，毀滅民間所存之一絲正氣。有謂清季學術頗類歐西文藝復興，如云是，則清末差可當之，清初及其中葉則不然也。雖然有所謂博學鴻儒之徵召，四庫全書之編輯，究其實，乃在集中國優異之讀書人於一堂，抄寫轉錄，專心致志於書，不使有非分之想，以終一生。子孫輩則以父祖名聲，揚於天下，視滿清朝廷爲恩主，因是欲振家聲，乃從而習於八股時文，以爲從政之路，由是代代相傳，輸其愚忠，爲滿清之順民，而清人箝制漢人思想之鵠的，亦因之達成焉。誠然，四庫全書之編纂，實有益於後世，然於編纂時毀損之所謂禁書，亦爲我族文化之罪人也。故清季之教育，誠無可言者也。卽以官辦書院言之，其旨亦在以廩餼收買士氣。袁枚書院議云：

民之秀者已升之學矣，民之尤秀者又升之書院。升之學者歲有廩，升之書院者月有餼。士貧者多，富者少，於是求名賒而謀食殷。上之人探其然，假又挾區區之廩以震動黜陟之，而自謂能教士，過矣！（註一）

書院厚其廩餼，臥碑嚴其禁令，開其爲此，抑其爲彼，士非愚痴，豈有不知，而教育之目的，端在收買士人，眞正才能之士，必不恥此。教育之旨在得人才，教育之情狀又若此，人才安可得乎哉。而清廷歷代君主，亦不要求人才，故清廷外表推崇程朱之學，然對程朱學中以天下爲己任之秀才精神，則極端排斥，蓋彼輩意不願有若范仲淹者，干預其政權也。乾隆有御製書程頤論經筵劄子後云：

夫用宰相者，非人君其誰。使爲人君者，以天下治亂，付之宰相，己不過問，所用若韓琦范仲淹，猶不免有上殿之爭，所用若王安石呂惠卿，天下豈有不亂。且使爲宰相者，居然以天下之治亂爲己任，而目無其君，此尤大不可也。（註二）

由此以觀，狹隘部族下之教育，所作育者充其量僅奴才而已，要皆以仕宦做官爲鵠的，胸中了無以天下爲己任之思。故學術日盛，則吏治却日衰，其因在此。及至國運由盛而衰，道咸以降，科舉取士，除八股時文外，尚且專心於小楷點畫之間。更以闈場弊端叢生，請託習爲故常，寒門而優者，輒相抑遏，教育風氣之敗壞，直至科舉之廢除，其風仍熾。益之以捐貲勞績之名目，其窳劣之情，更不可問矣！

之洞生當斯世，並循此途而致顯名，其中之甘苦，自必較他人爲切實，亦必目睹此種不平不公之事。尤以目見當時士風之墮落，教育常規之敗壞，與夫中華文化之危機，故在爲京曹時，即以保名教爲己任，以育才養才用才爲國家強弱之機。嗣後出任疆圻三十餘年，每至一處，必有興作，而所爲設施，必政教並舉，縱或力有不逮，必先教而後政，終能造成風氣，成就人才甚衆也。之洞於奇才異能之士，或有一長，無論識與不識，均能秉其至公，一一向清廷荐舉。人之彥聖，若己有之，絕不爲嫉賢妬能之事，其愛才之情與致力於教育之事，終其一生，未嘗稍廢。論者皆謂之洞爲教育家，誠然，之洞當承斯語，了無愧色。而其於近世中國教育上之獻替，實至深且鉅。世人論之洞有關教育者甚多，茲不多述，惟於其緊要者，擇一二敍之於後。

之洞於同治六年四月十五日，保和殿考試差，六月十二日奉旨充浙江鄉試副考官，七月偕正考官張澐卿出都，至杭州即入闈，九月十五日發榜，得知名之士五十餘人，後多以勳名學問顯者。此爲之洞首次實際從事教育之始，其出題、閱卷、評斷優劣之盡心勠力可知，而其心臆中所久蘊之取士標準，於焉乃得實現，所取之士，無怪其後於學術政治忠義文章各有成就也。

同治六年八月初一日，諭旨簡放湖北學政，十一月十六日接篆視事。謂學政一官，不僅在衡校一日之短長，而在培養平日之根柢；不僅以提倡文學爲事，而當以砥礪名節爲先。之洞有見於當時士風之敗壞，斯文掃地，廉恥道喪，挽救之道，惟有平日培育之。學政一官，於教育設施，可稍稍發抒自身之理想，之洞於湖北學政任內，可稱爲實施其教育理想之起點。故之洞遍歷各州府，雖道路險阻，危難萬分，亦必躬親赴之。其時鄂省自經兵燹，人民轉徙，書籍散亡。之洞每按行一處，必爲設法籌購，並以根柢之學，砥礪諸生，有講求經學博聞強識者，特加甄拔獎勵。而於其浮薄卑汙者，健訟多事者，分別訪查確實，予以褫革。並將各府諸生才學秀出者，送入江漢書院，籌給膏火，並捐購經史書籍，度置其中，俾得誦習揅摩，專務實學。要之，之洞教育之終極，在能成就品學兼優之士，養成知恥廉正之行，夫如是，方能爲國盡忠，爲民謀福也。

之洞以湖北原有之江漢書院，因舊制不足以容多士，時李鴻章以湖廣總督兼署湖北巡撫，之洞乃與之商，捐廉別建精舍，名曰經心書院。別學舍爲經義治事，選各府尤異者得數十人讀書其中，並選雅訓文章，爲江漢炳靈集。同治九年十月任滿回京。於武昌送妹亞芬入黔詩中有句云：「人言爲官樂，那知爲官苦，我年三十四，白髮已可數」，其勞瘁之情可知也。

同治十二年五月再考試差，六月奉旨充四川鄉試副考官，出闈後簡放四川學政。蜀士多聰敏有才智，而習尙浮謭，專以時文帖括苟取科名爲事，凡經史子集四部之書，多束而不觀，閒有嚮學者，亦苦無師資，茫然不得其塗徑。棚場亦較他省爲多弊。之洞至，首勵以廉恥，次勉以讀有用之書，並以全力剔弊摘奸，卒成蜀省一代學風焉。

舊時成都考政不善，凡攻訐冒籍槍替及身家不清者，提調官輒不理會，奸徒糾衆伺學使轅門外，待其覆試而擒之，且索重賄，名曰「拉搕」，其人亦顧數十健兒爲保護，鬪於學轅，動有殺傷。之洞至，乃懸牌示衆。攻訐者，當親訊，拉搕者飭提調率兵拿辦。於覆試日放牌後訊之。或扣除，或坐誣，或勸解，剖斷公明，士論翕服。之洞又以武童橫悍滋事，皆由業師主使，名曰教習。向例武童冊結須塡教習姓名。因卽令教習結保，各自稽察，無教習具結者不得與試。武試遂靜。又裁革頂充書吏承差陋規兩萬金。四川學政一官，本爲優差，所入素豐，之洞廉潔自持，既裁陋規銀兩萬，又核定恩優歲貢及路遺諸費，不許婪索。及去任，竟無錢治裝，售所刻萬氏拾書經板始成行。成行抵綿竹，有寄友人譚宗浚書，猶惓惓於尊經書院也。

四川省城舊有錦江書院，造就不廣，乃與督部吳棠商建尊經書院，選高材生百人肄業其中，延聘名儒分科講授。手訂條教，略如詁經精舍學海堂例，院中爲饗堂，祀蜀中先賢經師。復以邊省購書不易，捐俸置四部書數千卷，起尊經閣庋之。時以暇日，莅院爲諸生解說。又撰輶軒語，書目答問二書以教士。有函致王懿榮略云：

> 弟在此刊書目以示生童，意在開擴見聞。一指門徑；二分別良楛；三其去取分類及偶加記注，頗有深意，非僅止開一書單也。更有深意，欲人知此所列各書精美而重刻或訪刻之。……特寄上一本，請爲補正後，請疏於別紙。……又一本一函寄繆筱珊進士，望轉交屬其訂正，亦卽詳列見覆爲要。……（註三）

後人均以爲書目答問一書，爲繆荃孫代之洞而作，其實僅請其訂正而已。繆藝風書目序亦云助理非代撰也。序云：「同治甲戌，南皮師相督四川學政，諸生來問應讀何書，書以何者爲善，謀所以加惠蜀士，於是有書目答問之編。荃孫時舘吳勤惠公督署，隨同助理」。此序作於光緒三十四年，在之洞生時，必可信也。

之洞於四川學政任內，興廢舉墜，明教作人，沾溉之宏，造就之廣，尤有歷久彌繫人心者。蜀中本多才俊，由是更彬彬多文學矣。

第二節　人才之培育與薦舉

之洞自典試浙江，歷任湖北四川提學，以迄出任疆帥，所至創立書院，以通經學古，提倡士風，謂求才必由於學，才出為國用，國始能富強。故於鄂創經心書院，於蜀創尊經書院，於晉有令德堂，於粵有廣雅書院，並開辦廣雅書局，於人才之培育，書籍之刊布，影響於後世至深且巨。及中法越南之戰行將結束之際，復於廣東省城，創水陸師學堂，聘德弁以為教習，成就水陸將才甚衆。比督楚，又創兩湖書院。科舉初廢，學校大興，全國上下，以湖北學堂居首位，幾每一州縣均設有小學堂及師範學堂數所。之洞於中東之戰時，權攝兩江，除籌軍轉餉佈署防務外，乃首采東西規制，廣立文武農工商鐵路方言軍醫諸學堂，遣遊學生赴東西兩洋遊學，非僅習其船堅礮利之術，要在習其西藝西政也。並設將校講習所，以儲將才。嘗謂教兵易得，教將難成也。由此知之洞於教育之貢獻可想見也，而其培育人才之志後人可得而效之，其荐舉人才之器度，後人則不可得而學也。之洞嘗謂人皆知外洋各國之強由於兵，而不知外洋之強由於學，更謂立國由於人才，人才出於立學，學堂乃培育人才惟一之地。此古今中外不易之理，相輔相成。如國家有才而不用，或知某為奇才異能之士，而置於無足輕重之區，是非僅浪費人才，且危害國家也。之洞深知斯理，人若有一技之長，即視為己之所有，必珍而視之，荐而舉之，直至引為國用而後已。其於伊黎中俄界約頻臨破裂之際，之洞於論及戰守之策時，卽曾荐舉名將數人，其論及劉銘傳時，謂李鴻章嫉其才，不爲所用。而劉於淮軍素爲官兵所推服，其性情雖傲，其將略實優。銘傳復得清廷重用，後又出爲臺灣巡撫，之洞與有力焉。自斯而後，之洞之荐舉人才見於奏疏者，凡十有餘次，玆按其服官先後，臚列於後：

一、撫晉時所荐舉之人才

光緒八年之洞出京時，慈禧特諭留心訪求人才。至是薦舉中外文武官吏凡五十九人，素無通識者十居其七。計京秩十四人，外官二十九人，八旗大臣六人，武職十人。蓋之洞欲師胡林翼故事，雖官止撫臣，而舉賢時畛域不分，所荐賢才中外皆有，期能終爲國用也。此次所荐，知名者如張佩倫、吳大澂、于蔭霖、陳寶琛、王文錦、徐延旭、剛毅、黃彭年、陳寶箴、奎斌、李秉衡、陶模、馬丕瑤、薛福成、張曜等，故清末文治武功，均有所貢獻。疏入，樞垣驚詫。蓋一疏而特保至六十人，前此所未有也。而之洞留心賢才，以人事君，此其嚆矢矣。而亟荐閻敬銘至樞府又其較著者也。

二、兩廣總督任內所荐舉之人才

之洞於兩廣總督任內，正值中法越南之戰，除籌備海防，補給軍需，籌措兵源外，並拔擢將領，安撫兵勇，皆着著功效，中國之能戰勝法國，微之洞，則不敢言也。於將領之拔識則首推馮子材，次爲王孝祺，再次爲唐宗崧。於安撫黑旗劉永福，使能內向，並輸誠死戰，亦之洞知人愛才之所致也。故永福感其知遇，得以內徙，否則，和議不能成也。又以吏治之良痞，端賴人才之得失，於光緒十二年十二月二十七日，荐舉州縣人才包永昌等六員，盡心民事，無俗吏油滑浮靡之積習。十五年十月十八日，於密薦人才片中舉朱采及曾紀渠二人，認才識俱卓，爲守兼優，足以儲爲大用。同摺並密荐將才時舉董履高，可當大將之任，另如王之春，王孝祺等文武多員，均曾專摺保荐云。

三、湖廣總督任內所薦之才儁

光緒二十年十月初七日，特片保荐蔡錫勇。之洞稱蔡器端識遠，心細才長，熟悉洋情，曾充美日各國翻譯參贊等官。蔡於之洞督兩廣任內，即任辦理交涉事務。移楚之命下，蔡乃與之洞同來。凡之洞所興辦之新事業，均由蔡一人承辦，之洞在鄂之成就，多由蔡所協助。其人操守廉潔，公正不阿，惜不享長壽，之洞亦因臂助頓失，因之多事不能奏效也。其次則爲權攝兩江回鄂後，時在光緒二十三年七月二十九日，專摺荐舉人才，其中知名者如鄭孝胥、瞿廷昭、廷杰等，並又荐于蔭霖焉。二十四年六月初一日，又保荐使才陳寶琛、黃遵憲、傅雲龍、錢恂、鄭孝胥五員。光緒二十七年三月二十五日，荐舉陳璧、蔭昌、梁鼎芬、徐世昌、王同愈、勞乃宣、鄭孝胥、吳永、壽潛等九人。同年十二月初一日又舉李盛鐸、伍廷芳、汪鳳藻、胡惟德、黃紹箕、王先謙、樊恭煦、繆荃孫、沈曾植、喬樹枬、陳寶琛、曾鉌等十二人。二十八年九月二十六日，保荐鄂省經濟特科人才楊守敬、姚晉圻、饒叔光、丁禧瀚、劉國柱、劉邦驥、胡鈞、陳問咸、田吳炤、盧敬達、陳曾壽、宋康復、吳元澤、萬廷獻等多人。又於二十八年十二月十五日，再保荐經濟特科人才十六人，盡皆品學兼優之士，如繆荃孫、張謇、劉奉璋、李維格、曹元忠、徐振清、張煥綸、蒯光典、沈曾桐、陳驤、孫詒讓、李希聖、羅振玉、魏瀚、陳衍、姚炳奎、王詠霓、鄒代鈞等多人。其中博雅之士，中外兼通者甚多，且皆學有專長，成就均高。

四、權攝兩江時所荐之人才

之洞署理兩江之際，正値中東事棘，上下沸騰，而需才之恐急，藉資幹濟，爲他時所未有。之洞乃就平日留心所得，選能究心時務，體用兼備，志節清剛，不染習俗者，臚列荐之於清廷者數次。光緒二十一年六月十八日疏云：「……茲就平日確有所知者，臚舉上陳，以備聖明裁擇器使。其間或係引退閒居，或係曾絓吏議，或係現爲屬吏，或係他省人員。論其才性，不盡相同，要皆志操皎然，不隨流俗，辦事切實，不涉浮滑。如朝廷任使，各盡其長，皆可以裨益時局」。(註四)之洞所荐者爲于蔭霖、黃體芳、陳寶琛、李用清、林壽圖、梁鼎芬、孫葆田、趙爾巽、程儀洛、陸元鼎、惲祖翼、黎庶昌、袁世凱、王秉恩、聯元、江毓昌等十六人。同年十二月十九日專摺請送沈葆楨之子沈瑜慶到部引見，蓋沈才識穩練，器局恢閎，遠過流俗，可爲大用。同年十二月二十九日再保荐俞廉三、袁昶、黃遵憲、惲祖祁、李廷簫、朱之榛、志鈞、徐慶璋、錢恂、薛培榕等十人。

光緒二十八年劉坤一病逝江寧，之洞再度署理兩江篆務。同年十二月十五日，保荐經計特科人才，計有繆荃孫、張謇、劉奉璋、李維格、曹元忠、徐振清、吳廷燮、張煥綸、王季烈、陳慶年、華世芳、賈文浩、蒯光、劉廷琛、沈曾桐、陳驤、孫詒讓、李希聖、華學涑、羅振玉、魏瀚、王詠霓、鄒代鈞、汪鸞翔、陳衍、姚炳奎、左全孝、羅照滄、湯金鑄等三十人。又於光緒二十九年二月十九日敬舉廉能摺中荐劘光典、沈邦憲、方碩輔、郭道直、趙有倫、梁敦彥、朱滑、楊金龍等八人。

之洞認政治之清濁，以人才去取爲之根。人才皆爲國用，則國無不強之理。若愚者在位，賢者不出，則國政不問可知。晚清政治腐敗，其本在於官邪，官邪則上行下效，民無所主，以致外侮紛乘，內亂迭起，其機在此。而教育之主旨，乃在教化人民，明禮尙義，養成善良風俗，使成富強康樂之國。故教育也者，意在輔政以致教也。是欲淸吏治，當從培植人才爲之基，獎勵循良爲之本，去冗劣，停捐納，嚴選任，重考核爲步驟。故之洞歷官所至，每以獎掖人才爲要務，於賢士能吏，保荐拔擢，不遺餘力。今以前列之賢才，總計百數十人，網羅天下才俊之士殆盡。而其中數人，有累荐至三四次者。而其所識拔者，或爲外交長才，或爲疆吏重鎭，或爲學術名家，或爲亢直淸流。非僅輔佐於當世，且於民國之締造，居功者亦甚衆焉。單以學術論之，如繆荃孫、王先謙、孫詒讓、陳衍、羅振玉等，或成一家之言，或著作等身，或啓迪後進，蔚爲一代學風。今以繆荃孫氏爲例，稍闡述之，以見一斑。

繆荃孫，號炎之，又號筱珊，晚號藝風，江蘇江陰人。淸光緒進士，之洞提學蜀地，時荃孫家徙蜀，謁見執弟子禮，終生稱先生。之洞主修順天府志，荃孫授編修，襄助之。並與樊增祥共同纂修湖北通志。又纂江陰縣志及淸史稿內儒林、文苑、孝友、循吏、隱逸等五傳。歷主常州南菁書院、江寧鍾山書院、山東濼源書院、湖北經心書院講席，成就多士，尤以蘇省爲最，繼其業者如弟子柳詒徵輩，均能得其要旨，及鄞縣張其昀出，踵之洞、荃孫、詒徵餘緒，不固守一家一派之學，更能光而且大之，蓋其來久矣。荃孫生平精硏文史，酷嗜金石，喜藏書，多善本，丹黃點校，垂老不倦。民國八年卒，年七十有六。刋有藝風堂藏書記，藝風堂藏金石目、藝風堂文集、雲自在龕叢刻、對雨樓叢書等。之洞評其學問博雅，識趣端寧，才具深穩。久官翰苑，安雅寡營，不事躁競。而人品堅定，不染時俗，尤爲可貴。之洞選賢舉能，大公無私，內舉不避親，外舉不避仇。其器度之恢宏，求才之若飢渴，晚清末造諸大臣中，之洞當推第一。

第三節　科舉之廢止及新制教育之建立

科舉之束縛思想，科舉之未能應於世變，科舉之不克通達情事，科舉之務於瑣碎，致力於詩賦時文與夫小楷點劃之間，所取之士，除聰明睿智者外，均不能經世致用，以成幹濟之才。是科舉之弊，其表所示未若其理所隱藏之甚也。而有識之士，早見其端，曾國藩卽曾評斷其中缺失，惜滿清政府囿於自私狹隘之見，不思翻然有所改圖。及外侮日亟，內憂日深，歷經中法越南，中日甲午，庚子拳亂，始知科舉之浪費人才。卽優選之士，亦不能應世情瞬息萬變之需，故科舉之罷，非出淸廷之內心，實出於不得已也。且斯時西學西法之接受，非僅限於船堅礮利，而尤要者在習西藝西政，是故不罷科舉、興學校、不足以應也。

且科舉之弊，至晚淸已臻極端，羣愚熙熙，固無所害，及乎與西人接，中西法制，相形之下，優劣立判，再無所掩。吳慶坻蕉廊脞錄云：「人才之少，由於專心做時下科名之學者多，留心原本之學者少。且人生之精力有限，盡用之科名之學，一旦大事當前，心神耗盡，膽氣薄弱，反不如鄉里粗才，尙能集事，尙能有擔當」。（註五）梁啓超氏亦以科舉爲害至巨，以爲用非所學，學非所用。且當諸國競智之際，我反用科名以愚士民，是無異「自掩其耳目，刖斷其手足，以與烏獲，離婁博」。(註六)故科舉不廢，難圖富強也。然科舉取士之制，行之中國既久，一旦扶剔淨盡，守舊者必爲其利祿而爭，信如之洞所云「中國仕宦雖有他途，其得美官，膺重權者，必由科舉乎！」然此登龍捷徑，久而弊生，之洞評其「文盛而實衰，法久而弊起。主司取便以藏拙，舉子因陋以徼倖，遂有三場實只一場之弊。所解者高頭講章之理，所讀者坊選程墨之文，於本經之義，先儒之說，慨乎未有所知」。(註七)科舉流毒既深，思想亦愈陋，不惟拒斥西學，並中學經世致用之說，亦皆忽之不顧，以致眞才益乏。之洞又言之曰：

近今數十年，文體日益佻薄，非惟不通古今，不切經濟，並所謂時文之法度文筆，而俱亡之。今時局日新，而應科舉者拘瞀益甚。……遇講時務經濟者，尤鄙夷排擊之，以自護其短，故人才益乏，無能爲國扶危禦侮者。(註八)

科舉之弊既明，進而非求解決之道不可。之洞以爲救時必自變法始，變法必自變科舉始。其法見於勸學篇變科舉一章，擬仿北宋歐陽修知諫院時，所定三場分試，隨場去取之法，以先博後約，先粗後精爲之則，於博學中求通才，於通才中求純正。之洞更主張廢朝考，停罷翰苑部曹文藝小楷等考試，俾有用之才，不致困於雕蟲小技。惟尚未議及全部停廢科舉，僅就其弊端，予以改革，冀由科舉內容之改變，藉以提倡有益於我之西學，則其益又非止於科舉之改變也。及戊戌新政之行，八股時文廢止，科舉面貌，爲之一新。之洞乃於是年五月十六日，與湖南巡撫陳寶箴奏陳「妥議科舉新章摺」，主澈底變更科舉考試內容，以三場互易，隨場去取之法，得清廷諭允，然詞章楷法仍未盡廢也。是戊戌變法，主其事者雖康、梁，而科舉之改制，則多依之洞之議也。迨舊黨復起，新政全廢，八股取士，又告恢復。後辛丑變法之議再起，之洞與劉坤一乃合上變法三疏，於變通政治人才爲先一摺中，首議廢科舉。其實施之方，則以學校畢業取中之額，漸次替代科舉取中之額，期以十年，盡廢科舉取士之制。其實行方法，約之如下列數端：

一、學校出身者，經考試合格後，授以進士、舉人、監生、附生等科名，或授以官。

二、試辦科舉減額。前兩科分減舊日中額三成，第三科每科分減四成，十年三科之後，舊額減盡。生員、舉人、進士，皆出於學堂。

三、科舉改章。令學堂與科舉並行不悖，俟學堂人才漸多，卽按科遞減科舉取士之額，以爲學堂取士之額。

四、增加歲貢，擴充大挑，寬格錄用年長，文平而品端者，抵每科減額之數，以免杜絕向習時文者之生計。

五、停止捐納。使舉、貢、生員有出身之路。（註九）

之洞此議，溫和而平實，且設想甚周，頗中慈禧之意，乃於光緒二十七年七月十六日，諭內閣云：

自明年爲始，嗣後鄉會試，頭場試中國政治史論五篇。二場試各國政治藝學策五道。三場試四書義二篇，五經義一篇。考官閱卷，合校三場，以定去取，不得偏重一場。生童歲、科兩考，仍先試經古一場，專試中國政治史事，及各國政治、藝學策論，正場試四書五經義各一篇。考試試差、散館，均用論一篇，策一道。進士朝考論疏，殿試策問，均以中國政治史事，及各國政治藝學命題。凡四書五經義，均不准用八股文程式。(註一〇)

議論數載，時變時輟之八股文與科舉制，因之洞之諫，一停一改矣。然利祿所在，士仍爭趨，乃成學堂展布之阻力，不能達教育之鵠的。故之洞與袁世凱又於光緒二十九年二月三日會奏按年遞減科舉取士之數，三年而停鄉會試。科舉停罷之後，之洞於舊日貢生員之出處，亦詳籌妥謀，年少者入學堂，稍長者入師範，更長者可大挑一次給職，或用爲佐貳雜職，使無滋生事端，橫議阻撓之虞。光緒二十九年十一月三十日慈禧諭內閣略謂：「時事多艱，興學育才，實爲當務之急。……着自丙午科爲始，將鄉會試中額及各省學額，按照所陳，逐科遞減，分別停止。」(註一一)至是，此一歷時甚久科舉弊制，終依之洞之議，明令廢止矣。

文科之弊既除，武科之弊，實有甚於文科者。之洞以爲現行武科取才之道，如不改革廢止，實爲維新自強之大礙。蓋以刀、弓、石、馬、步射與新式軍制武器相較，不啻天壤之別，惜國人重文輕武，未稍注意及之也。之洞早於光緒二十四年五月十六日，卽曾奏請變通武科，擬將武營、武學、武科三事，合而爲一。頭場試槍礮準頭，兼令演試裝拆運動之法。二場試各式體操，及馬上放槍，步下刺擊之技。三場試測繪工程、臺壘、鐵路、地雷、輿地、戰法等學。三場合校，智勇兼備。如此，則洊膺將領，庶可勝任。(註一二)而如此則可提高武人地位，素質，及革除武科積弊。光緒二十七年，之洞更乘再度變法之機，奏請廢除武科考試之制。同年七月十六日，清廷諭命武生所習硬弓、刀、石、及馬步射，皆與軍事無涉。……著卽一律永遠停止。是武科一制，亦因之洞諫奏，而予廢止，中國軍事教育，乃得步入新途。

科舉之制既廢，學堂之制代興，採用西法西制，以補我教育制度之不足。光緒二十二年，清廷卽令各省興辦學校，然行之數年，却無實效。推考其因，之洞認爲：其一，囿於保守之習；其二，籌劃不周；其三，困於責成速效。固守舊章，則學校成敗，無動於衷；籌劃不周，則無行之久遠之計；責成速效，則有不樹木而望隆棟，不作陂池而望巨魚之謬。是以世人皆不思十年樹木，百年樹人之旨，而責學校造就不廣，難恃以起衰微而救時弊之大任。卽奉令推行者，亦多因循敷衍，是學校安能奏效於斯時哉！之洞認學校欲其速效則不可，欲一除其弊必先周密籌謀，廣備的款，循序以進，逐步推廣。故之洞主改書院、善堂、寺院、道觀等爲學舍，就地取材，以節興建之費，並以當地賽會、演戲之經費撥歸學堂之用，再勸導紳商，踴躍捐輸，以補地方教育費用之不足，蓋學校之舉辦，需費甚巨，地方政府實不克擔負也。

之洞於新制學堂教育之實施，分類別門，不務空泛，因才施教，體用兼備，其所立之學堂五要，殆可見其深意：

一曰新舊兼學：四書五經、中國政治、史事、政事、地圖爲舊學；西政、西藝、西史爲新學。舊學爲體，西學爲用，不使偏廢。

二曰政藝兼學：學校、地理、度支、賦稅、武備、律例、勸工、通商，西政也；算、繪、鑛、醫、聲、光、化、電，西藝也。才識遠大而年長者宜西政，心思精敏而年少者宜西藝。小學堂先藝而後政，大、中學堂先政而後藝。

三曰宜教少年：學算須心力銳者；學圖須目力好者；學格致、化學、製造，須穎敏者；學方言，須口齒清便者；學體操，須氣體精壯者。

四曰不課時文：新學既可以應科目，是與時文無異，講堂授時文，則必分其才思，奪其日力。

五曰不令爭利：學堂備伙食，不令納貲，亦不更給膏火。用北宋國學積分之法，每月核其功課，分數多者，酌予獎賞，數年之後，人知其益，即可令納貲充用。則學堂益廣，人才益多矣。

（註一三）

之洞先以之行於湖北，因材施教，分類分科，以成專才，其效甚宏。至於師資，先使高明之士，研習滬上刊行之西書，以教小學。中、大學堂得先聘洋教習，數年之後，再由本國培養之學有專長者任之。於學制，之洞論列次第，以爲京師、省會立大學堂，道府立中學堂，州縣立小學堂。並倡言普通教育與高深教育。前者欲求教育之普及，後者欲求高深學術之鑽研，自古以來，之洞於教育設想之周，用力之勤，可與之比者，不多覯也。

光緒二十七年五月二十七日，之洞與劉坤一合上之「變通政治人才爲先摺」中，提出新教育更具體之建議，要有七端：

一、新學制之體制：

㈠蒙學：八歲以上入蒙學，其課程爲識字，蒙學歌訣，五經一二部，由紳董自辦。

㈡小學校：由州縣官辦。學生十二歲以上入小學校，習普通學，兼習五經，學地圖，繪圖及粗淺算法，三年畢業。

㈢高等小學校：亦由州縣官辦，學生十五歲以上入高等小學校，其課程爲經書、策論詞章之學，代數、幾何、地圖繪圖法、中國歷史，外國政治學術。兼習外國一國文字，三年畢業。

㈣中學校：十八歲高等小學校畢業，取爲附生者，入中學校，由府官辦，習普通學。有經史、地理、策論詞章、公牘書記、文字學、精深算法、航海駛船法、中國歷史兵事、外國歷史律法、格致等學，兼習外國一國語言文字之較深者，三年畢業。

㈤高等學校：由省設立，分七專門：爲經學、史學、格致、政治、兵事、農學、工學，各認習一門，人人皆須兼習一國語言文字。入學資格以十八歲以上中學校畢業者爲原則。並另設武備學校或礮工學校、及農、工、商、鑛四專門學校，均爲三年畢業。

㈥大學校：京師設文事大學校，水軍、陸軍大學校各一，門目與省城各專門學校略同，學業又益加精焉。入學資格以省高等或專門學校畢業生爲主。

二、科舉學校合一：各級學校畢業，自高等小學校以上，均經考試及格，授以科名。高等小學校畢業者爲附生，中學校畢業者爲廩生，省高等或專門學校畢業者授以舉人，京師大學校畢業者，授以進士。

三、文武合一：各級學校，均習兵式體操，建兵隊操場，加兵事科目，且准營弁、營兵、投考文科學校。

四、建教合一：畢業學生，經考試合格，即授之官職，以免學無所用，且可應國家建設所需。

五、政教合一：中學校以上，各級學校，均習政治、律法，俾入仕途。

六、重視職教：省城有農、工、商、鑛等專門學校。

七、注重實習：高等各類學校畢業，無論在營、在局，均以見習或實習一年爲限。（註一四）

此一詳密之教育計劃，仍本諸之洞學術中體西用之思想，既擇西方教育之精，亦不妨中國傳統之本，尤以文武、建教之合一，職教、實習之並重，爲日後壬寅、癸卯兩學堂章程所本。初學堂章程之撰擬，由管學大臣張百熙主其事，於光緒二十八年二月奏定，七月十二日清廷諭命頒行，卽所謂「壬寅學制」。嗣尚書榮慶與百熙積不相容，乃欲推翻此制。適之洞入覲，遂於二十九年閏五月，奏請添派重臣，會商修訂。而之洞被譽爲當世第一通曉學務之人，清廷諭之洞任此艱鉅，累兩閱月，悉予更訂，卽後日之癸卯學制也。

癸卯學堂章程計二十種：爲小學章程，高等小學章程，中等學堂章程，高等學堂章程，大學堂章程附通儒院章程，蒙養院章程及家庭教育法章程，初級師範章程，任用教員章程，進士管章程，初等農工商實業學堂章程，中等農工商實業學堂章程，高等農工商實業學堂章程，實業教員講習所章程，各學堂管理通則，學務綱要。（註一五）其中學務綱要，將教育宗旨，立法要義，均爲之概括說明，可視爲此學堂章程之總綱。此章程雖非之洞所手訂，然主要條文，多經其審定。故王國維稱：「今日之奏定學堂章程，草創之者沔陽陳君毅，而南皮張尚書實成之」（註一六）。鄭鶴聲「張之洞氏之教育思想與事業」文中亦稱：「陳毅曾赴日本考察教育，爲氏所信任，然是項章程之改訂，乃出於氏之主張也」（註一七）。許同莘亦記其事曰：「其學務綱要經學各門，及各學堂中學、文學課程，則公手訂」。是癸卯學堂章程，盡包容之洞之教育思想與實行步驟，亦其教育思想之中心也。然該章程卷帙浩繁，限於篇章，玆不贅述。總之，之洞之教育思想滙合中西，而其實行次第，以固我中華文化爲根，端正趨向，附以西藝西政爲幹，造就通才，以忠孝爲敷敎之本，以禮法爲訓練之方，以練習技能爲利用治生之具。之洞於教育上建設之功績，爲亙古所未有也。

第四節　結　論

教育乃立國之大經，爲政之大本，必也籌謀周詳，宗旨正確，高瞻遠矚，始能爲國家立億萬載不朽之基，培百年經世幹濟之才，非僅欲才智之士有治事之能，亦且培養其平日之根柢，砥礪其名節爲先也。蓋史不絕書之貳臣國賊，均負經天緯地之能，翻雲翻雨之力，然終爲吾人所鄙棄者，在若輩不識廉恥爲何物，氣節爲何物也。之洞終其一生所致力者，卽在砥礪士人知廉恥尚氣節二事。蓋知廉恥則去取有度，明辨是非，權衡利害，不爲苟且之事；尚氣節則嚴義利之別，可慷慨赴死，可從容就義，可爲文文山，史可法。之洞生當內憂外患相煎，人慾橫流，文恬武嬉之際，士人但騖榮利，一心仕途，所讀皆無用之書，所爲皆鑽營之事，彼倡於先，此效於後，競以能不能爲務，不以該不該相戒，於是江河日下，國遂不可問矣。之洞自爲京曹以迄出主晉撫，其所大聲疾呼者僅明廉恥礪氣節兩事而已。故其任湖北學政時以此教士，出主四川學政時亦以此教士也。督粵時梁鼎芬以劾李鴻章獲譴，之洞乃請梁至粵主講廣雅書院，人謂之洞宜稍避忌，之洞不爲所動，意在激勵風節，扶持正氣，利害非所計也。蓋正氣之激揚，風節之標示，端在士人倡之，成爲風氣，方能化除陋習，影響社會人心也。之洞教士絕不務空蹈虛，以中國固有文化爲根本，以讀經爲要課，以致用爲先務。袁昶香嚴老人六十壽言節略：「公兩爲學政，所至網羅通才宿士。若繆編修荃孫，樊大令增祥，王侍郎文錦，鄭貢生知聞，蒯太史光典，左比部紹佐，易分巡順鼎，袁刑部寶璜，林吉士國賡，教以治經門徑，通知時務。曾文正嘗嗟異之，以前輩若洪亮吉之督黔學，朱笥河之視皖學閩學，阮文達之督浙學，無以踰也」。(註一八)上所列諸人，於品於學，皆可爲典範，成宗師，要皆志慮忠純，規模閎遠也。而嗣後人才之荐舉，所據者亦爲氣節高潔，廉正忠直，通經致用之士。洎中法馬江一敗，之洞之思想丕變，認不變法學西洋，不足以保中國，中國不保，名教亦不可保也。故行新政，興學堂，教育宗旨，亦爲之一變矣。然萬變不離其宗，故倡中體西用之說，雖習西藝西政，而不爲西洋所化，奠我根基，而後始習他人之長也。之洞曰：「今欲強中國，存中學，則不得不講西學，然不先以中學固其根柢，端其識趣，則強者爲亂首，弱者爲人奴，其禍更烈於不通西學者矣」！(註一九)以此觀之，則知其凡所設施，皆不欲揚棄我之固有，易之以全盤西化。何則，中國有其立國之本，有其不易之俗，有其文化善美之處，絕不可以一截然不同之他國習俗，欲其必行於中國，其勢之不能，良可知也，故之洞所釐訂之教育政策，其精神與實際，迨全出之此一基本道理。論者以爲之洞斤斤於此，乃阻止進步之因，吾人確又以爲不然。蓋吾人可衣西服，穿革履，乘汽車，住洋房，而吾人之膚髮、血統、語言、風俗、習慣與夫體貌精神，仍爲我之本來，絕不能化爲西洋之人，亦不能成爲西洋之國也，若必欲之，則中國二字則不復存於世，國亦不可爲國矣！此理甚明，亦之洞所以時刻握持者，其教育之鵠的與宗旨，亦在於是矣。之洞復曰：「……方且乘此阽危，恣爲貪黷，以待合西夥，爲西商，徙西地，入西籍。而莠民邪說，甚至詆中國爲不足有爲，譏聖教爲無用，分同室爲畛域，……日夜冀幸天下有變，以求庇於他人。……美國開闢之初，則賴華工，今富盛之後，則禁華工，而西工不禁也。……夫君子不以所惡廢故鄉，故王猛死不伐晉，鍾儀囚不忘楚。若今日不仁不智不恥爲人役之人，……必殺其身矣」！(註二〇)此言甚爲沉痛，足以發人深省也。

教育之終極在經國家，衞社稷，化民成俗，使國家永處於富強康樂之鄉，免除戰亂災禍之苦。然此一境況必由辛勤勞苦而來。故爲士人者，必有以天下爲己任之志，積無數士人，則士類之責可盡；官有濟世之心，積天下之命官，則可盡其爲民謀命之責；保天下雖賤若匹夫，責無旁貸，以此積天下之匹夫，其勢誰能禦之。是若分而教之，使皆有持危扶顚之心，抱冰握火之志，則其國必安於磐石，無虞其傾覆也。之洞更深信教育所以培育人才，人才維持國勢，徵之往代，良不誣也。而欲教育之大行，必須先有國家，國家之存亡，端在其強弱。之洞故曰：「吾聞欲救今日之世變者，其說有三：一曰保國家；一曰保聖教；一曰保華種。夫三事一貫而已矣。保國保教保種合爲一心，是謂同心。保種必先保教，保教必先保國。種何以存？有智則存；智者，教之謂也；教何以行，有力則行；力者，兵之謂也。故國不威則教不循，國不盛則種不尊」。(註二一)故之洞教育思想之施行，不偏不倚，力求文武兼備，縱文士亦令知兵事，各守所職，各盡其能；使執政以啓沃上心集思廣益爲事；言官以直言極諫爲事；疆吏以足食足兵爲事；將帥以明恥教戰爲事；軍民以親上死長爲事；士林以通達時務爲事，上下一心，同德同力，致國家於威盛之地，以達教育宗旨之終極。之洞所以甘冒身危屢諫廢除八股文章科舉取士之制者，亦在其徒耗士人才智，於國於世皆無所用。而其啓新機，去大弊，爲萬世開教育之大法，厥功之偉，雖百世而後，不可沒也。

附註

註一：錢穆著國史大綱引表枚書院議，頁六一七。

註二：錢穆著中國近三百年學術史，頁二。

註三：胡鈞著張文襄公年譜，卷一，頁十九。

註四：張文襄公全集，卷三八，奏議三八，頁十一至十二。

註五：吳慶坻蕉廊脞錄，卷八，頁十。

註六：丁文江梁任公先生年譜長編初稿，卷二，頁五五。

註七：張文襄公全集，卷二〇三，勸學篇二，變科舉第八，頁二三。

註八：同上。

註九：張文襄公全集，卷五二，奏議五二，頁十九至二五。

註一〇：清德宗實錄，卷四八五，頁一四。

註一一：清德宗實錄，卷五二二，頁十九。

註一二：張文襄公仝集，卷四八，奏議四八，頁十五至二十。

註一三：張文襄公全集，卷二〇三，勸字篇二，設學第三，頁十。

註一四：張文襄公全集，卷五二，奏議五二，頁二〇。

註一五：世界教育旬刊，第一一八、一一九期，王國維「奏定文科大學章程書後」。

註一六：同前書。

註一七：教育雜誌，第二五卷第二期鄭鶴聲「張之洞氏之教育思想與事業」。

註一八：胡鈞著張文襄公年譜，卷一，頁二十。

註一九：張文襄公全集，卷二〇二，勸學篇一，循序第七，頁二十七。

註二〇：同前書，知類第四，頁十七。

註二一：同前書，同心第一，頁二至三。

第八章　張之洞之詩與文

第一節　之洞之詩

晚清名臣能詩者，前推湘鄉曾國藩，後稱南皮張之洞。國藩詩學韓愈、黃庭堅，一變乾嘉以來風氣，於近體詩學，有開新之功。之洞詩取歐陽修、蘇軾、王安石，宋意唐格，其章法聲調，猶襲乾嘉諸老矩步，於近時詩學，有存舊之思。國藩識巨而才大，寓縱橫詼詭於規矩之中，含指揮方略於律句之內；大段以氣骨勝，少琢磨之功。而之洞則心思密緻，言不苟出。用字必質實，勿纖巧；造語必渾重勿弔詭；寫景不虛造，敍事無溢辭；用典必精切，不泛引，不鬪湊；立意必己出，勿襲故，毋阿世；要皆眞性情，稱心而出，意不求工；古意盎然，渾然質樸，刋落纖濃，無綺辭麗句；雖以風致見勝處，亦隱含嚴重之神。不剽骨，不墮俗，其生平宗旨，取平正坦直而已。其論詩旨，以爲律詩宜工，工則不草率；宜切，切則不浮泛；宜莊，莊則不輕佻；宜雅，雅則不朽腐，由是而達雄渾超妙之至善之境。古今體詩則主有理、有情、有事。有理、有情、有事三者俱備，乃能有味，乃臻極品；又主音調協暢，音調協暢則抑揚頓挫，韻律鏗鏘；更主體製不可雜糅，致令古藻時調羼列同篇，法語情言合居一簡，是爲出言無章。昔王漁洋創神韻之說，之洞則謂神味二字於詩更爲傳神。爲詩旣主率眞之作，理、情、事復爲詩之神髓韻味，則不可以俗語冒爲率眞，以粗獷語貌爲雄肆，以陳俗語落於俗套，以虛語爲情實，以大言爲壯語。如此，庶幾近於詩道。

陳衍所輯之石遺室詩話云：

相國生平文字以奏議及古今體詩爲第一。古體詩才性雄富，今體詩士馬精妍，以發揮其名論特識。在南北諸大老中，兼有安陽、廬陵、眉山、半山、簡齋、止齋、石湖之勝。古今詩家用事切當者，前推東坡，後有亭林。公詩如焦山觀寶竹坡侍郎留帶云：「我有傾河注海淚，頑山無語送寒流」。用放翁祭朱子文語悲懷云：「霜筠雪竹松山老，灑涕空吟一日歸」。用荊公悼亡詩輓彭剛直云：「天降紅神尊，氣吞海若倍」。用清河公事及東坡詠錢武肅事發金陵牛渚云：「東來溫嶠曾無效，西山陶桓抑可知」。贈日本長岡子爵云：「爾雅東方號太平」，又「齊國多艱感晏嬰」云云。又八旗館露臺登高，秋日同賓客登黃鵠山曾胡祠，望遠諸詩，用事精切，皆可以方駕坡公，亭林。」（註一）

之洞於詞章之學最深，爲京曹時，多與同年唱和，士林頗重，與湘人王壬秋交善。洎光緒丙子冬由蜀還京，作詩甚少。自己卯至壬午，殫心國事，有封奏四十餘件，更無餘力爲詩矣。此期所爲之詩，尙因閱歷過淺，人生經驗不足，雖有可觀，未至盡美。壬午秋出撫晉疆，明年夏移督兩廣，荏苒八年，吟事都廢。在粵時僅有賀子清宮相子入學詩二首，督鄂十八年，自庚寅至癸巳，中間惟贈俄太子及西臘世子二律，據云爲幕賓所作，之洞潤飾而已。直至已末自兩江還鄂，始一意爲詩。如憶蜀遊十首，憶嶺南草木詩十四首，皆督楚時所作。卽輓彭玉麐詩，亦斯時所補作也。此可視爲之洞產詩之第二期。在此期間，籌謀國事，銳意創新，生活體驗，當非第一期可比。而其詩趣詩材，已入渾然之境，六十以後，吏民相安，內憂外患業已稍戢，新政畢舉，風氣已開，於是之洞捐棄幾達二十年之詩筆，復以之理詠自娛。而識益練，氣益蒼，力愈厚，境地亦愈高愈深。以五北將詩與四生哀較；以連珠詩與學署草木詩較，劃然如出兩手。至光緒癸卯朝天以後諸作，則杜陵徙夔，坡仙渡海，有神無迹，純任自然。此可視爲之洞詩之第三期也。亦之洞詩臻於至善之境者也。玆選輯數首，存其本眞，不予評註，以待博雅君子。

杜工部祠

少乞殘杯道已孤，老官檢校亦窮途；
榮名敢望李供奉，晚遇難齊高達夫。
憑仗詩篇垂宇宙，發揮忠愛在江湖；
堂堂樸射三持節，那識流傳借腐儒。

閔僕

峻坂摧輪雨雪雱，蕭奴從我在他鄉；
乾餱冷店同朝暮，此亦貧交不可忘。

歸

浩然去國裏雙縢，惜別城南剪夜燈；
短劍長亂碣石館，疲驢獨拜獻王陵。
半梳白髮隨年短，盈尺新詩計日增；
我愧退之無氣力，不教東野共飛騰。

古風八首（今錄其四）

山上采苦菜，青青不盈筐，暮春茁寸玉，食之生淸涼。
非薄野人味，豈薦鼎俎旁，自殊春薺甘，敢望秋藿香。
貴人饜芻豢，腸腐亦當防，爲君已內熱，恐君不能嘗。
布衣受人恩，甘以身爲酬，白日見肝膽，微生如蜉蝣。
荊卿一酒人，晚遇燕太子，搘柱虎狼愁，氣奪鎬池鬼。
戰守術已盡，出奇豈得已，信陵破秦軍，祇爲得士死。
所惜時已晚，未並劇樂美，趙吟山木下，齊栖松柏裏。
大義獨燕存，光芒照易水。
良馬千里足，媚人不如貍，毬場逐鷄狗，安辨騄與騏。
不道無所用，要知非其時，塞草動朔風，噴玉偶一嘶。
朝刷醫無閭，夕飲西母池，但酬伯樂顧，豈爲黃金羈。

霜氣隕萬物，長夜耿不眠，獨立望九垓，高穹夐難攀。
斗杓倦不轉，流星如雨繁，昴畢生芒角，三台惚怳間。
文昌傾厥筐，王良失其鞭，獨有積尸氣，燦白如純綿。
參游靡不張，王矢鈍不穿，蜷縮元武頸，虓怒白虎顏。
森森華蓋下，熒惑豈敢干，警旦盼神鷄，輝輝扶桑巔。

濟南歲暮

魯酒無溫盡一觴，修蛇赴壑惜流光，煙塵暗夕仍多壘，雨雪凋年尚異鄉。
餞臘餦餭命令醉，迎春笳鼓老農祥，東藩北渚誰堪語，雄劍寒宵自吐芒。

磁州道中

水入橫陂半淺深，煙絲挂樹路旁陰，一鞭驟響青驄馬，萬點驚飛雪色禽。
朝雨青塵細不霏，荷簪犀利稻秧肥，畫圖祇稱漁蓑好，莫寫勞勞短後衣。

屈大夫祠

心憂三戶爲秦虜，身放江潭作楚囚；處處芳蘭開涕淚，年年寒橘落沙洲。
嬋媛興嘆終無濟，婞直危身亦有由；宋玉景差無學術，僅傳詞賦麗千秋。

黃鶴樓太白堂

江上危磯九丈樓，雄奇只稱謫仙游；看花送客逢三月，放筆題詩踰九州。
青嶂猶橫漢陽渡，浮雲難掃日邊愁；多君詞客饒英氣，目笑蒼蠅狎白鷗。

四生哀（僅擇錄其二）

按部所至，拔其尤異者，得高才生數十人，召來省會，爲構精舍，俾讀書其中。未及再期物故者四人，皆上選也。方干賜第，無望於幽冥，敬禮遺文，罕傳於生後。今肄業諸生，得第若干人，而四生已矣。感念愴懷，不能已已。乃合光祿五君詠工部八哀七歌之體，作四生哀以存其名。

蒲圻賀人駒

弟兄多才宋韓氏，縝絳綜維皆國器。蒲圻賀氏亦不惡，駒驥駿騄俱儁異。
駒之選學何便便，有如江都李崇賢。學僮千人駿爲首，子衿二百駒爲先。
使者動色相嘆羡，何況士口爭喧傳。驥已崢嶸登上第，坐待天路同聯翩。
千里貽書招不赴，遽執殤中入重泉。重泉黯黮無朝暮，何堪此中埋玉樹。

安陸陳作輔

陳生文詞如吉金，摩拊潤澤黝而深；純鈎鏽采凋羣色，大瑟動操箝凡音。文章非難孝弟難，自相師友窮丹鉛；慈母苦戒歐心血，良友不意夭天年。文人知樂不知苦，河魚出膏適自煮。瓠肥玉白誰家兒，八百孤寒淚如雨。

五北將歌（僅擇錄其二）

科爾沁僧忠親王

南軍尙持重，北軍尙剽疾。湘淮兩幟戰江表，河北獨有名王一。中原曠蕩幾千里，鐵騎騰踔一萬匹。神京旣奠遂南下，年年征討無休日。東勁卒，材昂藏，漠南蕃部性雄強。目瞋語難孰能馭，指揮赴敵如驅羊。射雕羽箭二斤重，詐馬繩竿九尺長；正兵螺旋迭進退，奇兵鳥翼相舒張。不知何者爲兵法，但見萬馬併爲一馬無能當。連鎭街，馮官屯，杞縣城，金樓村，白蓮池上東捻滅，馬山口外西捻奔；大沽夷船亦奪氣，蒙城苗練先亡魂。大功數十小戰不知數，所到驚呼赤面如天神。誠感悍鎭化野性，指授良將成高勳。殘寇狂走趣戰迫，強弩穿縞不自惜。紅旗一隊稱軍鋒，先向平原灑戰血。盡殲大憝覆鳥巢，甘酬素志歸馬革。廿年大帥多如林，車後遺棄粱肉，廡下堆黃金，阿史社爾行軍無臥具，沙陀朱耶報國惟赤心。蟣蝨滿甲幾曾浣，芻藁一束時難尋。艱苦廉樸鑒天地，家家私祭同霑襟。嗚呼！異姓賢王羅青史，李郭徐常非其比。不獨戰功近掩策，凌超勇王，合將忠誠，遠追擴廓奇男子。

塔爾巴哈台參贊大臣署伊黎將軍錫綸

匈奴象人射郅都，楚祭北門爲黔夫。敵國所惡我所寶，羊陸市詐將人愚。
邇來閫外盛材武，敢戰內寇怯戰虜。何況羅刹逞睢盱，六國同聲畏狼虎。
一自昆彌叛不朝，王庭十載淪天驕。狡黠老漁伺便利，盜據甌脫容逋逃。
豪傑陷賊能自拔，習慣沙場從結髮。賢父戰死沙州城，桓靖美謚榮忠骨。
賢兄博學高名起，武達文通一門裏。國難家仇在西域，孤兒甘赴邊城死。
絕遠無如塔城孤，斗入斯科環雜胡；藩籬外收哈薩克，犄角內結呼土圖。
匈奴未滅家何有，閉壁不許通妻孥。墾荒起疲變重鎭，鄂博一步誰能踰。
西鄰責言衆積毀，熱血未冷霜盈顱。玉門望斷敵人喜，刀筆糾擿紛紛起。
私交不責許田鄭，市祖獨苛代郡李。恩寬只殺飾終儀，柳翣凄涼歸萬里。
二卵棄將古有之，長城盡壞今已矣。鼙鼓聲壯磬聲悲，我皇聽之思者誰。
屯田未熟征夫老，界上來爭帕爾碑。

悲懷　悼亡室灤州石氏

下澤乘車素志非，遠遊歲歲著征衣；霜筠雪竹鍾山老，洒涕空吟一日歸。
玉筋雙垂便溘然，人言佛果定生天；如何明達通儒理，不信西方淨土禪。

湖北提學官署草木詩十二首（僅擇錄其四）

梧桐

屋阿一小樓，劣可容我書；登樓闢虛窗，闖然立高梧。
席尺染水碧，瓦溝引露珠；秋風漸蕭槮，未覺根植孤。
此物產龍門，百尺干淸虛；墻宇遭迫迮，生氣閟不舒。
側挺與附枝，一一當芟除；縱之出天表，豈無鵷鸞雛。

蘭

楚澤多香草，一香爲之祖；風露靄淸晨，靜貞出媚嫵。梔柰徒馨烈，雅鄭不同語；
屛息久相對，和悅達肺府。吾聞離騷經，動以畹畮數；何異柴與桔，車載過梁甫。
及今頗衰歇，幽芳委江渚；草木亦有心，願爲君子伍。世無屈靈均，雖佩亦辱汝。

竹

叔孫居官舍，一日必葺墻；想見無所苟，豈論暫與常。我爲百口計，前賢安敢望。
闢地斬叢棘，因山築虛堂；弱槿植爲籓，醜石偃爲床；石罅不宜木，斟酌栽短篁。

去年美箭活，今年孫枝長；不得一對嘯，卒卒經三霜；秀外而剛中，此君勿弭忘。

蠟梅

芎藭似藁木，蛇床似蘼蕪，眞贗何以別，但視香有無；何物細色梅，的的融蠟珠，縱然芳臭勝，豈無甘淡殊；落實不可茹，摘英聊足娛，亦如含毒酖，翠羽爲世須。似龍非眞龍，貴耳良足吁。

連珠詩（共二十八首，僅選錄其六）

陸士衡創爲演連珠，後世多效之。庾子山並用韻，然駢終不能盡意。今以其體爲詩，務在辭達而已。

朝菌不知晦朔，蟪蛄不知春秋。知遠心多危，知近心多偷。微生只須臾，苟樂且嬉遊。所甘草頭露，所便叢棘幽。霜寒卽歸跡，潦至亦隨流。宇宙固不問，謀身且不周。賢惜沒世名，聖爲百世謀。宣尼日栖皇，公旦思綢繆。天高可倚杵，海深或斷流。陽烏畏仰射，六鼇防垂鉤。吾聞堯與舜，日爲天下憂。

善言感人暖於布帛，惡言傷人慘於矛戟。艮象止其輔，咸戒騰其舌；一發弦上箭，遂成終身隙。拂鬚丁銜寇，致仕杜僱白。才人取快意，洛蜀始決裂。憸壬肆中傷，擲筆埽名節。縱使不悖入，亦自累盛德。吾聞歐陽子，持論常不竭。

石可破不可以奪堅，丹可磨不可以奪赤。世事有成敗，本性無改易；苟閔蘭漸滲，墨嘆絲染質。秉德既寡薄，磷緇隨所適；豈能計萬全，但存生理直；憂心雖悄悄，不作鑒與席；吾聞劉幷州，深爲繞指惜。

善飲者善醉，善騎者善墜。隱禍由忽萌，高才以矜累。必敗東野車，卒窮田巴對。得意忌再往，上人休自忕，由基雀失目，滑叔柳生臂。極訥該萬辯，無爭處常貴。防患不可勝，不如味無味。吾聞漆園叟，取名妨公器。

井蛙不可以語海，夏蟲不可以語冰。物有知不知，人有能不能。尹鐸爲繭絲，逾量非所勝。齊桓讀糟粕，陳言徒相仍。見遠儒乃尊，知時國乃興。理非一孔盡，木非一法繩。小言或破道，大受終難憑。吾聞李白詩，笑道如蒼蠅。三世長者知被服，五世長者知飲食。世德罕象賢，世祿多惡習。身爲形骸勞，志以耳目溺。謝尙佩香囊，何脩議鮆腊；鷄鶩爭一飽，蜉蝣矜羽翼；筋骨既柔脆，物理亦罔識；一旦巢卵覆，徒嗟枯魚泣。憂樂判生死，壽夭視勞逸。吾聞淮南子，淡泊以明德。

甘爲鷄口，勿爲牛後。匹夫能肆志，勝於趦趄走，曾聞厲憐王，亦有國含垢。專城百里榮，伴食媼相醜。駕戀困鞭箠，鵠舉快山藪。負重陸忍辱，內熱顏喪守。羊裘帝座客，白衣聖人友。至樂貧非病，至貴德不朽。吾聞陶靖節，乞食羞五斗。

灞橋二首

長虹不雨臥晴瀾，細柳因風拂馬鞍；殘月酒醒詞意好，汴京不似似長安。
祖帳征夫怨別離，騎驢孤客苦吟詩；誰憐灞水傷心處，見慣絳王繫組時。

謁胡文忠公祠二首

樞軸安危第一功，上游大定舉江東；目營四海無畦町，手疏羣賢化黨同。江漢重瞻周雅盛，山林始起楚風雄；長沙定亂誠相似，未及高勳又亦忠。

二老當年開口笑，九原今日百身悲；敢云駑鈍能爲役，差幸心源早得師。聖慮當勞破吳後，雄心不瞑渡河時。安攘未竟公遺憾，儌福英靈儻有知。

彭剛直公輓詩

神州貫長江，其南際漲海，江海幸息浪，砥柱今安在。持危望同心，事棘公不待。回憶越裳昏，炎方門戶殆。天降江神尊，氣吞海若倍。軍離均成睦，民恐頓亡餒。雪濤擁虎門，兩角高崔嵬。孤軍壁其外，免冑不披鎧，共苦感士卒，任難服寮宷。我亦受危任，同臭若蘭茝；論奏出腐儒，謬謂謀可采。王師入龍編，虜肉不足醢；擣虛勢已成，行成遑欺紿。返旆三軍怯，撞斗老夫唉。天鑒剛且直，讜言宥不罪。兩年栖庵閭，擇地斥爽塏；露潦看墜鳶，浸淫中肩骰；爛爛紫石棱，疏髯蒼繞頰；扶掖始下牀，英姿終不改。九州服威風，所至絕姦賄。燦爛婦孺口，張皇及瑣猥。

畫梅徧人間，自吐冰霜蕾。北歸未過衡，一面至今悔。急難不尸位，此意空千載。袍澤入魂夢，孤憤結磊磈。鯨牙日鋒厲，箕尾失光彩。羣蒿豈任柱，雨泣問眞宰。

焦山觀竹坡侍郎留帶三首（僅擇錄其一）

故人宿草已三秋，江漢孤臣亦白頭；我有傾河注海淚，頑山無語送寒流。

正月十七日發金陵夕至牛渚　丙申年

牛渚春波淺漲時，武昌官柳已成絲；東來溫嶠曾無效，西上陶桓抑可知。

小孤山

霧髻差峩挿鏡空，山容孤與客心同；明波自惜靑靑影，不逐淘沙走向東。

九江南岸西上二十餘里新柳緜延相屬

潯陽江上柳娉娉，遮斷琵琶送客亭；秋樹年年能再綠，行人雪鬢不重靑。

贈日本長岡護美三首（僅擇錄其二）

爾雅東方號太平，同文宏願蓋環瀛。荆州課武慙陶侃，齊國多艱感晏嬰。止有合縱紓急刼，故知通道勝要盟。衞多君子吾何敢，愧此朋簪惓惓情。
往代儒宗判南北，方今學派別東西；九流宗聖皆容納，巨海稽天賴指迷。更續考文研孟子，
兼資鏡古訪吾妻；楚材晉用前聞在，定有羣英佐取携。

西山

西山佳氣自葱葱，聞見心情百不同；花院無從尋道士，都人何用看衰翁。
藁街列第峥嶸起，前殿南軍顧盼雄。新舊祇今分半坐，廟堂端費斡旋功。

故府

秋梧故府剩荒烟，豪士銷沈賦一篇；荆棘滿城憐不了，厲人無語替王憐。

白日一首示樊山

又到寒山不瘦時，黃鷄白日去如馳；詩才已爲塵勞盡，霜鬢空教海內知；
送遠添愁身是客，解憂無效酒停巵；夢爭王室煩驚醒，櫪馬依牆齕斷萁。

金陵雜詩

兵力無如劉宋強，勵精政事數蕭梁；何因不享百年祚，酖毒山川是建康。

荒陂野水尙西流，朱雀橋邊繫葑舟；莫道南朝無可念，求書今少大航頭。
太白南遊意可傷，吳宮泯滅國山荒；雪龕自寫浮雲感，豈爲登臺弔鳳凰。
孟老錄中思汴臺，達摩曲裏鄴城灰；世間少有蘭成賦，便覺江南最可哀。
宰相荒嬉夜宴闌，保儀新拜掌書官；春風一半殘桃李，獨有潘郎忍淚看。
北橫天塹雪濤吞，東擁鍾山翠壁捫；堪笑謂之無遠志，賞心偏在水西門。
老借瞿聃作退藏，蔣山驢背舊平章；惠卿雖敗惇京壽，法乳綿延送靖康。
相公開閫帶中樞，公子南軒闢敬夫；百萬椿錢支破盡，靈虹果有岳韓無？
躭隱周雷不可攀，栖霞訪古長卿閒；明賢專甑板橋水，讓與貧僧住攝山。
媒嫛開場壠麥肥，君王射雉撤重圍；祗今遊戲無生氣，惟見蕃兒獵騎歸。
句曲陽明洞裏天，館壇殘刻渺荒烟；挂冠神武眞豪傑，不訪三茅已是仙。
景宗何如霍去病，慶之無愧張子房；誰道江東詩綺靡，如聞敕勒見牛羊。
秘種傳來自海涯，鷄雍爲帝亦堪嗟；牡丹芍藥舊王謝，一尺妖紅月季花。
鷄鳴寺改半山頹，永濟荒涼甕骨灰；獨喜清涼名實好，贊幽躭僻有誰來。
秣陵遊客慣騎驢，今日全家挽鹿車；拈出維新一公案，請參利病究如何。

九月十九日八旗館壽臺登高賦呈節盦孝通伯嚴斗垣叔嶠諸君子

磯上嚴城晚吹涼，凌風壯觀補重陽；柳仍婀娜秋生色，荷已離披水吐光。目極白波迷楚渚，夢回青瑣在江鄉；寒烟去雁窮懷抱，強爲羣賢一舉觴。

登臨

登臨秘要待閒身，墨突無黔已幾春；山水有靈應笑我，自疲自樂豈關人。

少年

少年容易擲春華，酒開山行歲歲差；客鬢漸添千縷雪，家園已少五分花。

江上觀魚

綠波風定起微皴，磯畔拋罾待巨鱗；網得固欣空亦喜，喜他江上是賢人。

惜春

老去忘情百不思，愁眉獨爲惜花時；闌前火急張油幕，明日陰晴未可知。

杜甫

稷契尋常便許身，忽躋孔跖等埃塵；雖高不切輕言語，論定文人有史臣。

讀白樂天以心感人人心歸樂府句

誠感人心心乃歸，君民末世自乖離；豈知人感天方感，淚洒香山諷諭詩。

案宣統元年，監國將以洵貝勒籌辦海軍，濤貝勒管理軍咨。時之洞已入軍機，兼筦學部，見監國如此，乃面諍曰：「此國家重政，應於通國督撫大員中，選知兵者任其事，洵濤年幼無識，何可以機要爲兒戲」。監國不聽，之洞力爭之。監國頓足色然曰：「無關汝事」。之洞因此感憤致疾，遂以不起。此詩卽爲是而作。其二句初以「君臣末世自乖離」，有謂君臣二字太顯，恐之洞以此賈禍，乃改臣爲民，而不料一語成讖，民國兆興，起之洞於地下，亦將感慨良深也歟！

第二節　之洞之文

之洞文章，生平以奏議爲首。論人敍事，層次井然。凡所議論，恰如抽絲剝繭，譬諭引申，皆中窾要，無空泛虛浮之詞。又以中歲致力於工業建設，乃將科學法則，行之於政事，觀其手頒條敎，對於一事之利弊，條分縷析，凡下手之方，進行之序，成功之要，皆陳述於文字之中。生平不標目宗派，以漢宋章法爲依歸；亦不炫耀師承，惟以胡林翼爲之則。若嚴格之繩，晚淸末造，出其右者，亦云鮮矣。

之洞論文，以淸、眞、雅、正、爲主。淸則書理透露，明白曉暢；眞則意義深長，不剽竊勦襲；雅則有書卷無鄙語，有先正氣息，無陳腔濫調；正則不倣詭，不纖巧，無偏鋒，無奇格。此四者不逾，爲文則理法備，理法備則才氣足，才氣足則書卷寓。故無理無法，不得與言才氣，無才氣無書卷則不能闡出道理，四者相輔相成，乃能成千古不朽之妙品。文章之善者，眞者，美者，其著論必有意，其文必有詞，其動必有氣，其出必有勢，其誦必有聲，其別必有色。有意、有詞、有氣、有勢、有聲、有色之文章，必無濫調陳腔，無奇格偏鋒，必無枯澀難解，必無輳合成篇者。能如是，則神意相受，自然明達，歛游思而入理法，掃浮調而見意筆矣。

之洞認文章無分駢散，兩體不可離析。周秦以至六朝，文章無駢散之別，中唐迄淸，始分爲兩體，各爲專家之長，其實一也。至其義例，繁雜龐多，殊難備舉。之洞乃撮其要，略如下論：

> 古文之要曰實，駢文之要曰雅。實由於有事，雅由於有理。散文多虛字，故尤患事不足；駢文多詞華，故尤患理不足。各免偏枯，斯爲盡美。更有扼要一義曰：不能爲古文者，其駢文可知；不能爲駢文者，其古文亦可知。國朝古文專家倡於方、姚，名曰桐城派。（雖亦云學史漢昌黎介甫，實則遠宗歐曾，近法震川）雖未必盡古文之變，然初學者以此入手甚好。（魏侯兩派未善）……國朝講駢文者名家如林，雖無標目宗派，大要最高者多學晉宋體。此派較齊梁派、唐派、宋派爲勝，爲其樸雅遒逸耳。取明王志堅四六法海，國朝李兆洛駢體文鈔，曾燠選駢體正宗讓之，可知駢文指歸。（註三）

總之，之洞以爲，文學兩字自古相因，欲期文工，先求學博，空疏淺陋，嘔心鑽紙於文無益。故讀書多，積理必富，文法自合。至於意義精深，詞華宏富，因源得流，不勉而能也。而實雅二字，蓋盡古今爲文之要旨矣。今請選輯駢散數篇，以見指撝。至其奏議、各章均所引述，闕而不錄焉。

一、駢體文

祭岳忠武王文

維王才兼文武，心矢精忠，定寇亂於湖湘，耀威稜於河洛。黃龍酒飲，誰櫻節制之師；金字牌宣，未遂澄清之志。立文臣武臣之楷模，括以兩言；思國恥物恥之振興，奮乎百世。茲當秋仲，敬謁新祠；薦雕俎之馨香，瞻靈旗之恍惚。以王長子左武大夫忠州防禦使諱雲，王將閬州觀察使贈寧遠軍承宣使張公諱憲配。嗚呼！麻刀背鬼，常欽破竹之神兵；漢水方城，永護分茅之舊壤。尚饗！

祭晉陶桓公、唐宋文貞公、明韓襄毅公、王文成公、國朝李恭毅公、阮文達公、林文忠公文

粵稽炎漢，交州置刺史之初，爰及熙朝，百粵重海疆之寄。名賢著績，更樸難終。若乃秉聰明正直之資，稱文武威風之帥；才為世出，代不數人。惟七公應北斗之星辰，作南天之柱石。運甓勵澄清之志，教陶除回祿之災，斷大藤而靖諸猺，平三浰而收八寨。國朝名宦，不乏去思，南昌尚書尤稱弭盜，開名山之講舍，築列嶼之敵臺，經解大盛。於皇清輿圖，遠蒐於海國。雖仁經義緯，一時之治術不同，而外攘內安，千載之心源悉合，有功德於民則祀，微斯人，吾誰與歸。茲者薦交廣兩部之馨香，萃今古四朝之賢哲。如過錦官城外，拜丞相之祠堂，豈徒峴首山巔，讓羊公之碑碣。恢張令緒，

勉勖同官，以贍以儀，有祈有報。從此嘉祥備致，寰瀛躋鏡砥之安；祀事孔明，嶽瀆覗公侯之秩。尙饗。

馮萃亭宮保七十壽序

蓋聞至壽者參旗鳥翼，武功列於星辰；延年者火棗丹沙，靈藥產於嶺海。是以赤松黃石，以兵法而得仙；祝融鬻熊，惟南方爲多壽。則有勛書玉策，福建金提，締造應乎風雷，精氣鍾於河岳。公孫儒將，南宮圖大樹之容；奉世邊材，西域定莎車之亂。九天圭瓚，頒爲筵上觥觴；八陣風雲，即是鼎中龍虎，如我萃亭宮保其人也。公杜陵世德，寧越名宗，當販繒扣角之時，具食肉封侯之相。陰陽占候，不學而能；兵法璣鈐，動與古會。潢池俶擾，炎海沸騰，漁蜑揭竿，崗墟篝火。於是蒼頭特起，堊面誅豪，君子六千，親酌義臣之酒；奇材五百，橫吹延伯之笳。驍騰則鶻入鵶羣，紀律則師過枕上；枌榆弭患，桂管知名。提一旅而過江，出六奇而爲將。時則金陵寇老，劫等蟲沙；鐵甕城墟，危如燕幕。鎮江者，南徐形勝，北府勁兵；介江海之要衝，關南北之全局。公登陴斷布，析米量沙。禁佛貍之飲江，爲老熊之當道。負眊健鬭，分兵襲朱雀之航；飛櫂橫行，截賊過大儀之口。九攻九拒，空舞梯衝，三絕三通，遂膺節鉞。蓋粵將自張忠武以後，惟公神鋒飆發，師律山嚴，克紹前光。上邀特達，如韋孝寬之守玉壁，不藉鄰援。比張中丞之扼睢陽，終成保障。論者謂湘淮英彥，江皖肅淸，掎角之勞，公無讓焉。洎乎汗馬酬勳，驂鸞作鎮，山連象郡，伏莽猶多；水下牂河，頹波未息，初平越寇，繼殄黔苗；赤白探丸，務窮鼠穴；靑藍有號，盡爇鴞林。蓋自公提督粵西以來，外寇內訌，以次平定，廿年開閫，三度出關。蕭勺羣凶，靜山城之桴鼓，隄官隗搆，播蠻語之謳歌。猛虎在而藜藿安，佩犢稀而田禾熟。於時河海清宴，朝野歡娛。寫止足之沖懷，援還兵之古典，玉關常閉，何勞馬武之書，北平歸來，且作灞陵之醉。雖復部勒江東之子弟，保完通德之鄉閭。方且謂賜金以娛老臣，兵事付之兒輩矣，豈意旄頭忽動，蝸角終迷，白雉愆朝貢之期，蒼鵝兆兵戎之衅。呑噬我屬國，蕩搖我邊疆。燄熾蚩旌，怒揮湯斧。之洞來持旄節，遠聽鼓鼙，碧海羣飛，赤囊旁午，艨艟走舸，往來交廣之門庭，魑魅游光，呼嘯閩江之堂奧。鯤身鹿耳，有累卵之危；黃浦朱方，無重扃之固；恭承廟算，命出奇兵。審水攻陸戰之短長，用圍魏救趙之計畫，數先朝之宿將，惟充國可以平羌；勒舊部之鄉兵，知廉頗正思用趙。一封朝奏，五道出師。公植髮衝冠，臨餐投袂，一呼而壯士集，十日而大軍行。時則亭障一空，關門不失，國人望歲免胄而前，漢將從天鳴鐘而下。甲嚴軍律，重騰蒼兕之呼；收合散亡，頓集白狼之部。中流一柱，識亞夫爲眞將軍；萬里長城，拜子儀爲副元帥。出輕兵以嘗敵，築堅壘以當衝。遂領曳落河之鋒，大合關前隘之戰。算房虛星昴之日，慘澹妖書；占箕畢翼軫之風，縱橫火隊。公韡刀自誓，芒履先登。冒如星如電之彈丸，鳴疑鬼疑神之鼓角。始則摧其堅陣，巨砲開花；繼乃撓以短兵，殺人如草。十伏竝起，兩甄齊鳴。殪彼大酋，熸其醜類。鉅鹿之戰，冠十餘壁諸侯之兵；背嵬一軍，殲二十軍拐子之馬。再戰而文淵克，三戰而諒山平。象馬列於俘纍，簞壺出於魋髻。仁貴入扶餘國，沒款者四十城；思力破薛延陀，追奔者六百里。由觀音橋而收長慶，烏下虛弦，數北寧省以至山西，烏留空幕。閫外乘迅雷之勢，誓復藩封；海西來飛電之音，遽成款議。雖黃龍痛飲，尙鬱忠肝，而赤馬名都，永褫虜魄。蓋自道光庚子訂約以後，光緒甲申用兵以來，祆神肆其跳踉，老將習爲持重，從未聞張我撻伐，蹙彼游魂。今則如火燎蓬，若風捲籜，天戈有赫，朝廷以惟斷而成功；露布傳觀，天下悟和戎爲非計。圖其戰狀，鄂公之貌若神；活我邊氓，宗澤之親如父。疆天王之戎索，銅柱標題；旌元者之壯猷，靑宮寅亮，此所由文通武達，爲憲於萬邦，殊禮世恩，冠絕於羣帥者矣。重以金湯保泰，玉暘防邊，乃命公擁駟馬以還鄉，建六牙以鎮海。固宜軍書整暇，晚節優游，選杖相從，踞牀坐嘯。迺瓊管一役，復起視師，瘴海如湯，軍容如火，皐雲輩出帳下，健兒愬愿齊驅。膝前將種，蓋生黎歧黎諸峝地。三光不照，樹有鄧林；五丁未開，梯矗秦棧；怪蟲雄虺，淫雨盲風。公十決無前，四隅竝進。裹氈魚貫，軍不失期，曳足鳶飛，士無退志。搜蠶蟲蛇祥之孽，共血軒戈；敍雕題鏤耳之頑，仍恢湯網。麏駭鳥散，陰霾陽開，旣奏擒渠埽穴之勛，更爲拔木通道之計。開十字路，通五指山。成海忠介未成之功，平俞大猷未平之寇。五氣六沴，莫攖太白之鋒旌；八達九逵，咸襲漢家之冠帶。辰居十二，禁妖鳥而無神；淸酒一鍾，盟雙龍而不犯。丞相有攻心之道，將軍傳去病之名。舉凡福應之龐鴻，莫非精誠所通感。從此鳥言蛇種，盡識官儀；龍館熊居，都供田賦。伐百圍之古木，文梓靑牛；貢三品之精金，黃鏐白釾。內無棄壤，訖北戶之聲靈；外有強鄰，聳南溟之藩衞。以視昔人之斷籐，下峽定筰；開邊絜效，論功偶乎遠矣。維公獨秉赤忠，素標靑節，攻城克敵，並無滿篋之圖書。開府臨邊，不蓄入家之金馬。中興諸將，似此希聞。若夫內行純和，淵懷惇大，早廢蓼莪之詠，晚聯棠棣之歡，指囷則瑜肅之風期，投漆則雷陳之氣誼。雅量高致，從之者若飲醇醪；直道正言，與之交者如獲藥石。是又古賢之軌範，非徒名將之神威。已玆者，神將崧高，日躔鶉火，老人星見，聿占益壽之祥，黎母山深，新采長生之藥；河圖度紀，爲世啓符，天府上珍，錫公純嘏，歯玉舞綵，都配金魚，闔門知兵，齊張錦繖。拜滇南之恩命，六詔歡呼；播海外之威名，四夷問訊。之洞敬公有堅剛之德，契若針磁；爲公賦偕作之詩，誼同袍澤。論功嶺外，遠齊伏波橫海之名；建節鄉邦，兼有晝錦鳴珂之美。功德比曹武惠，僅殊七日之生辰；封爵如齊太公，翹祝九旬之榮顯。

二、散 文

三不殆論

器無安危，視乎人之所措；國無安危，視乎人之所爲。昔晉平公嘗自詡其國有三不殆矣：一險，二多馬，三鄰國多難。之三者，皆覘國之奧，用兵之機，而英雄所藉以爲霸王之資者也。故唐虞距河爲都，漢據關中制天下，秦非子、魯僖、衛文輩，皆以畜牧致強大，而古文尙書特著兼弱攻昧之訓。然謂此爲國之形勢利便可也，謂此爲立國之本，可以恃而無恐，則非也。善哉女叔齊之言乎。折其氣，匡其失，導之以歆，神人修政德，其說備矣。則且推而論之：厹由之道陰平之嶺，易京之雄，天塹之限；白檀平岡，塹山堙谷數百里之遠，非無險也；元狩出塞，官私馬之多；開元天寶，監坊之盛；大宛渥洼之產，祁連蕃息之歌，淝水投鞭斷流之衆，馬非不多也。越爲吳迫，稻蟹不遺種；趙困長平，齊不救；漢魏相持，而吳議其後，非無鄰國之難也。然皆不旋踵而憂患隨之，何哉？禍伏於所恃，而立國貴圖其本也。老子曰：「知止不殆」。孫子曰：「知己知彼，百戰不殆」。若平公之所謂不殆，其亦有合於此否乎？雖然，女叔齊之言善矣，而未盡也。晉世長中原，至平公稍弱，今因楚求諸侯而爲此語，是猶有自強之志，奈何不勸以任賢講武，尊王攘夷，以張表裏河山之勢，而終聽命於楚耶？君子於是爲晉平公惜。

勸學篇序

昔楚莊王之霸也，以民生在勤箴，其民以日討軍實。儆其軍以禍至無日，訓其國人。夫楚當春秋魯文宣之際，土方闢，兵方強，國勢方張，齊、晉、秦、宋無敢抗顏者，誰能禍楚者？何爲而急迫震懼如是之皇皇耶？君子曰：「不知其禍，則辱至矣；知其禍，則福至矣」。今日之世變豈特春秋所未有，抑秦漢以至元明所未有也。語其禍則共工之狂辛有之，痛不足喻也。廟堂旰食，乾惕震厲，方將改弦以調琴瑟，異等以儲將相，學堂建特科。設海內志士發憤搤捥，於是圖救時者，言新學；慮害道者，守舊學，莫衷於一。舊者因噎而食廢，新者歧多而亡羊；舊者不知通，新者不知本。不知通，則無應敵制變之術；不知本，則有非薄名教之心。夫如是，則舊者愈病新，新者愈厭舊，交相爲瘉。而恢詭傾危亂名改作之流，遂雜出其說，以蕩衆心。學者搖搖，中無所主，邪說暴行，橫流天下。敵既至，無與戰；敵未至，無與安。吾恐中國之禍，不在四海之外，而在九州之內矣！竊惟古來世運之明晦，人才之盛衰，其表在政，其裏在學。不佞承乏兩湖，與有教士化民之責。夙夜兢兢，思有所以裨助之者。乃規時勢，綜本末，箸論二十四篇以告兩湖之士。海內君子與我同志，亦所不隱。內篇務本以正人心，外篇務通以開風氣。內篇九：曰同心：明保國、保教、保種爲一義。手足利則頭目康，血氣盛則心志剛；賢才衆多，則國勢自昌也。曰教忠：陳述本朝德澤深厚，使薄海臣民，咸懷忠良，以保國也。曰明綱：三綱爲中國神聖相傳之至教，禮政之原本，人禽之大防，以保教也。曰知類：閔神明之胄裔，無淪胥以亡，以保種也。曰宗經：周秦諸子，瑜不掩瑕，取節則可破道，勿聽，必折衷於聖也。曰正權：辨上下，定民志，斥民權之亂政也。曰循序：先入者爲主，講西學必先通中學，乃不忘其祖也。曰守約：喜新者甘，好古者苦，欲存中學，宜治要而約取也。曰去毒：洋藥滌染我民斯活絕之，使無萌枿也。外篇十五。曰益智：昧者來攻，迷者有凶也。曰遊學：明時勢，長志氣，擴見聞，增才智。非遊歷外國，不爲功也。曰設學堂：廣立學堂，儲爲時用，爲習帖括者擊蒙也。曰學制：西國之強，強以學校。師有定程，弟有適從，授方任能皆出其中，我宜擇善而從也。曰廣譯：從西師之益有限，譯西書之益無方也。曰閱報：眉睫難見，苦藥難嘗，知內弊而速去，知外患而豫防也。曰變法：專己襲常，不能自存也。曰變科舉：所習所用，事必相因也。曰農工商學：保民在養，養民在教。教農工商，利乃可興也。曰兵學：教士卒不如教將領。教兵易練，教將難成也。曰鑛學：興地利也。曰鐵路：通血氣也。曰會知：知西學之精義通於中學，以曉固蔽也。曰非弭兵：惡教逸欲而自斃也。曰非攻：教惡逞小忿，而敗大計也。二十四篇之義，括之以五知：一知恥：恥不如日本，恥不如土耳其，恥不如暹羅，恥不如古巴。二知懼：懼爲印度，懼爲越南、緬甸、朝鮮，懼爲埃及，懼爲波蘭。三知變：不變其習，不能變法；不變其法，不能變器。四知要：中學考古非要，致用爲要。西學亦有別，西藝非要，西政爲要。五知本：在海外不忘國，見異俗不忘親，多智巧不忘聖。凡此所說，竊嘗考諸中庸，而有合焉。魯，弱國也，哀公問政，孔子告之曰：「好學近乎知，力行近乎仁，知恥近乎勇」。終之曰：「果能此道矣，雖愚必明，雖柔必強」。茲內篇所言，皆求仁之事也。外篇所言，皆求智求勇之事也。夫中庸之書，豈特原心杪忽，校理分寸而已哉！孔子以魯秉禮而積弱，齊、邾、吳、越皆得以兵侮之，故爲此言，以破魯國臣民之聾聵，起魯國諸儒之癈疾，望魯國幡然有爲，以復文武之盛。然則無學無力無恥則愚且柔，有學有力有恥則明且強。在魯且然，況以七十萬方里之廣，四百兆人民之衆者哉！吾恐海內士大夫狃於晏安而不知禍之將及也，故舉楚事；吾又恐甘於暴棄而不復求強也，故舉魯事。易曰：「其亡！其亡！繫於苞桑」。惟知亡則知強矣。光緒二十四年三月，南皮張之洞書。

記克復諒山事略

光緒十年十二月，法糾西貢夷客匪、教匪萬餘，大舉攻桂軍。賊老營在船頭。我軍防所谷松爲中路，距諒百二十里，蘇元春、陳嘉十八營守之。（桂軍多，湘軍少。）觀音橋爲西路，距諒百三十五里，楊玉科，方友升諸軍九營守之。（桂多湘少。）車里內接那陽爲東路，距諒百八十里，王德榜十營守之。（湘軍。）餘淮軍鼎字五營，桂軍龍字五營皆在諒，魏綱鄂軍八營，在關內，馬盛治桂軍三營，防新街，在西路之西。賊聲言分兩路：一攻谷松，一攻車里。二十日，全軍改向谷松幷攻。桂軍壘戰，守三日，賊彈猛，傷亡多。二十二日，先鋒營陳嘉敗退，蘇元春所部亦退。總兵董履高率龍字五營援之，亦敗。諸軍皆退至諒山，復議進扼諒山前三十五里之威坡。二十八日，法來攻，復戰，法稍却。總兵葉家祥，（此人最劣，衆論最不服。）所統淮軍鼎字五營先奔，法專攻董軍，董履高中礮折足，軍遂潰，還諒。是夜，潘棄諒入鎮南關。二十九日，諸軍皆潰入關，糧餉器械喪失殆盡。東西兩軍相去遠，聞調赴援。十一年正月初九日，法攻南關。時楊玉科軍自西路觀橋撤回，玉科率所部拒戰，猝中礮殞，各軍星散。蘇元春出隴窯襲敵，不克，法擾至幕府而還。（幕府在關內二十里。）十一日，法焚關自退。潘入關，即退幕府，旋退憑祥，（在關內五十里。）又退海村，（在關內百里，距龍州四十里。）又退龍州，民大譁，始乘船由水路返海村。日駐岸，夜駐船。法既入關，各軍多潰逃，無復隊伍。淮軍大掠，龍州商民，遷徙一空，管官乘亂竊餉還，省電報局移至舟中，轉運糧餉軍裝者，皆中途奔回。游勇水陸肆掠，難民逃軍蔽江而下，關內大震。沿江自南寧、梧州、潯州、達於桂林，省無不驚擾，紛紛告急請兵，南寧戒嚴。先是西臬李秉衡於去臘廿一日抵龍州，辦後路；提督馮子材，總兵王孝祺，皆廣東規越之軍也，先後亦至。子材所部十營，（廣軍）由欽出師，留八營劄東路思陵，待由那陽入越，僅率中軍兩營赴龍，待械辦糧，並募新軍。孝祺軍八營，（淮軍廣軍各半）因中途滋事，遣兩營到龍，募補兩軍，裝械由水運上溯。未到齊，諒急，孝祺赴援出關，而軍已潰。當龍州危殆之際，桂軍並無一營，幸李秉衡、馮子材二人在龍。秉衡素有清望，靜鎮不搖，維持補苴，撫慰將士，力阻前敵潰軍。子材曩久任廣西提督，三次出關，威惠素著，得桂越人心，衆情粗安。馮因留一營鎮龍，自帶一營赴關扼守，收集潰勇。時賊已萃中路，乃調東路八營至南關。王德榜軍亦自東里還紮關外由隘。（由隘在關外東路三十里，爲入關歧路。）至正月底，諸軍漸集，時馮子材十八營陸續成，創議於關內十里之關前隘築長墻，掘壕拒守，獨當中路前敵。王孝祺營於馮軍之側。法踞諒後，於文淵州前築礮臺據守，（文淵在關外中路三十里）分兵出扣波，（關外西路三十里）

攻九葑，（扣波之西北百五里）欲攻奪高平省，斷滇桂兩軍來往之路。（高平省一名牧馬，距龍二百六十里，在鎮南關西北）繞出南關之背。越人報馮。廿七日，馮遣營出扣波，蘇軍趨九葑。法至，官軍已先在，驚走，遂逐法回文淵，獲象一。法怒長定知府曾某，以爲誘己，立殺其子。馮言於潘撫，召蘇元春回中路。二月，越官越民報馮，法將以初八入關。馮倡議先發，出關擊賊。初五日，馮與孝祺軍夜襲文淵州。賊憑山築壘，三面施礮攻擊，竟夜戰，至初六日未刻，破壘二，我軍傷亡亦多，軍疲乃還。初七日，法大股分三路攻關前隘馮營。法謂客教越民皆與馮通，以眞法兵居前，西貢鬼次之，教匪客匪在後。馮王兩軍皆殊死戰，至申，東嶺先鋒三壘爲法踞，蘇軍援至，復合力拒戰。槍彈積地盈寸，彼此死傷相當，至夜未收隊。初八晨，復戰，賊以兩枝循東西嶺，施開花大礮；大隊犯中路，益凶猛。王孝祺當其右，桂軍陳嘉、蔣宗漢當其左，馮、蘇當其中，約王德榜率軍自由隘，在關外截其後。懸重賞勵士，賊礮聲震天，山谷皆鳴。四山大霧，賊竟薄長墻，或已越墻而入。馮與蘇誓死決戰。告於諸統領曰：「凡敗逃者，不論何軍，皆誅之」。於各隘設卡，截殺逃者。馮年已七十餘，以帕裹首，亦足草鞵，持矛大呼躍出。諸軍將領見馮如此，俱感奮，力戰。孝祺以淮軍爲龍州官民所詬病，各軍皆輕侮之，忿甚，亦誓死。孝祺馬中礮，易騎復戰，手刃退者數十人。各軍肉博衝擊，復奪東嶺三壘，西嶺賊亦敗退。關外游勇越民千餘人，聞馮親出戰，皆自來助戰，伺機邀擊。賊後隊爲王德榜截擊，斃法教百人，奪其軍火餉銀馱馬無數。賊被截，槍礮彈盡，遂大潰陣，斬三畫二畫一畫數十級，殲眞法兵千餘，教匪客匪數百，諸軍追至關外二十餘里而還。初九日，馮出關攻文淵州，諸軍從之。賊走，以僞文淵知州通馮，剖其腹而去。遂攻諒。十二日，賊禦我軍於巴坪，合擊，敗之。賊還諒，分守諒城，及對河之驅驢墟。墟有王德榜軍所築壘甚固，爲潘撫昔日駐軍之所，諸軍攻之，王德榜、王孝祺兩軍攻尤力，士卒多傷。孝祺部將潘瀛先登，遂奪其壘。十三日晨刻，馮軍克復諒山，午刻，諸軍俱入。賊悉衆遁，分軍追之。山谷中搜獲法軍甚多，皆斬之。十五日，陳嘉、王德榜追賊至谷松，復有斬獲，擒三畫。是日，馮前軍麥鳳標追賊至觀音橋，並復長慶府。生擒五畫一，斬一畫一。馮前軍進拉木，以攻郎甲，王孝祺軍進紮貴門關。馮定議偕孝祺軍進規北寧，越地義民聞風響應。越官黃廷經糾北寧等處義民，立忠義五大團，建馮軍旗號，自願挑漿飯，作嚮導，隨軍助剿，或分道進攻。李揚才之弟在北寧城內，與馮約，俟郎甲破，即內應。馮遣入招河內客匪教民，許以官賞，皆受命。馮已定廿五日親率全軍攻郎甲，分兵襲北寧。而法人請和，停戰撤兵之旨到，乃止。廿九日，馮前軍尙攻郎甲，壘堅未下，擬次日再攻。是夜，前敵聞旨。三月初一日，馮軍停戰。馮憤甚，獨不願撤兵。時岑軍亦同於初八日大捷於臨洮府。廿三日復屢捷，逼興化、驅舟中賊入城。西路沿江越官越民皆應。岑、唐景崧由牧馬進規太原，越高太剿撫使梁俊秀率衆助剿，游勇頭目梁正理等皆受撫。太原民請官軍往，願辦糧以待，而和議已定。三月二十日，諸軍先後俱入關，分屯關內。洋人自入中國以來，未有如此次之大敗者，西電言法提督尼格里傷斃。馮還龍州，軍民香燈爆竹，拜迎者三十里，潘撫三月初三日去官回籍，軍民沿河追罵，以甎石遙擊舟中三十里。（註四）

附註

註一：近代詩鈔，頁四七五，陳衍編輯。

註二：全詩選輯自張文襄公全集，卷二百二十四至二百二十七。

註三：張文襄公全集，卷二〇五，輶軒語二，頁十五至十六。
註四：張文襄公全集，卷二百十三，古文一二，頁六至五二。

第九章　張之洞晚年及其對後世之影響

第一節　入參軍機處時之清廷政情

清廷自遭拳匪之亂，辛丑和議告成之後，國內本已不能喘息之財政，此時更復如竭澤之魚，沙漠行潦之水，苟延殘喘而不可得，加以社會混亂，民不聊生。康梁保皇黨倡蹶益熾，國民革命之形勢亦隨之蓬勃，如雨後春筍，國際間對清廷之壓迫亦日甚一日。日、俄之在東北，德於山東，英於長江，法於兩廣，各肆其志，各取所需，視大清帝國如無物，雖未在形式上被瓜分，而實質却更甚焉。而清廷一本故常，不思振作，在寧予外寇，不畀家奴之傳統狹窄部族意識支配下，以維其滿人統治權。慈禧冂鑾，頑強如故，雖拳匪之亂禍首相繼誅除，而舊黨勢力仍未稍衰。加以內宦用事，朝政鮮有改善。而其本人又不痛定思痛，圖有新猷，以爲立國自強之本，却陷於迷信不經之中。慈禧以爲同治帝崩之後，入繼之爭，吳可讀之屍諫，擇光緒爲承嗣諸端，於家法天庭均爲其所犯不可彌補之過失。而天帝懲罰之實蹟乃爲中法越南之戰，中日之戰，八國聯軍入京等等。而光緒十四年天壇之遭雷殛，繼之爲紫禁城門之大火諸兆，慈禧均認乃天降之咎，尤以吳可讀在冥冥之中，常隨左右，令其內心時感惶惑。就此以觀，一實際秉持政權之人，而日在疑神疑鬼之中。精神恍惚之下，欲思有所作爲，是猶緣木而求魚也。衷心不寧，惶惶終日，爲欲維持搖搖欲墮之帝祚，自以本族王大臣爲穩妥，非我族類，恐生異心，於是乃有張之洞袁世凱同入軍機之旨。

先是庚子拳亂之際，兩江兩湖總督劉坤一，張之洞辭不奉詔，並立東南互保之約，清廷銜恨殊深，因外人屢出言警告，江鄂兩督異動之說始止。旋李鴻章欲荐之洞入軍機，李盛鐸亦電之洞言朝廷有意如此。嗣之洞屢電鹿傳霖堅辭不赴，清廷意乃稍歇，而忌恨畏懼之心未嘗稍戢。光緒三十三年五月十九日，協辦大學士軍機大臣瞿鴻禨，爲惲毓鼎參罷。越二日，遂以之洞爲協辦大學士，入內閣。同年六月十四日，奉旨授爲大學士，仍留湖廣總督之任。十八日再調充體仁閣大學士，仍留鄂省。八月入京，兼管學部。時袁世凱已先入軍機矣。

袁世凱之崛起，首以督軍朝鮮，繼以陰謀破壞戊戌維新之政，再以李鴻章之助以統率新軍，擁兵自重。究其根源，實由之洞荐舉而起。之洞於光緒二十一年六月十八日荐舉人才摺中，舉荐袁世凱云：

> 本任浙江溫處道袁世凱：該員志氣英銳，任事果敢，於兵事最爲相宜。雖其任氣稍近於伉，辦事稍偏於猛，然較之世俗因循怯懦之流，固遠勝之。今日武備方急，儲才爲先，文員知兵者尤少。若使該員專意練習兵事，他日有所成就，必能裨益時局。

之洞論袁氏伉猛偏激，可謂知人，及其後日之所做所爲，當非之洞所逆料。而袁之得意忘形，不知收斂，於辜鴻銘氏之言中殆可見之：

> 丁未年張文襄與袁項城，由封疆外任，同入軍機。項城見駐京德國公使曰：「張中堂是講學問的，我是不講學問，我是辦事的」。其幕僚某將此語轉述於余，以爲項城得意之談。予答曰：

「誠然。然要看所辦是何等事。如老媽子倒馬桶，固用不着學問，除倒馬桶外，我不知天下有何事是無學問的人可以辦得好！」

辜氏又復論之曰：

有西人問余曰：「我西人種族有貴種賤種之分，君能辨別之否」？余對曰：「不能」。西人曰：「凡我西人到中國，雖寄居日久，質體不變，其狀貌一如故我，此貴種也。若一到中國，寄居未久，忽爾質體一變，碩大蕃滋，此賤種也」。余詢其故。西人答曰：「在中國凡百食品，皆較我西洋各國低賤數倍，凡我賤種之人，以其價廉而得之易，故肉食者流，可以放量咀嚼。因此到中國未久，質體大變，肉纍纍墳起，大腹龐然，非復從前舊觀矣」。

余謂袁世凱甲午以前，在鄉曲一窮措無賴也。未幾暴富貴，身至北洋大臣。於是營造洋樓，廣置姬妾。及解甲鄉居，又復搆甲第，置園囿，窮奢極欲，擅人生之樂事。與西人之賤種一至中國，輒放量咀嚼者無少異。……人謂袁世凱爲豪傑，吾以是知袁世凱爲賤種也。(註二)

辜氏之論，雖稍嫌刻薄，然睽諸袁氏後日之利慾薰心，妄稱帝制，與夫種種賣身求榮，接受日本各種辱國之條件，實非太過。

時元老舊臣，如李鴻章，劉坤一輩相繼崩殂，而望重位尊且權高者，惟之洞與袁氏二人而已。清廷引入樞府，陽爲尊榮，實陰奪彼二人之權柄，以免後顧之憂也。其時奕劻用事，袁世凱與之陰相結納，狼狽爲奸，貪黷庸闇，擅權跋扈，朝臣爲之側目。惟之洞乃清流耆儒，入閣共事，宰制權衡，舉足輕重。且遇事抗爭，不畏權勢，卒令二豎子有所忌憚，不敢妄爲亂政，因以維朝綱於不隳。

先是光緒三十三年春岑西林入覲召對・極言某疆臣權勢日重，自請得留闕下，願爲狂犬守夜當門。慈禧聞而動容，遂命掌郵傳部。未幾侍御趙啓霖劾新設疆臣段芝貴奮緣親貴，物議沸騰，辭連慶親王奕劻父子。詔以查無實據，革趙之職。臺官皆不平，將繼起劾奏，有旨允貝子載振奏開去農工商部尚書缺及一切差使，手詔奕劻出軍機。庇傳霖叩頭奏言慶親王有庚子之勞，且心實無他，乃已。某疆臣疑岑之內用，趙之彈劾，樞廷必有主之者。密屬某公劾樞臣暗通報館，授意言官。陰結外援，分布黨羽。於是瞿鴻禨被讒放歸田里故事，協辦大學士缺出，之洞因有協揆之命。所謂某疆臣者，卽爲袁世凱也。

在軍機大臣時期，之洞持正不阿，舉足輕重，爲天下所尊，故奕劻雖權傾一時，袁世凱奸險狡詐，與之週旋，雖每見抑於若輩，亦無如之何也。而此期之建樹與力求者，厥爲懇請清廷化除滿漢畛域，襄贊立憲，安定慈禧光緒相繼崩殂後之朝局，卒使滿清帝祚，得以稍延兩年，未爲驟逢之大變立卽瓦解。

第二節　調和滿漢之爭

滿清以異族入主中原，挾其狹窄部族意識，先之以武力，後之以逼迫，期以消滅漢人民族思想，子孫萬世統治中國。雖此少數民族始終未能脫出漢人文化之薰陶與影響，然於滿漢之畛域，却涇渭分明，不相混淆。是故晚清咸同諸漢臣中，雖不乏封侯之士，然將軍一職却永爲滿人所守，未聞畀予漢人者。至清末季，革命風潮迭起，如水之就下；有變法之論，威逼清廷；有驅逐韃虜，恢復中華者。

亂局已張，人心浮動。處此情勢，滿人之戒懼更深，惶恐之念尤甚，有政權之王大臣，則力圖保持維護，因而更激漢人民族思想之奮發。之洞秉謀國者以誠，爲人臣者進思盡忠，退思補過之旨，早洞燭其微，乃力請化除滿漢畛域，以弭禍患於未然。在與江督劉坤一會奏之整頓中法十二條內，籌八旗生計一節，即以融滿漢於一爐爲宗旨。其文曰：

中國涵濡聖化二百餘年，九州四海，同爲食毛踐土之人。滿、蒙、漢民，久已互通婚媾，情同一家。……況今中外大道，乃天子守在四裔之時，無論旗、民，皆有同患難，共安樂之誼。然兩京二十一省，凡有血氣者，皆是拱衛國家之人，干城腹心，原不必專恃禁旅。況八旗近來文才日盛，而武勇漸遜於前。……若猶令豐鎬子弟，沿襲舊制，坐困都城，外省駐防，株守一隅於兵額，非所以昭同仁而歸久遠也。（註三）

光緒二十九年夏，之洞奉召入覲，同年十月二十六日陛辭請訓，面奏數百言，力請化去滿漢畛域，以彰聖德。抱冰堂弟子記云：

陛辭時，面奏數百言，力請化去滿漢畛域，以彰聖德遏亂端。如將軍都統等，可兼用漢人。駐防旗人犯罪，用法與漢人同，不加區別，其大端也。慈聖霽顏納之曰：「朝廷本無畛域之見，乃無知者妄加揣測耳。」次年，遂改陸軍官制，用都統、參領等名目，乃定旗、民一律用刑新章。（註四）

中日甲午之戰敗後，有志之士，早已攘臂高呼，認滿清政府再不改圖，覆亡之禍，將在眉睫之間，而斯時漢民族之覺醒，亦日甚一日。既洎庚子之辱，舉國上下，反對清廷之事蹟層出不窮，革命志士又復到處奔走，清政府已至不能不稍事敷衍之際。是之洞此項進言，因環境使然，易爲慈禧所採納。然而究其實際，一仍故常，民族之不平等，亦未稍見改善。及憲政呼聲再起，而滿漢之限界更深。光緒三十三年七月二十五日，東方雜誌第七期載笑蚴論消融滿漢之政策一文中論曰：

吾國憲政之不克成立，其原因至爲複雜，而滿漢之爭，不相上下，實爲其莫大總因。此其故人人能知之，而無一人敢言之。至於今日，上下相持，乃成此猜沮危疑之現象，杌棿之情，幾於不可終日。

輿論之交相責難，外官之爭爲諫諍，清廷處此，自不能再爲裝聾作啞，於是有同年八月初二日之上諭：

我朝以仁厚開基，迄今二百餘年，滿漢臣民，從無歧視，近來任用大小臣工，卽將軍都統，亦不分滿漢，均已量材器使，朝廷一秉大公，當爲天下所共信。際茲時事多艱，我臣民方宜各切憂危，同心挽救，豈可猶存成見，自相紛擾！不思聯爲一氣，共保安全。現在滿漢畛域，究宜如何化除，著內外各衙門，各抒所見，將切實辦法妥議具奏，卽予施行。（註五）

由此諭可窺清廷之私心自任，不反躬自省，反責庶民成見，並將化除滿漢畛域之責，委之於臣僚。其有意敷衍人心，路人皆知，乃不待言者也。是故無人敢於輕言賈禍，以干朝廷之怒。卽如藎藎忠言，耿介如之洞者，亦噤而不言焉。

光緒三十四年，滿清政府將憲法大綱公佈。其意多因襲於日本。而其實質，諸如君權之大，皇族地位之高，且尤過之。其君上大權第一條卽謂：「大清皇帝統治大清帝國，萬世一系，永久尊戴。」

第十三條曰：「皇室經費，應由君上制定常額，自國庫提支，議院不得置議。」第十四條曰：「皇室大典，應由皇上督率皇族及特派王大臣議定，議院不得干預。」僅就此數項論之，所謂議會者，徒擁虛名而已。且君上又總攬立法、司法、行政等國家至高之大權。(註六)故所謂立憲者，乃鞏固君權，卵翼皇族，欺矇國民之變名而已。既未泯除滿漢界限，反更招國人之痛恨。德宗薨，滿清皇族更乘此而實施集權，不準異族參與，蓋當時滿州部族之意識，亦知其不得不變，而一變之後，則滿州部族以往之統治地位，必先動搖。是清廷遂蓄意造成一排除漢人之集權政府也。以光緒三十二年之軍機內閣論之，滿七人，蒙一人，漢軍旗一人，漢四人。剛毅曾有言曰：「漢人強，滿洲亡；漢人疲，滿人肥。」及醇親王載灃爲攝政王監國，逐袁世凱，自統禁衛軍，以其弟載洵主海軍，載濤爲軍諮大臣。辛亥三月，新閣成立，滿人九，內皇族五，漢人四。滿漢之限非但未能泯除，抑且畛域益顯，其敗亡亦無日矣！之洞目覩國是日非，而滿人私見益烈，滿腔忠藎，抑鬱難伸，卒抱憾以終。在其遺摺中，尤殷殷以滿漢一體爲念。是知其戮力調合種族歧見，冀滿漢二族，合衷共濟，消弭鬩牆之爭，共挽欲頹之中國，無時或已也。然而狹隘部族闇然而無恢宏之志，國運已盡，終不悟之洞用心。卒使此忠貞老臣，賫恨以終，清社之烏，亦且隨之矣。

第三節　之洞於立憲之贊翊

百日維新，因主其事者操之過激，求治過切，君則柔弱，臣則位卑望輕，均不足以成事。前已論之，茲篇不贅。惟其所兆之庚子巨禍，幾爲列國所瓜分，而此禍予清廷與全國之影響，更爲深鉅。朝廷認非變不克得列國之諒，非變不足以平衆議。故其變乃處於所迫，其目的亦僅敷衍塞責，矇騙百姓，了無誠意。而全國上下所要求之變，在求富求強之變，非僅爲一姓一家之私而已也。殆日俄以我中國之土地，爲遂其各自之私慾，以之爲戰爭場所，有識之士，痛其心而疾其首。更認日本之強，乃在其君主立憲而然，俄則以其君主專制而敗。是故朝野上下，均謂立憲爲富強必循之途徑。東方雜誌於光緒三十年正月二十五日第一期「社說」載崇有「論中國民氣之可用」一文中稱：

誠使爲國家者，開誠心，佈公道，日討國人而訓迪之以國事之艱鈍，國辱之可恥，凡有所興作，必與吾民共之，其能議論時政者，又從而獎勵之，施以普及教育之道，約以設立議院之期，使人人知己與國之關係。則向之所謂鄉僻愚民、會匪、鹽梟、海盜、標客。本爲地方之大害者，皆可利用以捍禦外侮，則何日本之足羨，白種之足畏哉！

之洞於出主兩廣總督之際，曾有某外籍教士請其奏告清廷，向英國聘請專人數員，澈底改革朝政。時之洞初主疆圻，聲望尚不足以說朝廷，審諸當時境況，即之洞有此膽識，頑強若慈禧及其周圍王大臣，亦不克接納也。然之洞却深蘊於心，思以一人之力及於地方，一地之力及於全國，三十年於兩廣兩湖，所致力之事業，均新政也，所提倡之教育，皆新學也。故當於戊戌政變之際，由門人楊銳之荐，乃有內召之旨。卒以翁同龢之阻，甫至滬上而折返，是知之洞於維新變法，未嘗不夢寐求之也。及新政失敗，而己身又幸能免於禍累，且爲達其理想，固其地位，不得不爲言痛詆維新之害，申其忠君爲國之忱，議者每以此疵其首鼠兩端，投機取巧。誠然，之洞之此種作爲，確有其待言之處。然如之洞不審清時勢，一意盲動，此後在中國萌芽之工業建設上，必無若何基礎可言，在教育之改革上，必無如許之大。而其反對民權之理，於其所著之勸學篇，可見其概，之洞於正權第六篇云：

今日憤世嫉俗之士，恨外人之欺凌也，將士之不能戰也，大臣之不變法也，官師之不興學也，百司之不講求工商也，於是倡爲民權之議，以求合羣而自振。嗟乎！安得此召亂之言哉！民權之說無一益而有百害。將立議院歟？中國士民至今安於固陋者尚多，環球之大勢不知，國家之經制不曉，外國興學立政練兵製器之要不聞，卽聚膠膠擾擾之人於一室，明者一，闇者百，游談囈語，將焉用之。（註七）

之洞認當時之中國雖非雄強，然百姓尚能自安其業之因，乃在有一朝廷維繫其法紀。如民權之說一倡，愚民必喜，亂民必作，綱紀不行，大亂四起，刼掠市鎮，焚毀教堂，洋人必因之構衅。之洞於民權之弊論斷雖是，而於民權之實質却茫然無知。然其所稱之「民權不可僭，公議不可無」之公議，庶幾謂爲智者，斯時能倡此言者，亦云鮮矣。

之洞倡主君權而抑民權，然於變法又且屢言其善，誠然，之洞之所謂變法，實乃狹義之變法，僅注及於變之講求，實未深論及於法也。然公議之講求，未嘗不注及也。其於勸學篇變法第七云：

變法者，朝廷之事也，何爲而與士民言？曰不然。法之變與不變，操於國家之權，而實成於士民之心志議論。……夫不可變者倫紀也，非法制也；聖道也，非器械也；心術也，非工藝也。請徵之經，窮則變。變通盡利，變通趣時，損利之道與時偕行，易義也。器非求舊維新，尙書義也。學在四夷，春秋傳義也。五帝不沿樂，三王不襲禮，禮時爲大，禮義也。（註八）

之洞所論之變，爲漸變，緩變，以朝廷爲正，士民爲副，求其量變，而不求其質變。且懼守舊者之反對，更據經以爲解說，其論雖多不經，其心不可謂不苦。又謂今日拒斥變法者有三等人，其一爲泥古之迂儒，一意株守故常。次爲但求苟安之俗吏，蓋以變法必勞思，必集費，必擇人，必任事。其昏惰偷安徇情取巧之私計，皆有不便。故藉書生泥古之談，以文其猾吏苟安之智。其三爲苛求之談，以爲近年仿行西法，講求不利，吹求責效，實未洞其本源也。之洞認此爲人之病，非法之病。蓋其深知當時病源之所在。非變法不克求新，非變法不克求實，非變法不克謀國家之富強。然其持重戒愼，不敢輕言也。

光緒三十年四月，兩江總督魏光燾有「擬請立憲奏稿」疏奏清廷，其他各省督撫如粵督岑春萱、直督袁世凱、駐法大臣孫寶琦等，均以立憲爲請。(註九)直督袁世凱更奏請簡派親貴大臣，分赴各國考察政治，以爲改革政事之本。(註一〇)三十一年六月，清廷命載澤、戴鴻慈、徐世昌、紹英、端方五人，爲考察各國憲政大臣。(註一一)俟因吳樾炸彈案，徐世昌、紹英受傷，不能成行。清廷改派尚其亨、李盛鐸二人以代之。嗣五大臣分赴歐美各國考察經年，三十二年六月，端方、戴鴻慈自美返國。過上海，以立憲事徵之洞意見。復電云：「立憲事關重大，如將來奉旨命各省議奏，自當竭其管蠡之知，詳晰上陳，此時實不敢妄參末議。」(註一二)七月有旨，以載澤等陳奏各國富強由於實行憲法，立卽宣佈中外立卽立憲，從釐訂官制入手。考立憲一事，非一蹴而就者。國家大政，必詳愼將事，始能縝密無隙，免致因大改革，以致混亂。故憲法之立，須適民情，應需要，固邦國，謀羣益。不惟採擷西法，尤須不違中國之本基。若倉卒以成，不惟徒招亂端，且戊戌、庚子之覆轍不免。是法未立而國本搖矣。憲法非善，具文而已也。之洞閱世已深，更悉慈禧絕不欲輕棄大權，而皇族但求自保其基業，事事爲己，無絲毫爲國爲民之虞。其僞飾與欺矇，乃不言而喻者。之洞對此，當無所信任也。彼自身對民權亦持疑惑，希圖漸進，不欲速成，持重爲上。

因五大臣痛陳立憲之利，以爲保邦致治，非此莫由。加以輿情沸騰，清廷乃於光緒三十二年七月八日諸大臣會議，雖有榮慶、孫家鼐、鐵良、奕劻等之反對，七月十三日乃有預備立憲之詔。而釐定官制等事，初不令各省與聞。蓋建議者逆知各省必有異同，故逕請宮廷獨斷，「部院改制自起草訖於施行，不及兩月，各省官制亦同時擬定。主其事者，惟編制處數人，各省雖派參議之員，不得而聞也」。(註一三)似此等大事，乃付諸數人之手，而且獨斷擅行，亦可見所謂憲法之眞諦也。議既定，乃舉大綱電詢各督撫。之洞接示後電浙江巡撫張曾敭曰：

> 外官改制，窒礙萬端，若果行之，天下立時大亂，鄙人斷斷不敢附合，倡議者必自招亂亡。京電迭摧迅速作覆，尤怪！事關百餘年典章，二十一省治理，豈可不詳愼參酌，何以急不能待？必欲草草定案也！足下不能言去，如鄙人之衰朽迂庸，憤懣塡膺，無能補救，乃當速乞罷耳！」(註一四)

以此觀之洞之意，時勢已成，立憲實屬必需，然其本人以爲舉行新政之時，亟宜以鎭定從容爲宗旨，用人關繫尤要。設或輕於更易，舉棋不定，人心益復張皇，謠言紛起，奸民生心，將啓變亂之漸，實不欲草率急就，操切僨事也。而清廷立憲之本意，實欲假憲政之名，以遂其中央集權之大慾。藉編改外省官制，削奪漢人督撫之實權，防大權旁落，以固清室帝位而已。實則清廷殆絕不願施行憲政也。

戊戌政變之際，文悌告康有爲曰：「勿徒欲保中國而置我大淸於度外」。又相傳載灃辛丑議和赴德謝罪，德親王亨利告之曰：「攬握兵權，整肅武備，爲皇族集權之第一著也」。(註一五)是知滿人之不欲變法立憲，意態甚明也。

種族歧見既不能泯除，則一切政治設施必事事處處以滿人爲先，欲求其開誠佈公坦然相處，自不可得。然於衆昏之當日，卽滿洲貴族，亦頗不乏明智之士，端方卽其代表。嘗於淸廷下詔預備立憲前後，上「請平漢滿畛域密摺」，曾建議淸廷二事：

一、改定官制，除滿漢缺分名目，自後京內外一切官缺，必滿漢並用，惟才是擇，毫無分歧。

二、撤各省駐防旗兵，使其別謀職業，既可省巨帑，又可減去革命黨人口實。(註一六)

奈淸廷執迷不悟，忠言逆耳，終則喪失民心，國亦不復存矣。

淸廷既假立憲以行專制集權，民間輿論大譁。如光緒三十三年七月二十五日，東方雜誌第七期，轉載神州日報論國民之前途及救亡之責任一文，揭發淸廷私心曰：

近年以來，政府所恃以明召大號，爲中興之具，而安反側之心者，其不曰立憲問題哉！然自去年宣佈立憲後，而各種之風潮，非常之慘劇，皆相隨而至。不特爲立憲國所未聞，抑亦開明專制國所未有。由是覘之，政府之於專制也，乃取其實而不欲居其名；於立憲也，則用其名而惟恐蹈其實。然則政府之所謂立憲者，眞與漢之用儒術以籠人心，明之設時文以制豪傑，固同一用心焉而已。……吾以今日現象卜之，過此以往，政府之立憲，必不外二方面：於一方面也，必日益言銷融滿漢，必日益言與民自由；於一方面也，必日益派偵探，必日益捕黨人，必日益箝制學界。……而所謂立憲云者，則亦言之愈殷，去之愈遠。

民間既普遍洞悉清廷之欺飾，乃更形與之對立。當是時也，立憲黨人梁啓超、蔣智田、陳景仁、麥夢華等，組政聞社於東京，鼓吹憲政。但以袁世凱陰忌康梁、慈禧之宿怨未消，故百般禁阻。且該社既以保皇爲名，亦受革命黨人所排斥，後乃終歸消滅。然各省均受立憲言論之影響，紛紛成立立憲團體，更於光緒三十四年，派代表集會北京，以請願書呈請都察院代奏，八旗士民，亦參與焉。清廷迫於輿情，乃於是年八月一日，公佈憲法大綱，並定九年預備之期。（註一七）

前曾言及，之洞早歲不拘故常，思想頗新，戊戌之際，曾有召入內閣之議。及新政失敗，康、梁遠遁，六君子同時被戮，感於時勢，之洞乃有勸學篇之作，倡君權，抑民權，其實不得已也。此際鑒於時勢所趨，其早經蓄存之革新思想，又復滋生，不再痛斥民權爲亂階矣。早於光緒二十一年，容閎應之洞邀請返國，詢以補救大局之道。容謂：「中國不欲富強則已，苟其欲之，則非行一完全新政策，決不能恢復其原有之榮譽。所謂新政策，政府至少須聘外人四員，以爲外交、財政、海軍、陸軍四部之顧問」云云。（註一八）後之洞雖以其籌劃太新，未予採用。然以此觀其志，實有維新之思也。又光緒二十七年所陳之變法三疏，更爲其改革政治之步驟。惟於推行憲政，主緩而不主疾，於憲法內容，主中西兼采，摘其適於國情者行之，其不合者去之，政聞社領袖梁啓超等，且欲聯之洞以排守舊勢力。光緒三十四年彭淵洵致梁啓超書云：

今晨晤蔗青，談及程君於本社甚表同意，並力任婉說南皮，以得其贊成爲止。並謂南皮入京之目的，在速立民選議院，以慶、袁反對甚力，志不得遂，乃主先設咨議局。意謂此局一經成立，不久必四方一致而爲國會運動，則其結果，自能良好。其定該局章程，頗費苦心，隱含有監督行政長官之權能。故南皮深恐一般人民，不解其命意深遠，漠不經意，極欲各新聞雜誌，有以引伸其義而鼓吹之。居常每以未得一機關新聞爲憾！（註一九）

是知之洞晚年，於立憲之議，非僅及於議論，乃謀求逐步實施者。惟其中心思想，本之於中體西用之說。故反對外官改制，亦不懌於沈家本等所訂，踵事西方皮骨，不恤中國民情之民刑律例。蓋因其拂違中國傳統，恐其窒礙難行也。之洞所理想之憲政，主採西人之所長，且不悖於中國習俗。循序漸進，逐步推行，方能期其成功，收事半功倍之效。故設諮議局，勤求民隱，反映民意。非敷衍塞責，飾詞愚民之可比。然清廷本不欲施行憲政，之洞所議，自難實現。直至宣統季年，憲政僅虛名而已。國人見此一政府腐化如故，宦寺如故，宮庭內外守舊如故，對其已深致絕望。（註二〇）在狹義部族政治下，惟革命之一途耳。

第四節　諫阻誅袁盡瘁國事

袁世凱固一代之梟雄，然不學無術，尚權謀而無德操，前已論之。初入吳長慶幕，乃洹上一惡少而已。後以出使朝鮮，膽識異於常人。得之洞之推荐，並獲李鴻章知遇，漸次嶄露頭角。戊戌政變，陰賣德宗，得榮祿之助，出撫東省。庚子拳亂，復以「齊魯風澄」與之洞等倡「東南互保」，並見重於時。（註二一）李鴻章遺疏荐之，以爲「環顧宇內人才，無出袁世凱右者」。（註二二）慈禧深念李氏勳勞，立授袁以北洋大臣兼署直隸總督。嗣卽陰結慶親王奕劻，攬權跋扈，貪黷不法，陰握兵符，排除異己，京朝官吏，爲之側目。於是有岑春煊自請准留闕下，御史劾奕劻之奏。然瞿鴻禨卒以此去位。(註二三)其勢益張，幾同第二政府於天津，與北京政府有分庭抗禮之勢。故梁任公言曰：「以今日論之，號稱第二政府之天津，坐鎮其間者滿人耶？而北京政府諸人，不幾於皆爲其傀儡耶」！(註二四)

袁世凱初依附於奕劻，諛媚賄賂，無所不用其極。是時言官交劾，外吏懍懼，內官忌恨，其切中弊端者，厥爲光緒三十三年五月，湖北按察使梁鼎芬之彈章，其文略謂：

袁世凱權謀邁衆，城府深阻，能陷人，又能用人。自得奕劻之助，其權遂爲我朝二百年滿漢疆臣所未有。引用私黨，佈滿要津。我皇太后皇上或未盡知，但臣有一日之官，即盡一日之心。言盡有淚，淚盡有血，奕劻、世凱若仍不悛，臣當隨時奏劾，以報天恩。(註二五)

之洞與鼎芬私交甚深，鼎芬於之洞興學諸事，助益良多，作育人才甚衆。事發後之洞乃聞，爲之太息不已。時袁氏寵遇甚隆，鼎芬引疾乞退。然之洞以爲國家正處顚危之秋，而滿漢傾軋，官吏失和，互結黨援，不斷內鬨，殊非國家之福。故力主和衷共濟，同心救國，不宜再自分畛域，互相攻訐也。

丁未年張、袁同入樞府，乃淸廷陰奪漢人督撫權柄之謀，然袁之入京任事，一仍故常，其對之洞，陽示尊敬，陰實猜忌，胡鈞張文襄公年譜云：

丁未八月初五日到京，寓畿輔先哲祠，……二十六日兩宮移駐西苑，是年冬，以路遠入值不便。袁宮保方寓東安門外北洋公所，言公所有別院在錫拉胡同，地近可居，乃移寓錫拉胡同。門者日以賓客姓名具報袁公，公初不之知。一日袁見客自外省來者，問「已謁張中堂否」？答曰：

「未見公，不敢往」。曰「信然，昨見名簿，猶無汝名也」。其人來，具以告，公處之泰然。是知袁氏之驕狂跋扈，一至於此，其於之洞之窺伺傾擠，忌嫉中傷，至於何地可知。然之洞德高望重，非岑、瞿可比，袁黨雖盛，其謀雖狡，終不能傷也。

於立憲之籌思實施，之洞與袁氏亦復不同。之洞老成持重，主緩進，袁氏性好見機取巧，主冒進。張一麐「古紅梅閣筆記」云：

> 光緒季年，朝政杌隉，滿漢之見亙於中，革命之聲騰於外，預備立憲之招牌既掛，實行無期，請願者踵至。樞府舊人不足以應付危局，乃有命北洋大臣袁世凱，兩湖總督張之洞同入軍機之舉。袁、張初入京，深相結納。……但南皮主緩進，項城主急進，微有不同。(註二六)

張一麐久處袁幕，所言當屬可信。政見不同，益之以袁氏權奇自肆，視小怨小嫌爲深仇大恨，故二氏之始合而終離也，此厥爲憲政之致命傷，亦清廷之大不幸也。然之洞善於恕人，不念舊惡，反於德宗母子崩殂之後，拯袁世凱一線之命，阻載灃殺彼之議。

先是袁世凱五十大慶，北京城內王公大臣、京曹官吏、皆奉禮以賀，慈禧亦畀重禮予此寵臣。惟醇親王載灃因假未至，是知載灃銜恨之情狀也。及光緒三十四年十月二十一日，德宗彌留之際，尚念念不忘袁氏對彼之種種。德宗臨終所書幾不可辨識之密詔曰：「……朕乃醇王次子，太后命以承嗣帝祚，常處淫威。十年來所受之慘，所遇之薄，實咎由袁世凱及（另一人名則不可辨識）……時機一至，立予處斬」。(註二七)方德宗之喪也，謠諑紛紜，多以慈禧預謀，而袁世凱嘗參與其事。惲毓鼎「崇陵傳信錄」記其事云：

十月初十日，上率百僚賀太后萬壽，起居注官應侍班，先集於來薰風門外，上步行自南海來，入德昌門，門罅未闔，侍官班窺見上正扶奄肩，以兩足起落作勢，舒筋骨爲拜跪計。須臾，忽奉懿旨：皇帝臥病在床，免率百官行禮，輟侍班，上聞大慟，時太后病洩數日矣。有譖上者，謂帝聞太后病，有喜色。太后怒曰：「我不能先爾死」。十六日尚書傅良自東陵覆命，直隸提學使傅增育陛辭，太后就上於瀛臺，猶召二人入見，數語而退。太后神殊憊，上天顏黯淡。十八日慶親王奕劻奉太后命，往普陀峪視壽宮，二十一日始返命。或曰：「有意出之」。十九日禁門增兵衞，譏出入，伺察非常，諸奄奔出東華門靜髮，倡言駕崩矣。

溥儀繼位，載灃欲爲乃兄報仇，聲言欲除一權勢顯赫之漢大臣，乃欲得袁而後甘。於臨朝之際，布袁罪狀，以爲帝后不和，國政失調，皆袁世凱一人構陷所致，宜處極刑，以謝天下。諸王大臣默不敢言，獨之洞侃侃而陳。謂袁無能離間，且彼今負練兵重任，輦轂之地，亦其勢力所在，倘處置稍或不愼，轉非國家之福。載灃默然，遂有袁世凱削職回籍之事。(註二八)許同莘張文襄公年譜記其事云：「先是監國攝政王承皇太后命，飭軍機擬旨，禍且不測，公反復開陳，始命回籍養痾。公退，語人曰：『主上冲齡踐祚，而皇太后啓生殺黜陟之漸，此端一開，爲患不細，吾非爲袁計，爲朝局計也』。」之洞宅心仁厚，以諍言解危，喪心如袁世凱者，應感汗顏矣。

倒袁之風，海內外素已行之，梁啓超致力尤大，爲報戊戌之恨也。徐佛蘇記其事云：

此社於丙午年秋成立後，卽派員歸國，分赴各省，各界籤名，預備向淸廷請願，速頒憲法，開國會，聲勢頗張，淸廷大吏竊恐人民要求立憲後，准駁兩難，急欲事前中傷之，又値康有爲自海外密電某當道，請劾奕劻植黨攬權，及外間有康、梁秘聯粵督岑春煊謀倒張之洞，袁世凱之謠。於是袁黨力促張之洞奏請淸后，舉發康梁亂政秘謀……乃毅然奏請解散政聞社，通緝首犯。（註二九）

睽之當時實情，康梁倒袁確然，倒張之說乃出之袁黨，欲引之洞爲奧援也。觀岑春煊入京，劾罷袁世凱引進之侍郎朱寶奎，並於慈禧召對時，面劾奕劻貪黷誤國，請予罷斥等等，則知其槪也。光緒三十四年夏，彭淵恂致書梁啓超，亦言及倒袁之事：

> 此間近有以排斥袁爲辭而非難本社者，其所主張，皆謂一旦袁倒，現政府中無能繼起負責者。政聞社排之，是惟計己黨之活動，而不顧大局也云云。吾黨於此時，決不宜稍露行迹。不然，他黨將居爲奇貨，以排擠我也。（註三〇）

其實於光緒三十三年，淸廷卽採抑袁之計，首調軍機，並陰奪其兵權。以鐵良掌陸軍尙書職，統領各鎭，以鳳山總新軍四鎭訓練。袁世凱亦自知握權太重，易招猜忌。故將其新軍第二、四兩鎭自帥，聲言外軍尙未盡撤，大局尙未全定，直省遼濶，控制須賴重兵，以免淸廷猜疑。加以袁之城府深巨，謀略詭譎，旣籠絡奕劻，又賄結李蓮英。且倚戊戌賣主之功，賴慈禧之廻護，滿族新貴，如蔭昌、載振等，時思去之而不可得。袁氏並廣結黨援，牢籠學成歸國之日本士官學生，以固其旣成之勢。北洋根基又深，鐵良、良弼等洵非其敵。及載灃當國，其始失勢。然自投鼠忌器，未加誅戮，此實之洞之功也。光緒三十四年十二月十一日，乃頒罷黜袁世凱之上諭云：

> 軍機大臣外務部尙書袁世凱，夙承先朝屢加擢用，朕自御極後，復予懋賞，正以其才可用，

俾效馳驅，不意袁氏凱現患足疾，步履維艱，難勝職任。袁世凱着卽開缺，回籍養痾，以示體恤之至意。（註三一）翌日，袁遂南行旋里，蟄伏俟機矣。（註三二）

方之洞與袁世凱同入樞府，論者均慶得人。及之洞見奕劻專橫，貪黷腐化，權傾天下，勢無可擋，知事已不可爲，志喪心灰，朝政更爲不振。嘗自京電告家人曰：「到京十餘日，喘息甫定，時局日艱，積習如故，毫無補救，惟有俟冬春間乞骸骨耳！」（註三三）忠藎之心盡而不能挽狂瀾之既倒，惟求速退，以樂餘年，孰料慈禧德宗相繼崩殂，身爲顧命之臣，則仔肩又難卸矣！

光緒三十四年十月二十一日，德宗崩於瀛臺，二十二日慈禧太后隨之逝世。光緒帝氣血素虧，上年秋間卽感不豫，徵各省良醫來京診治，服藥無效。慈禧太后則自是年夏秋間時有不適，眠食失宜，然自頤和園回宮，十月初六日御紫光閣賜達賴喇嘛宴，初十日在萬壽宮聽戲，猶無小恙，一如平日，然慈禧壽誕過後，遽以疾聞。十三日卽命慶親王奕劻驗收普陀峪工程。時光緒帝病亦劇，至十八日傳聞兩宮垂危。十九日上諭奉皇太后懿旨，授醇親王載灃爲攝政王，命王子溥儀在宮中教養。二十一日酉刻光緒帝崩。慈禧命攝政王監國，以王子入承大統，繼穆宗毅皇帝爲嗣，兼承大行皇帝之祧。二十二日，嗣皇帝尊祖母皇太后爲太皇太后，兼祧母后爲皇太后。太皇太后諭，嗣後軍國政事，均由攝政王裁定，遇有重大事件，必須請皇太后懿旨者，由攝政王面請實行。是知慈禧臨終之際，仍眷戀於權勢，實不欲就死。蓋攝政王裁定君國大政，仍須面請也。如慈禧壽命稍延，則載灃將成光緒第二，殆可想見。是日未刻，慈禧崩殂。時之洞在軍機，晝夜入宮議事，安定朝局，輔贊殊多。胡鈞張文襄公年譜云：

此數日中，公入宮議事，無間晝夜，受遺定策，其詳不得聞。第聞景廟崩後，軍機大臣入臨，皇后自內出，卒然問曰：「嗣皇帝所嗣者何人也」？諸臣未及答，公對曰：「承嗣穆宗毅皇帝，兼祧大行皇帝。」又問曰：「何以處我？」曰：「尊爲皇太后」。曰：「既如是，我心慰矣！」遂哭而入，時因嗣君年幼，人心惶惶，王大臣有議調兵入衞者，公以爲不可，惟請度支部放款周轉市面，以安人心。(註三四)

由此以觀，之洞一言定邦，一語治國。古之顧命大臣，亦僅此而已。於清廷帝室可謂功高者也。載灃既以攝政王監國主持朝局，乃明示立憲熱忱以攬人心，陰行皇族集權，以免大權旁落。故於光緒三十四年十一月十日諭內閣：「九年籌備立憲期限，以宣統八年爲止，期在必行」。(註三五)宣統元年正月二十七日諭各省一律成立咨議局，二月十五日，明白宣示朝廷必定實行預備立憲，維新圖治之旨。惟此皆屬具文，其實仍在皇族集權也。

宣統元年五月杪，之洞偶患右脇作痛，越數日愈甚。醫謂肝病將入胃，當急治。嗣服藥無效，更劇，尚強起入値。時大局稍定，滿人私心益顯，親貴聯翩用事：四月以貝勒載濤充專司訓練禁衛軍大臣，五月以貝勒載洵充籌備海軍大臣，之洞固爭以爲不可。監國不納，由是知滿漢鴻溝益深，憤懣不已，此其致疾之因也，許同莘張文襄公年譜云：

自遭國邺，樞臣以恭儉恤下，輔導王躬，明旨崇節儉，戒浮華，覈名實。……飭懿親宗族，毋得越禮犯分，變更典章，淆亂國是，海內喁喁望治。旣而親貴聯翩進用，公憂形於色。陝甘總督升允，奏陳立憲利害，自請開缺。公謂所言雖過當，在滿員中，究屬正派一流，所請宜不允。

慶邸素嫉其人，監國是慶邸之言，竟如所請。公意頗抑鬱。……(註三六)

五月杪，津浦鐵路總辦道員李順德等，以營私舞弊爲給事中高潤生所劾，有旨革職永不敘用。並以呂海寰失於覺察，開去督辦鐵路大臣。載灃乃乘機引用滿人，適兩貝勒薦唐紹怡可用。載灃以之問之洞。之洞曰：「不可，輿情不屬」。曰：「中堂直隸紳士也，紳士以爲可，則無不可者。」曰：「豈可以一人之見而反輿情？輿情不屬，必激變。」曰：「有兵在。」之洞退而嘆曰：「不意聞此亡國之言！」翌日監國以硃書付公，命擬旨，之洞又持不可。以命慶親王奕劻，承指維謹。之洞曰：「不可爲矣！」脇痛益劇，不入値者三日，至是始具摺請假，脇病稍進藥，得微利，脹止而痛不止，然猶堅請外務部壹意拒絕當時俄人承借路款之息，並親自裁定學部所編輯之國民必讀課本條目及建設圖書館疏稿規畫完畢情形。八月二十一日，疾愈甚，奏請開去各項差缺，略云：

數日以來，肝胃痛楚益劇，飲食愈形減少，嘔吐泄瀉諸病雜呈，中外各醫迭進方藥，均未能稍見功效。自揣病勢漸入膏肓……惟時日遷延，病情反覆，各項差缺，均關重要……各項差使，一律開去，俾得暫釋重負，以資療養。(註三七)

疏入，大學士世續請監國視疾。載灃至，謂之洞曰：「中堂公忠體國，有名望，好好保養。」之洞曰：「公忠體國所不敢當，廉正無私，不敢不勉。」載灃出，陳寶琛入，問曰：「監國之意若何」？之洞無他言，惟歎曰：「國運盡矣！益冀一悟，而未能也。」(註三八)酉刻忽起坐下牀，更衣畢，就臥，汗出如瀋，戌刻汗止。進諸子於前，誡以勿負國恩，勿墮家學，勿爭財產，勿入下流，必明君子小人義利之辨。言訖，並命一一覆誦，有誤者，改正之。諸子哽咽不能成聲，之洞含淚慰之曰：「吾無甚痛苦也」！又曰：「吾生平學術，行十之四五，政術行十之五六，心術則大中至正」。(註三九)已，復改政術二字爲治術，亥刻，薨！

載灃見微識短，一意孤行，罔顧治國恤民之道，忠藎之言，略無稍顧，徒令此三十載邦國繫命之老成儒臣，賫恨以終，而滿清社稷，亦隨之傾頹矣！是之洞身遭末世，以誠感人，而人不知，謇謇孤忠，訖不見諒於委裘之朝，曾是莫聽，大命以傾，天實爲之，謂之何哉！

第五節　之洞對後世之影響

之洞起家翰林，出掌文衡，始典試提學浙江，所取多樸學之士，知名者五十餘人，尤著者袁昶、許景澄、陶模、孫詒讓、譚廷獻、沈善登、錢雨奎、王棻等，其後學術政治忠義文章，各有所成。在四川學政任內，興廢舉墜，明教作人，沾溉之宏，造就之廣，尤有歷久彌繫人心者。所著書目答問，輶軒語二書，流傳海內外，迄今仍爲士人研深學問之津樑。在蜀所取之士，如范溶、張祥齡、宋育仁諸人，皆經明行修，極一時之選。及廖平出，蜀學由彼而倡，開晚清新猷，影響近世尤鉅。即以川地而論，學校大興，人材蔚起，文化之程翹然，爲西南各省之最，蓋之洞陶鎔誘掖之力也，較之湖北學政任內，尤多獻替。視學鄂省之初，即建經心書院，疏云「學政一官，不僅在衡校一日之短長，而在培養平日之根柢；不僅以提倡文學爲事，而當以砥礪名節爲先」。曾國藩與許仙屏書，贊云：「往時祁文端，張海門視學吾鄉，最得士心，近張香濤在湖北，亦愜衆望。三人者，皆宏獎士類，津津樂道」。及蒞任督湖廣，首建兩湖書院，及武備自強各學堂。規模宏遠，成士甚衆，洎清社傾頹，兩湖文風，至今猶盛，皆之洞沾溉之功。晚清末季，廢科舉，廣興學，亦皆之洞所力促，所倡導。故於鄂省一地，廣建實業，方言諸學，省垣之內，廣厦如林，尚猶恐教育之不普及也。撫晉時創令德堂，令三晉士子，有蔽風雨之地。在粵設廣雅書院，成就兩廣人材頗衆，尤以創建廣雅書局，成績斐然，所刊刻之書籍，流傳至爲廣遠，至廣雅書局所刊刻書類，以蒐羅經學通人著述爲主。並延聘儒雅博學之士，校刊印行，以期與阮芸臺督粵時之學海堂刊刻皇清經解媲美。至於史、子、集各部諸書，以及可資考鑑古今，裨益經濟，維持人心風俗之作，亦均予蒐集刊印。光緒十五年，廣雅書院開院，書局亦隨之附入，兼供書院用書，規模更備。所刊之書，以史籍叢書，著稱海內。徐信符有版片記略，於廣雅書局緣起宗旨，及書籍刊行之精審，記之甚詳。略謂：「……先是儀徵阮元，道光間總督兩廣時，以樸學課士，學海堂創立，以文瀾閣啓秀樓爲藏版校書三所，一時風化大開，上行下效，官刻私刻，風氣水湧，其龐然巨帙，乃冠於各行省。及張之洞督粵，於城南設廣雅書局，專司印刻古籍，規模宏大，文化益張。書局章制：有提調，專司雕刻印刷諸事；有總校，提挈文字，校勘事宜；其下設分校多人，每雕一書，卷末必署名，某人初校，某人覆校，某人總校，以專其成。故廣雅版本，必經三校，迥異俗本。史學叢書，尤爲特色，採用稿本，不乏海內孤本」。廣雅書局初開之初，以南海廖澤羣爲總校。擬印書籍，分作三類：一爲續學海堂經解，所謂期踵學海堂皇清經解之後者是。一爲補史、考史、史注之屬，卽廣雅史學叢書者是。又其一爲洋務，輯合近日外國記述，及中國人所著書關涉洋務及海防者是。廣雅書局開局後，雕刻印刷計經、史、子、集各部，爲三百有八種，五千七百四十六卷，凡二千零九十六册。經部首刊，爲洪稚存之毛詩天文考，乃北江全集中所佚收者。光緒二十七年，書局停辦，版片坌積，編次錯亂，至民國七年，書局改爲廣東圖書館，由徐信符任館長，擇其中版式劃一者，彙爲廣雅叢書。甲午之際，權攝兩江，廣立文武農工商鐵路方言軍醫諸學堂，遣遊學，設將校講習所。開風氣，廣見聞，去固陋，雖百千阻撓，無所却顧。顧之洞生平精神所寄，端在振興教育，儲備人才，以備國家緩急之需，而救當時空疏之習。提倡士風，砥礪氣節。出其門下者，甚鮮寡廉無恥之輩。嘗謂人才之出，必由於學，而爲學之要，以中學爲根柢，然不忘啓迪新知，爲百年樹人之計，正不徒補苴目前而已。是故於衰世凋年，猶能存人間一絲正氣，後之學子，以通貫爲榮，以拘墟爲恥，而老成尚有典型，文學猶存矩矱者在此。門人繆荃孫於鼎革後，主講蘇省，開一代之文風，踵之洞之遺志，成就多士，於民國初年之學術，貢獻殊深。之洞一代儒臣，政績僅及見於當時，學術却見之於後世。千百年後之有志於文治者，殆不免贊其博大也。

晚清末造，朝廷有孱弱嬴稚之主，處婦人女子之手，外有偷惰腐朽之臣，文恬武嬉。上無恢宏廣大之懷，拘於狹隘部族意識之下，下無籌謀策劃之人，習爲苟且逢迎之事。其力圖自奮者，怵於國亡無日，銳志革新者，顧不知所以善其後也。之洞生當斯世，主於愛國愛民之心，凡有致效於此者，利害弗恤，毀譽弗計也。故凡所蒞止，必有興作，生平以廉潔自持，最惡貪黷虐民之官吏，而貪黷之起，多自上而下，陣陣相因，嘗謂上司誅求無厭，而責屬員之貪黷，是謂無理；上下互相挾制，互相徇隱，聽其虧帑虐民，是謂無政。欲除貪汚之風，上必先行，下亦效之，故之洞每至一處，獎善罰惡，自立典型，上下共守，故其屬吏多清明廉能之士。而之洞又深通事理，不求不能爲者，屬吏之仰事俯蓄，贍家活口，必令溫飽。故皆有餘而不患不足。有餘則以正色率下，無累則可以勉爲循良。之洞善爲國家謀財，而不爲一己私財，及其身歿後，債纍纍不能償，一家八十餘口，幾無以爲生。（註一）陳衍張相國傳亦云：「任疆寄數十年，及卒，家不增一畝」。其清風亮節有如此者，蓋社會風氣之隆污，繫乎一二人之間，一人唱之，百人和之，展轉相傳，蔚爲風尙，如草上風，東則西偃，西則東偃，固不必人人皆聖賢，而人人思爲聖賢可矣。所到之處，必以表章先賢爲亟。在粵創建三君祠以祀虞仲翔、韓文公、蘇文忠三賢；建濂溪祠以祀濂溪周子。又建七公祠以祀宋文貞、王文成、韓襄毅、吳興祚、松文清、阮文達、林文忠諸賢。於海珠建關張二公祠，即關忠壯天培，張忠武國樑也。凡古來粵人學行可爲師法者，建祠於廣雅書院內。在楚建楚學祠，建羅忠節專祠及彭剛直、楊勇愨專祠，於省城建賢良祠，祀楊清端公宗仁及胡文忠公二人，又建十賢祠於撫署內，祀諸葛武侯，杜成侯預、劉元公宏、陶桓公侃、柳元公公綽、張文獻九齡、岳武穆飛、孟忠襄珙、盧忠肅象昇及胡文忠公。其義在取法先賢，尊爲典範，令後繼者學其德，倡其學，效其忠，明其義，流風所及，皆知行善，有恥且格。成敎於心，發揚於外，之洞用心，可謂苦矣！而其自身，秉天地之氣，法古今完善之人，前人之懿行善政，或已達而未周，或欲達而不能，之洞乃身體力行之。有此夙昔典型，方能成就其輝煌光輝千古之勳業。其及於後輩者，在潛移默化之中。以之洞爲型範，可以立德，可以立言，可以立功也。

之洞識見遠大，器度恢宏，愛才若渴，從不念及舊惡，荐舉之才，亦從不令人知之，且往往多設方略護持保全，不欲示惠也。有終生不知者，如李秉衡、于蔭霖、張曜、王德榜諸人是也。翁同龢當權時，每掣之洞之肘，動言糜費二字，戊戌之變罹禍去官，及之洞入閣，請復原官。袁世凱在樞府廣結權貴，陰謀忌嫉，及其獲咎當誅，諸王大臣不敢言，惟之洞陳言請命，令彼豎子得以保全。鼎革時，之洞若健在人世，則人心有所歸附，權姦有所忌憚，袁世凱必無從覬覦神器，而北洋諸武夫又焉能竊國亂政至十有餘年耶！

爲官難，爲中國官更難。智計超邁之士，不願與貪蠹者同流合汚，思有所奮發，成功其事業，必遭非常之難，意外之阻，多方構陷，終至去而後已。中下之材，又多結黨營私，互相推挽，尸位素餐，不做一事，以爲固位之道。故非有大智慧，大毅力，不足以談立功。睽之洞一生，傾全力於國家之事，倡新思，言新政，要皆人之不敢言，人之不敢爲者，昧於時勢者，嫉而排擊之，水火冰炭，各趨極端。圖新者固多淺謬輕率之見，守舊者無非固陋鄙僿之徒，紛呶偏反，交相爲癥。而之洞又不見容於若輩。新者譏之，舊者阻之，孤立無援，其遇豈乃悲苦過甚耶！初出撫晉，承晉省大祲之後，民生凋敝，於整頓口外七廳時卽橫生阻撓。督粵時，東撫事事掣肘，政事大多不行，卽所籌辦之槍礮織布各局廠，繼任者於其事業則棄之，於其經費則攘之。築蘆漢鐵路則橫遭詆毀，粵漢川漢鐵路屢遭挫折。盛宣懷爲其推荐之人，後幾成讎仇，人心如此，辦事更難。鐵鑛、鐵廠、終以乏款束手，中樞列省環顧袖手，而莫之支持援救，不得已招商承辦，馴乃予日本覬覦之機。及今觀之，無事非應辦且急辦者，然羣疑衆謗，集於一身，徐致祥竟劾以辜恩溺職，不能任疆圻，不能居政地。使之洞非能得清廷之信，示人廉能潔己，勤能率屬，恐早顚沛至於一蹶不振也。癸卯旋京奉旨辦理商約，求盛宣懷留京助理，盛欲南行，馳車往東站挽留，不可，附車送往豐臺長談，盛竟拂衣而去，許卽返，亦不果，之洞之屈身求助亦可謂至矣！後戊戌黨禍，庚子匪亂，相繼而作，慈禧再出，總攬朝政，初堅復舊，繼勉維新，殆德宗、慈禧崩殂，宣統改元，監國攝政，親貴用事。而空談憲政，粉飾時局，恃以牢籠人心之具，且滿漢之猜忌已深，皇族之横恣益烈，由是國本遂搖，大勢不可問矣！論者謂之洞於光宣之間主持變法，藩籬既決，人心益囂，之洞鑑於末流之弊，怵然不寧，而風會所趨，挽回無術，追論禍首，資爲口實，此爲之洞所不及料云云，而深致惋惜。然此議不衷於事實，抑豈爲蓋棺之定論哉！之洞之所謂變法者，則綢繆於二十年以前，籌思策劃，布置深遠。只求充國力，瀹民智，厚民生，旨在挽救而不在裝點門面，於天下大勢在疏導而不在防遏。顧以同心不得其人，孤掌頻遭摧折，以誠感人而人不知，矢爲純臣而君不諒，大局潰決，固早在其意料之中也。觀之洞彌留時亡國之歎，益信，何謂不及料哉！且於遺疏中，擇其政之弊者，條而陳之，滿腔忠藎，孰能聽之。其言略云：

臣平生以不樹黨援，不殖生產自勵。……當此國步維艱，外患日棘，民窮財盡，百廢待興，朝廷方……預備立憲，但能自強不息，終可轉危爲安。皇上親師典學，發憤日新，所有因革損益之端，務審先後緩急之序；滿漢視爲一體，內外必須兼籌。理財以養民爲主，恪守祖宗永不加賦之規。教戰以明恥爲先，勿忘古人不戢自焚之戒。至用人養才尤爲國家根本至計，務使明於尊親大義，則急公奉上者，則自然日見其多。方今世道陵夷，人心放恣，奔競賄賂，相習成風，尤願我皇上登進正直廉潔之士。凡貪婪好利者，概從屏除，舉直錯枉，雖無赫赫之功，而默化潛移，國家實受無窮之福，正氣日伸，國本自固。（註二）

是之洞已知清廷業已病入膏肓，臨終給藥，痛下針砭，藉當國者一悟，又安能謂之不及料哉！

辛亥革命曷爲成功於武昌耶？論者以武昌地處上游，控扼九省，地據形勝，故一舉而天下應。其

理固然，抑知武漢所以成爲重鎭，實之洞二十年締造之力也。其時工廠林立，江漢殷富，一隅之地，

足以聳動中外之觀聽。有官錢局，鑄幣廠，控全省之金融，並爲他省籌鑄錢幣，起事時不虞軍用之匱乏。有槍礮廠可供戰事之源源需求。所成之新軍，多富新知識新思想，並能了解革命之旨趣。而領導革命者，又多素所培養之學生也。由是以觀，精神物質兩者，較之他省，優異甚多，故能成大功，立大業，創新猷，令全球震驚也。雖然，之洞最恨革命，又料及淸廷社稷必定傾覆，而事機湊泊，種豆得瓜，豈冥冥中亦使之然耶！

之洞性喜名山勝水，澹淡自甘，不脫讀書人之眞性情，此於所作詩中見之。官京朝日，嘗與親故言，平生有三不爭。一不與俗人爭利，二不與文士爭名，三不與無謂爭閒氣。官粤以後取張曲江無心與物競，鷹隼莫相猜詩意，自號無競居士。每與僚屬言，自官疆吏以來二十餘年，惟在晉兩年公事較簡，此外無日不在棘天荊地之中。大抵所辦之事，皆非政府意中欲辦之事，所用之錢皆非本省固有之錢，所用之人皆非心悅誠服之人，總之，不外中庸勉強而行四字，又嘗語於親故，謂其生性疏曠，雅不稱爲外吏，自願常爲京朝官，讀書著述以終其身。不意以閣學遂膺撫晉之命。旋擢督嶺南，請樞臣代奏力辭，朝廷以爲不可。督粤時凡三上疏請開缺，擬閉居讀書十年，始可再出任事。如司馬溫公已官中丞，而居洛著書十八年，湯潛菴、耿逸菴已官監司，而解組講學，皆可師也。此後之洞政事更繁，大局紛紜，夢魂憂勞，無非苦境。直至晚年，仍不忘從容嘯詠，重理舊業，著書數卷也。其澹泊寡慾，不汲汲於權勢利祿之羈留，亦可見其宏濶之另一端也。

之洞學術以儒術爲宗，以仁政爲致治爲政之道，以中庸勉強而行四字爲行之之方，嘗謂其性魯

鈍，不足以窺聖人之大道，學術惟與儒近。並釋儒者之道，平實而絀於勢，懇至而後於機，用中而無獨至，條理明而不省事，志遠而不爲身謀，博愛而不傷守正，而無權欲其竝世。得位，有數千百儒者與之共修一道，其道乃明，共舉一事，其事乃成。否則可以爲博士，而不可使長一城。又自道其爲官爲政之際，一以儒術施之，以故，困其躬，亡其精，而功效蓋寡，其學卒如上壁之難行。而之洞自知其短，不能改變求益也。

之洞又嘉禽畜中，惟牛之德類君子。蓋其天性仁厚，馴擾不驚戾，安靜不縱逸，無防檢之勞，而食宿不擇，銜轡不飾，日在草萊泥淖，羣兒鞭箠之中，夷然不厭，無所退避。觀乎此，知之洞自比於牛也。顧其一生，盡悴國事，無一日之息，任勞任怨，無片刻之寧，豈不若忍辱負重之老牛乎！之洞爲學，兼師漢宋，去短取長，採精用宏，徇爲滿清末造首屈之儒臣，良不誣也。可爲百世師，可爲天下倡者也。中庸云：「故君子之道，本諸身，徵之庶民。考諸三王而不繆，建諸天地而不悖，質諸鬼神而無疑，百世以俟聖人而不惑。質諸鬼神而無疑，知天也；百世以俟聖人而不惑，知人也。是故君子動而世爲天下道，行而世爲天下法，言而世爲天下則。遠之則有望。近之則不厭」。觀之洞之行事，上以知天，下以知人；考其德行，可爲天下道，爲天下法，爲天下則，吾固謂之洞乃君子人也。

附　註

註一：張文襄公全集，卷三十八，奏議三十八，頁十五。

註二：張文襄公幕府紀聞上，頁十二。

註三：張文襄公全集，卷五三，奏議五三，頁二二。

註四：張文襄公全集，卷二二八，弟子記一，頁三三。

註五：光緒三三年東方雜誌第八期頁四三，上諭欄。

註六：光緒朝東華續錄，卷二一九，頁五九七一。

註七：張文襄公全集，卷二〇一，勸學篇一，頁二三。

註八：同上書，勸學二，頁一九。

註九：羅香林中國通史，第四十八章，頁一五五。

註一〇：東方雜誌臨時增刊憲政初綱，立憲紀聞篇內所載中國立憲之起源一文記述甚詳。

註一一：朱壽朋纂修光緒朝東華續錄，卷一九四，頁五三九一。

註一二：張文襄公全集，卷一九六，電牘七五，頁二六。

註一三：胡鈞著張文襄公年譜，卷六，頁八。

註一四：胡鈞著張文襄公年譜，卷六，頁八。

註一五：錢穆著國史大綱。

註一六：新會陳氏藏光緒三十二年七月「匋齋摺稿」。

註一七，李守孔中國近代史，十章，二節，頁七二二。

註一八：容閎著西學東漸記，廿章，一三八頁。

註一九：丁文江梁任公先生長編初稿，卷十七，頁二七三。

註二〇：J.O.P. Bland and E. Backhouse China Under The Empress Dowager Chapter XXIV Her Majesty's New Policy. page 435.

註二一：蕭一山清代通史第六篇，一百七十章，頁二四五五至五九。

註二二：羅惇融庚子國變記，頁一八。

註二三：蕭一山清代通史六篇，一百七十章，頁二四五五至五九。

註二四：李劍農中國近百年政治史，七章，二節，頁二四九。

註二五：蕭一山清代通史第六篇，一百七十章，頁二四六一。

註二六：張一麐古紅梅閣筆記，參閱蕭著清代通史六篇，一百七十章，頁二四六二。

註二七：China under The Empress Dowager by J.O.P. Bland and E. Backhouse Chapter XXVI page 451-460.

註二八：邵鏡人同光風雲錄上編，第三十章。第十一節，頁一二六。

註二九：丁文江梁任公先生年譜長編初稿，卷一七，頁二七二。

註三〇：丁文江梁任公先生年譜長編初稿，卷一七，頁二七三。

註三一：宣統政紀，卷四，頁二四。

註三二：陳潔瑜著袁世凱全傳，第七章，頁五一。

註三三：李方晨中國近代史，第五章，第四節，頁五六八。

註三四：胡鈞著張文襄公年譜，卷六，頁十五。

註三五：宣統政記，卷三，頁十。

註三六：許同莘張文襄公年譜，卷十，頁二二〇。

註三七：張文襄公全集，卷七十，奏議七十，頁二四。

註三八：胡鈞著張文襄公年譜，卷六，頁二二。
註三九：辜鴻銘張文襄公幕府紀聞上，頁九。
註四〇：張文襄公全集，卷七十，奏議七十，頁二五至六。

重要參考書目錄

張文襄公全集	許同莘編纂	民國五十二年八月文海出版社
張文襄公年譜	許同莘 編	民國三十五年六月商務版
張文襄公年譜	胡 鈞 撰	民國五十五年文海出版社重印
曾文正公全集	曾國藩 撰	民國四十一年七月世界臺一版
李文忠公全集	吳汝綸 編	民國五十一年十一月文海出版社
劉忠誠公遺集	劉坤一 撰	中央研究院藏原刊本
端忠敏公奏稿	端 方 撰	原刊本
愚齋存稿	盛宣懷 撰	思補齋藏版五十二年六月文海出版社
清德宗實錄	陸潤庠等纂	民國五十二年臺北莘聯出版社
光緒朝東華錄	朱壽朋等纂	民國五十二年文海出版社
宣統政紀實錄	宣統帝飭撰	民國五十三年臺北莘聯出版社
清史稿	趙爾巽監修	民國十六年原刊本
清史	張其昀監修	民國五十年國防研究院出版
中國外交史	劉 彥 著	民國四十八年商務出版
劉永福傳	李健兒撰述	民國四十五年商務印書館出版
張文襄公治鄂記	張繼煦編著	民國四十一年臺灣開明書店

新學僞經考　康有爲　著　民國四十一年世界書局臺一版
中國近三百年學術史　梁啓超　著　民國四十五年中華書局
國史大綱　錢穆　著　民國四十一年商務印書館
中國近三百年學術史　錢穆　著　民國四十年商務印書館
中國學術思想大綱　林尹　著　民國五十三年臺灣學生書店
桐城文學淵源考　劉聲木　撰　民國四十五年世界書局臺一版
中國近代文學史　錢基博　著　臺灣書店翻印
中國思想史　馮友蘭　著　輔仁大學翻印
拾遺室詩話　陳衍　著　民國五十年商務印書館
聖武記　魏源　著　民國五十一年世界書局影印
蕉廊脞錄　吳慶坻　撰　中研院藏本
翁文恭公日記　翁同龢　撰　涵芬樓景印本
緣督廬日記　葉昌熾　撰　民國五十三年臺灣學生書店
庸盦全集　薛福成　撰　民國五十一年臺北廣文書局
崇陵傳信錄　惲毓鼎　撰　民國四十七年中華書局輯印
庚子西巡記　唐晏　撰　吳興劉氏求恕齋刊
庚子國變記　羅敦融　撰　民國三十五年上海神州國光社
拳變餘聞　羅敦融　撰　民國三十五年上海神州國光社

西巡大事記　王希隱　撰　民國四十七年中華書局
西巡回鑾始末記　日本橫濱吉田良太郎口譯　大清吳郡詠樓主人筆記　民國三十六年神州國光社
瀛壖雜志　王　韜　撰　光緒六年原刊本
碑傳集補　閔爾昌纂錄　民國二十一年燕京大學國文研究所出版
張文襄公幕府紀聞　辜鴻銘　撰　民國四十五年辜能以印行
譚瀏陽全集　譚嗣同　撰　民國五十一年文海出版社
西學東漸記　容　閎　撰　民國五十年臺北廣文書局
戊戌政變記　梁啓超　著　民國四十八年中華書局
中國四十年來大事記　梁啓超　著　民國四十七年中華書局
飲冰室全集　梁啓超　著　民國四十八年臺北新興書局
清儒學案　徐世昌等撰　民國五一年世界書局
嗇翁自訂年譜　張　謇　撰　民國二十年上海中華書局
南通張季直先生傳紀　張孝若　著　民國二十年上海中華書局
同光風雲錄　邵鏡人　著　民國四十六年香港自由出版社
中國近代史　李守孔　著　民國五十三年臺北三民書局
中國近百年史料初編　左舜生選輯　民國四十二年中華書局
中國近百年史料緒編　左舜生選輯　民國四十二年中華書局
中國近代史四講　左舜生選輯　民國五十一年香港友聯出版社

光緒朝中日交涉史料 故宮博物院輯 民國五十二年文海出版社
海防檔 王聿均等編 民國四十九年中研院出版
礦務檔 王璽 李恩涵 合編 民國四十九年中研院出版
中國近代史日誌 郭廷以 編 民國五十二年自刊本
清代通史 蕭一山 著 民國五十二年商務印書館
中國近百年政治史 李劍農 著 民國四十六年商務印書館
中國文化史 柳詒徵編著 民國五十年正中書局
中國政治思想史 曾繁康 著 民國四十八年臺北大中國圖書公司
晚清收回鑛權運動 李恩涵 著 民國五十二年中央研究院出版
清末漢陽鐵廠 全漢昇 著 社會科學論叢編委會出版
義和團研究 戴玄之 著 民國五十二年中國學術著作獎助委員會出版
中國現代史叢刊 吳相湘 編 民國四十九年正中書局出版
教育思想與教育政策 林 本編著 民國四十七年中華叢書編委會出版
梁任公先生年譜長編初稿 丁文江 編 民國四十七年世界書局一版
張之洞與晚清政局 王聿琥 撰 民國五十四年中國文化學院中國文化研究所研究生論文
Eminent Chinese of the Ching Period by W. Hummel
Confucian China and its Modern Fate by Joseph R Levenson.
China Under the Empress Dowager By J.O.P, Bland and E. Backhouse.

中華史地叢書
張之洞評傳
1912

作　　者／張秉鐸　著
主　　編／劉郁君
美術編輯／鍾　玟

出 版 者／中華書局
發 行 人／張敏君
副總經理／陳又齊
行銷經理／王新君
地　　址／11494 臺北市內湖區舊宗路二段181巷8號5樓
客服專線／02-8797-8396　　傳　　真／02-8797-8909
網　　址／www.chunghwabook.com.tw
匯款帳號／兆豐國際商業銀行　東內湖分行
067-09-036932　中華書局股份有限公司

法律顧問／安侯法律事務所
製版印刷／維中科技有限公司　海瑞印刷品有限公司
出版日期／2018年3月再版
版本備註／據1972年7月初版復刻重製
定　　價／NTD 300

國家圖書館出版品預行編目（CIP）資料

張之洞評傳 / 張秉鐸著. -- 再版.-- 臺北市 :
中華書局, 2018.03
面 ;　公分. -- (中華史地叢書)
ISBN 978-957-8595-21-7(平裝)

1.(清)張之洞 2.傳記

782.878　　106024785

NO.G2019
ISBN 978-957-8595-21-7（平裝）